Kyrylo Tkachenko

Rechte Tür Links

Radikale Linke in Deutschland, die Revolution und der Krieg in der Ukraine, 2013–2018

Aus dem Ukrainischen übersetzt von Christian Weise

UKRAINIAN VOICES

Collected by Andreas Umland

42   *Dominika Rank*
     Matzewe in meinem Garten
     Abenteuer eines jüdischen Heritage-Touristen in der Ukraine
     ISBN 978-3-8382-1810-6

43   *Myroslaw Marynowytsch*
     Das Universum hinter dem Stacheldraht
     Memoiren eines sowjet-ukrainischen Dissidenten
     Mit einem Vorwort von Timothy Snyder und Nachwort von
     Max Hartmann
     ISBN 978-3-8382-1806-9

44   *Konstantin Sigow*
     Für Deine und meine Freiheit
     Europäische Revolutions- und Kriegserfahrungen im heutigen
     Kyjiw
     Mit einem Vorwort von Karl Schlögel
     Herausgegeben von Regula M. Zwahlen
     ISBN 978-3-8382-1755-0

45   *Kateryna Pylypchuk*
     The War that Changed Us
     Ukrainian Novellas, Poems, and Essays from 2022
     With a foreword by Victor Yushchenko
     ISBN 978-3-8382-1859-5

The book series "Ukrainian Voices" publishes English- and German-language monographs, edited volumes, document collections, and anthologies of articles authored and composed by Ukrainian politicians, intellectuals, activists, officials, researchers, and diplomats. The series' aim is to introduce Western and other audiences to Ukrainian explorations, deliberations and interpretations of historic and current, domestic, and international affairs. The purpose of these books is to make non-Ukrainian readers familiar with how some prominent Ukrainians approach, view and assess their country's development and position in the world. The series was founded, and the volumes are collected by Andreas Umland, Dr. phil. (FU Berlin), Ph. D. (Cambridge), Associate Professor of Politics at the Kyiv-Mohyla Academy and an Analyst in the Stockholm Centre for Eastern European Studies at the Swedish Institute of International Affairs.

Kyrylo Tkachenko

RECHTE TÜR LINKS

Radikale Linke in Deutschland, die Revolution und
der Krieg in der Ukraine, 2013–2018

Aus dem Ukrainischen übersetzt von Christian Weise

Bibliografische Information der Deutschen Nationalbibliothek
Die Deutsche Nationalbibliothek verzeichnet diese Publikation in der Deutschen Nationalbibliografie; detaillierte bibliografische Daten sind im Internet über http://dnb.d-nb.de abrufbar.

Bibliographic information published by the Deutsche Nationalbibliothek
Die Deutsche Nationalbibliothek lists this publication in the Deutsche Nationalbibliografie; detailed bibliographic data are available in the Internet at http://dnb.d-nb.de.

ISBN-13: 978-3-8382-1711-6
© *ibidem*-Verlag, Stuttgart 2023
Alle Rechte vorbehalten

Das Werk einschließlich aller seiner Teile ist urheberrechtlich geschützt. Jede Verwertung außerhalb der engen Grenzen des Urheberrechtsgesetzes ist ohne Zustimmung des Verlages unzulässig und strafbar. Dies gilt insbesondere für Vervielfältigungen, Übersetzungen, Mikroverfilmungen und elektronische Speicherformen sowie die Einspeicherung und Verarbeitung in elektronischen Systemen.

All rights reserved. No part of this publication may be reproduced, stored in or introduced into a retrieval system, or transmitted, in any form, or by any means (electronical, mechanical, photocopying, recording or otherwise) without the prior written permission of the publisher. Any person who does any unauthorized act in relation to this publication may be liable to criminal prosecution and civil claims for damages.

Printed in the EU

Inhalt

Vorwort zur deutschen Ausgabe 7

Einleitung 13

Kapitel I
Rechtswendung durch die Ukraine 19

    Die „Ukraine-Krise" und die Reaktion der Linken 19
    Ein neues Bündnis von Rot und Braun 34
    Das linke Ressentiment 52

Kapitel II
Die Ukraine aus deutscher Sicht: Ein blinder Fleck auf der Karte Osteuropas 59

    Nicht problematisierte Probleme 59
    Wunde Stelle: der Fall Iwan Demjanjuk 71
    Erinnerungspolitik: Nach deutschem Muster 83

Kapitel III
Die Abhängigkeit von der Tradition 91

    Linkssein und Tradition? 91
    Die erste geopolitische Wende 93
    Die Sowjetunion und die Probleme linker Interpretation ... 97
    Das „Goldene Zeitalter" der Links-Rechts-Allianzen 104
    „Das Goldene Zeitalter" und das Problem der Kontinuitäten 107
    Faschismus vs. Kommunismus: Kriterien der Unterscheidung 113
    Die strahlende Vergangenheit lässt nicht los 122

Kapitel IV
Linke Regression: Antisemitismus 127

    Linker Terror im Nachkriegsdeutschland 127
    Antisemitische Motivation 132

    Das Phänomen des „Ouring" 140
    Linker Terror und „Aktualität der Kontinuitäten" 143
    Linker Antisemitismus außerhalb des deutschen
    Kontextes 151

Kapitel V
Abhängigkeit vom Wunschbild der Zukunft 155
    Das Unüberwindbare bleibt unüberwunden 155
    Über die Notwendigkeit der Entzauberung 164

Index 177

Zusammenfassung 185

Kyrylo Tkachenko 187

Vorwort zur deutschen Ausgabe

Vier Jahre ist es her, dass dieses Buch auf Ukrainisch erschienen ist. Die Geschichte seiner Entstehung ist lang und etwas verworren. Zunächst ging es um meine vergeblichen Versuche, 2014–2017 die deutschen Linken über den Maidan, die russische Annexion der Krym und den Krieg im Donbas aufzuklären. Es handelte sich dabei auch um die Zusammenhänge, bei denen ich während meines langen Aufenthalts in Deutschland aktiv war. Auch wenn ich selbst 2014 in die Ukraine zurückkehrte, taten die Aktivitäten meiner ehemaligen Gleichgesinnten aus Deutschland beinahe weh. Wie ist es möglich, als Linker eine rechte Diktatur zu unterstützen, die aus nationalistischen Gründen einen Nachbarstaat überfällt, Teile seines Territoriums annektiert und mit Krieg überzieht? Welchen Sinn macht dabei dieses tausendfach wiederholte *Nie wieder!*, wenn es sich um nichts anderes als die erste gewaltsame Annexion in Europa seit dem Zweiten Weltkrieg handelt? Wieso bereitete ausgerechnet das linke Milieu den fruchtbaren Boden für das propagandistische Framing der Ukraine als ein durch Faschismus geprägtes Land, während die Ukraine neben Belarus gerade diejenigen Sowjetrepubliken darstellte, die am meisten durch den deutschen Überfall gelitten haben?

Meine Aufklärungsversuche von damals erwiesen sich als eine ziemlich bittere, frustrierende Erfahrung. Egal wie faktenbasiert Linke aus Osteuropa in den deutschen Debatten argumentieren versuchten, ihr Einfluss blieb dabei mehr als bescheiden. Die plumpen, kenntnisarmen, oder gar nachweislich falschen Reproduktionen von *talking points* aus der russischen Staatspropaganda hatten hier eindeutig mehr Gewicht. Mit der Zeit musste ich anerkennen, dass man mit Fakten und Argumenten gegen ideologische Glaubensartikel kaum durchkommt, dass die letzteren leider zu tief sitzen und dass es dafür bestimmte Gründe geben soll. So kehrte ich nach und nach von der Aufgabe der Aufklärung ab und suchte mehr und mehr nach Erklärung. Der erste Versuch war ein englischsprachiger Essay über die deutsche Linke im Kontext der „Ukraine-Krise", den ich für das Magazin *Eurozine* schrieb. Der Essay wurde viel zu lang, veröffentlicht wurde im Magazin nur ein Teil davon (2017). Für meinen Essay hat sich aber der ukrainische Verlag *Krytyka* interessiert, und so wurde aus der ersten, kürzeren englischsprachigen Fassung 2019 dieses Buch auf Ukrainisch.

Vier Jahre ist im Fall der heutigen Ukraine ein gewaltiger Abstand. Geändert hat sich viel auch in Deutschland. Dennoch habe ich mich dafür entschieden, das Buch für die deutsche Ausgabe nicht zu überarbeiten – die einzige Ausnahme ist das zweite Kapitel, das noch 2019 leicht überarbeitet wurde. Zum einen befürchtete ich, dass im Fall einer Überarbeitung ein komplett neues Buch entstehen würde. In diesem Fall wäre auch nicht mehr die Linke sondern das Verhältnis der ganzen deutschen Gesellschaft zur Ukraine, Russland und Osteuropa der Hauptfokus (vielleicht schreibe ich so ein Buch irgendwann später). Das vorliegende Buch, so hoffe ich zumindest, ist aber nicht bloß als ein zeitgenössisches Dokument interessant, das die ersten Jahre der deutschen Reaktion auf die „Ukraine-Krise" insbesondere unter den Linken thematisiert.

Was die heutige deutsche Linke anbelangt, so scheint sie beim Thema Ukraine immer noch dort zu stehen, wie vor zehn Jahren. Selbst angesichts des russischen Großangriffs auf die Ukraine und den mehrfach dokumentierten schrecklichen Kriegsverbrechen, stößt man auf dieselben seltsamen Debatten, in denen Russland zwar eingangs verurteilt wird, dann *aber* nicht als Täter, sondern eher als Opfer westlicher Provokationen dargestellt wird. Der einzige Unterschied zu den Debatten vor Jahren scheint in der Tat zu sein, dass das arme Wörtchen „aber" heute noch stärker missbraucht wird. Wie bereits vor Jahren, stimmen die Linkspartei und die AfD unisono ab, sobald es um die Ukraine geht. Wie damals, kann man auch heute die ganzen Ukraine-bezogenen Passagen von Sprechern der beiden Parteien wechselseitig umtauschen, ohne dass jemand dabei einen inhaltlichen Unterschied bemerken wird. Wirft man den Blick auf die Streitigkeiten innerhalb der Linkspartei, Erwägungen Wagenknechts, eine neue Partei zu gründen, die „Friedensdemos", welche besonders gut von Menschen aus dem linken und dem rechten Milieu besucht werden, so will man sich beinahe die Augen reiben. Man kennt das schon alles! Trotz neuer Umstände wiederholt sich das Ganze aus der Periode 2013–2018 aufs Neue. Das betrifft die „Friedendemos" von damals, die Debatten innerhalb der Linkspartei, Wagenknechts Versuch, eine neue „Bewegung" zu gründen und vieles mehr... Wer also sich heute wundert, oder einfach mehr verstehen will, dem ich dieses Buch nur zu empfehlen.

Meine Beurteilung der heutigen Zustände in der deutschen Linken mag jemandem viel zu pauschal und ungerecht erscheinen, dazu ein paar Anmerkungen. „Die Linke" im nicht-parteilichen, übergreifenden Sinne gibt es natürlich nicht, es handelt sich vielmehr um eine Gesamtheit von mehreren Organisationen, Gruppen und Einzelpersonen, die untereinander öfters zerstritten sind, sich sogar gegenseitig für „nicht wirklich links" halten und tatsächlich in manchen Aspekten an politische Richtungen jenseits der Linken näher sind, als an seine vermeintlichen Gleichgesinnten innerhalb des linken Milieus (wie beispielsweise die Linkspartei in Hinblick auf die Ukraine näher an die AfD als an die SPD ist). Dennoch gibt es wichtige Gemeinsamkeiten wie zum Beispiel geteilte ideologische Grundsätze, die es uns mit gewissen Einschränkungen erlauben, von der Linken im Allgemeinen zu sprechen. Trotz aller ehrenwerten Ausnahmen gibt es schließlich eine vorherrschende Tendenz im Umgang mit der Ukraine innerhalb dieses Milieus. Eine weitere Anmerkung: Auf die Linkspartei konzentriere ich mich vor allem deswegen, weil sie die größte linke Organisation in der Bundesrepublik ist. Ihrem Programm, Gesetzvorschlägen und lokalen Initiativen zufolge ist sie natürlich genauso wenig „linksradikal", wie die AfD „faschistisch" ist. Trotzdem vereinigt sie wohl die größte Zahl der Menschen in Deutschland, die eine radikal „antikapitalistische" politische Einstellung haben. Mehr Differenziertheit dazu, sowie detailliertere Überlegungen, inwiefern Verallgemeinerungen im Fall „der Linken" erlaubt sind, findet man im Buch selbst.

Im Unterschied zu dem linken Milieu stellt jedenfalls die deutsche Gesellschaft insgesamt einen viel interessanteren Fall dar. Einerseits muss man anerkennen, dass sie seit Februar 2022 einen immensen Fortschritt gemacht hat. Das Konzept „Wandel durch Handel" in Bezug auf das Regime von Vladimir Putin scheint jedenfalls durch die Politik *ad acta* gelegt zu werden. Trotz eines, leider zu langen Zögerns entschied sich die Bundesregierung am Ende doch für eine systematische, anhaltende Unterstützung der Ukraine –, die Lieferung von schweren Waffen eingeschlossen. Ich würde mich zwar sehr ungern täuschen, aber mein Eindruck ist, dass auch die Appeaser unter den deutschen Intellektuellen, welche einen vermeintlichen „Frieden mit Russland" durch die Aufgabe des ukrainischen Territoriums erreichen wollten, heute nicht mehr so tonangebend sind, wie noch in der ersten Hälfte von 2022. Die heutigen Debatten in der deutschen Presse unterscheiden sich schließlich merklich von denjenigen, die noch 2013–2018 geführt wurden. Die Umstände sind nur zu bedauern, aber die Ukraine scheint nun wirklich einen eigenen Platz auf der deutschen mentalen Karte von Osteuropa zu gewinnen und nicht mehr als ein vages Gebiet im Schatten von Russland wahrgenommen zu werden.

Andererseits verstehe ich nur zu gut, wie viel Zeit und wie viel Arbeit ein konsequenter Bruch mit einer Tradition voraussetzt, die von den Teilungen Polens im 18. Jahrhundert bis zu dem Bau von *Nord Stream* reicht. Deutsche Adlige haben sehr viel zum Aufbau des Russischen Reiches bereits lange vor Teilungen Polens beigetragen, es gab sogar eine Periode, als weder der russische Zar noch sein Hof Russisch sprachen. Zu einem wahren Eldorado wurde das Russische Reich, in dem eine deutsche Generalstochter zur Kaiserin oder einer der unzähligen Barons von Münchhausen zum ruhmreichen Feldherrn oder einem mächtigen Minister werden konnte. Schon aus dieser Zeit stammt ein zwar ambivalenter, aber im Grunde begeistert-positiver Blick auf das russische Kolonialreich sowie die Idee einer Notwendigkeit, für die „Ordnung" in Osteuropa gemeinsam mit Russland zu sorgen. Es geht um eine jahrhundertelange Geschichte der Regelung deutsch-russischer Verhältnisse, deren größte Opfer die Völker dazwischen waren. Selbst wenn diese Regelung auf eine „friedliche" Art ausgehandelt wurde, bedeutete es leider zu oft für die „kleineren" Völker Osteuropas Unfreiheit und Unterwerfung. Man denke etwa an den Mythos von der erfolgreichen „neuen Ostpolitik" der Nachkriegszeit, die – entgegen einer verbreiteten Meinung – nicht nur keinen nennenswerten Beitrag zum Zusammenbruch kommunistischer Regime leistete, sondern umgekehrt zur Stärkung sowjetischer

Militärpräsenz in Osteuropa beitrug. Der Grundpfeiler der „neuen Ostpolitik" war doch eine konsequente Anerkennung des sowjetischen „Außenimperiums" im Namen einer vermeintlichen Versöhnung. Die Kontinuität von einem „besonderen" Verhältnis zu Russland erkennt man in der deutschen Außenpolitik auch nach dem Zusammenbruch der UdSSR, egal ob bei Kohl, Schröder oder Merkel. Selbst die Regierung von Scholz stand in dieser Tradition noch unmittelbar bis zu Beginn der großangelegten russischen Invasion im Februar 2022.

Das geographisch schon seit langem falsche Bild „unseres großen Nachbarn Russland" wird wohl nicht so schnell verschwinden; der Drang, „den Frieden" im Raum zwischen Berlin und Moskau in einer Art und Weise zu gestalten, indem man die Länder dazwischen übersieht, wird die deutsche Gesellschaft in der einen oder anderen Form aller Wahrscheinlichkeit noch lange heimsuchen. Zu hoffen ist nur, dass es nie wieder zu einer mehrheitsfähigen Strömung wird. Damit die vielgepriesene „Zeitenwende" zu etwas Dauerhaftem wird, sollte sie auch eine lange kulturelle Arbeit miteinschließen. Das vorliegende Buch kann als einer der vielen nötigen Versuche und Schritte in diese Richtung betrachtet werden. Inwiefern der Autor im vorliegenden Buch falsch oder richtig liegt, muss der Leser entscheiden. Ich hoffe zumindest, dass die Perspektive, aus der es geschrieben wurde, manchem Leser seinen eigenen Blick erweitern und somit zum Nachdenken verhelfen kann. Selbstverständlich garantiert die Tatsache, dass ich selbst ein Ukrainer bin, noch keinesfalls, dass ich als „Betroffener" besser über Zusammenhänge beurteilen kann, die in diesem Buch thematisiert werden.

Editorische Notiz des Übersetzers:
Die Transliteration von Namen und Orte orientiert sich daran, dass diese in den Medien leicht wiedergefunden werden können.
Die einzelnen Verweise auf Internetquellen wurden nicht intensiv überprüft und schon gar nicht durch kollationierte exaktere Nachweise in den Druckausgaben der einzelnen Zeitungen und Zeitschriften ersetzt.
Die Literaturangaben wurden ergänzt um deutsche bzw. ukrainische Übersetzungen der zitierten Werke, letzteres, um so auf die ebenso interessante wie interessierte Rezeption deutscher und angelsächsischer Forschung in der Ukraine hinzuweisen.

Einleitung

Anfang 2014 geriet die Ukraine aus heiterem Himmel ins Zentrum der Aufmerksamkeit der westlichen radikalen Linken. Charakteristisch für die Situation, die aus diesem unerwarteten Interesse ergab, waren erhebliche Überschneidungen in den Interpretationen der damaligen Ereignisse durch die Vertreter des extrem linken und des extrem rechten Flügels des politischen Spektrums. Die Verwischung der traditionellen Unterscheidungen zwischen diesen Kreisen gilt es zu verstehen und erklären. Im Rahmen dieser Analyse soll versucht werden, dies am Beispiel des modernen Deutschlands zu zeigen.

Die Darstellung wird sich jedoch nicht darauf beschränken, die Reaktion der deutschen radikalen Linken auf die sogenannte „Ukraine-Krise" zu beschreiben. Erstens ist es unmöglich, spezifisch linke Interpretationen ohne ihre Kontextualisierung zu verstehen, d. h. ohne die breiteren politischen Debatten im modernen Deutschland zu betrachten und das in der deutschen Kultur etabliert Bild der Ukraine zu analysieren. Zweitens erfordert die Erklärung des Phänomens der Links-Rechts-Allianzen eine historische Kontextualisierung, ohne die die aktuelle Situation nicht vollständig verstanden werden kann. Schließlich bietet das Material selbst eine gute Gelegenheit, sowohl die herkömmliche Kartierung des politischen Raums zu problematisieren als auch die linke Tradition kritisch zu überdenken.

Um Missverständnissen vorzubeugen, sei gleich darauf hingewiesen, dass in erster Linie die *radikale Linke* Gegenstand der Betrachtung sein wird, also der Teil der linken Bewegung, der die Revolution anstrebt und darin einen Weg zur gewünschten politischen Veränderung sieht. Der Begriff „radikale Linke" ist eine Selbstbezeichnung. Die Bedeutung, in der er hier verwendet wird, stimmt im Allgemeinen mit dem überein, was sie selbst ihm beimisst. Es ist nicht notwendig, die von der radikalen Linken gezogenen Schlussfolgerungen auf andere Menschen zu übertragen, die sich selbst als Linke bezeichnen, aber gleichzeitig muss anerkannt werden, dass es keine klare Grenze zwischen ihnen und der radikalen Linken gibt. Vielleicht ist es gerade das Fehlen einer kritischen Distanz zur linksradikalen Tradition, die sich als eines der entscheidenden Merkmale erweisen wird, das den „Rest der Linken" eint.

Die Analyse besteht aus fünf Kapiteln. Das erste, „Rechtswendung durch die Ukraine", zeigt, wie die deutsche radikale Linke den Euromaidan und den russisch-ukrainischen Krieg wahrnimmt. Die Interpretation, die dieses Milieu den Ereignissen in der Ukraine gibt, passt zur *geopolitischen Wende* – die der modernen westlichen radikalen Linken innewohnenden Tendenz, sich mit jedem Regime zu solidarisieren, das sich als antiwestlich positioniert. Und das symptomatischste Zeichen für die linke geopolitische Wende ist ihre Übereinstimmung mit den Positionen der extremen Rechten. Es geht um die negative Bewertung der „Farbenrevolutionen", Antiamerikanismus, Euroskeptizismus, „Antizionismus" und vieles mehr, was beiden politischen Lagern gemeinsam ist. Es kann argumentiert werden, dass die geopolitische Wende und der daraus resultierende „Verähnlichungs-Effekt" durch das antiliberale Ressentiment motiviert ist, das sich vor dem Hintergrund der Veränderungen in der internationalen Politik nach 2014 besonders ausgeprägt hat.

Das zweite Kapitel „Die Ukraine aus deutscher Sicht: Ein blinder Fleck auf der Landkarte Osteuropas" widmet sich der Beschreibung des allgemeinen Rahmens, in dem die Debatte um die „Ukraine-Krise" im modernen Deutschland stattfindet. Wir werden untersuchen, inwieweit diese Debatten durch das traditionelle Bild der Ukraine in der deutschen Kultur geprägt sind. Die bestimmenden Merkmale dieser imaginären Ukraine sind ihre gleichzeitige Unsichtbarkeit und (jedenfalls für Westeuropa) enorme Größe. Als vielleicht größter blinder Fleck auf der ererbten mentalen Landkarte Osteuropas ist die Ukraine zugleich eine ideale Projektionsfläche, in der sich einige der „Nebenwirkungen" der Erinnerungspolitik in der deutschen Gesellschaft manifestieren. Zusätzlich sind die negativen Züge des Bildes der Ukraine durch das imperiale Erbe Russlands belastet, das immer noch die Sicht der Ukraine im Westen prägt.

Das dritte Kapitel, „Abhängigkeit von der Tradition", widmet sich der ersten wirklichen geopolitischen Wende in der Geschichte der linken Bewegung und der Kontinuitäten, die von der Zeit der Solidarisierung mit der UdSSR unter Stalin bis heute nachzeichnen lassen. In den 1920er und 1930er Jahren kristallisierte sich die für die westliche linksradikale Bewegung charakteristische Konstruktion der „kritischen Solidarität" heraus. Das antiliberale Potential der linksradikalen Bewegung zeigte sich schon damals in vollem Ausmaß. In dieser Zeit entstanden die Argumentationsmethoden, rhetorischen Techniken und Konzepte, die die westliche radikale Linke bis heute verwendet. Es gibt Gründe zu der Annahme, dass die *Wiederkehr von Regressionen* ein spezifisches Merkmal der radikalen linken Bewegung ist. Nicht nur hat sich das in diesem Milieu verwendete Vokabular im Vergleich zum „Goldenen Zeitalter" der rot-braunen Koalitionen nicht verbessert. Im Gegenteil, es hat zahlreiche regressive Reduktionen erfahren. Das in diesem Kapitel gesammelte Material ist auch ein guter Grund, die konventionelle Unterscheidung zwischen faschistischen und kommunistischen Regimen zu problematisieren.

Die Hinwendung zur Geschichte des linken Terrors in der bundesrepublikanischen westdeutschen Nachkriegszeit im vierten Kapitel „Linke Regression: Antisemitismus" ermöglicht es zu zeigen, dass starke regressive Tendenzen nicht nur ein Merkmal der „dunklen" Seiten der linksradikalen Bewegung sind, die angeblich „überholt" wurden – sie wohnen auch der „neuen" Linken in den westlichen Ländern, die keine kommunistische Herrschaft kannten, inne. Selbst auf dem Höhepunkt der stärksten geopolitischen Blindheit der 1930er Jahre war Antisemitismus nicht ihr bestimmendes Merkmal. Die Aktivitäten der westdeutschen radikalen Linken der ersten Nachkriegsgeneration bekamen jedoch eine deutlich antisemitische Färbung. Tatsächlich wurden die abscheulichsten antisemitisch motivierten Verbrechen im Nachkriegsdeutschland von der radikalen „neuen" Linken begangen. Über den spezifisch deutschen Kontext hinaus ist es sinnvoll, den „Antizionismus" als eine allgemeine Tendenz zu betrachten, die der modernen westlichen radikalen Linken innewohnt. Ein wichtiger Aspekt dabei ist die Neigung der westlichen Linken zu

Verschwörungstheorien. Es ist anzunehmen, dass dies eine Reaktion auf die Erkenntnis ist, dass vom westlichen Nachkriegsproletariat keine „Weltrevolution" zu erwarten ist.

Das fünfte, abschließende Kapitel „Abhängigkeit vom Wunschbild der Zukunft" widmet sich der Untermauerung der These von der Notwendigkeit, dass die linke Tradition kritisch überdacht werden muss. Die Unfähigkeit der radikalen Linken, die Last ihres eigenen historischen Erbes zu überwinden, liegt an der entsprechenden Zukunftsvision. Im Rahmen der linksradikalen Weltanschauung muss die repräsentative Demokratie durch eine bessere politische Ordnung ersetzt werden. Damit dies geschieht, muss eine Revolution stattfinden. Die revolutionäre Idee hat jedoch eine „Leerstelle", die ihr zwar utopische Kraft verleiht, gleichzeitig aber die damit einhergehenden Regressionen strukturiert. Ihr fehlt die Vorstellung von der Organisation der politischen Macht innerhalb des Gebildes, das die repräsentative Demokratie ersetzen soll. Es scheint, dass diese „Leerstelle" in der linksradikalen Revolutionsidee mystischer Natur ist und mit rationalen und theoretischen Mitteln prinzipiell nicht gefüllt werden kann. Am Ende des letzten Kapitels wird die Figur des *linken Intellektuellen* umrissen und die Notwendigkeit betont, die linke intellektuelle Tradition zu revidieren.

* * *

Dieses vom Umfang her kleine und, wie ich hoffe, verständlich geschriebene Buch ist das Ergebnis einer langen und nicht einfachen Arbeit. Ich möchte den Menschen aufrichtig danken, ohne deren Unterstützung und Hilfe es nicht die Welt gesehen hätte: Yevgenia Belorusets, Olga Bryukhovetska, Tobias Weihmann, Katia Vásquez-Pacheco, Oleksandr Volodarsky, Halyna Herasym, György Dalos, Vadym Dyvnych, Tatiana Zhurzhenko, Johann Zajaczkowski, Ivan Ivashchenko, Friedrich Klehr, Hiroaki Kuromiya, Roman Leksikov, Christian Martin, Ponnammal Moses, Andrii Mokrousov, Anja Pichl, Andrii Portnov, Olga Reznikova, Mykola Ryabchuk, James Thomson, Andreas Umland, Oliver Feldhaus,

Alya Shandra, Gregory Schwartz, Anton Shekhovtsov, Karina Shirokikh, Martina Steis, John-Paul Himka.

Besonders hervorzuheben sind die Institutionen, die mir die Gelegenheit gegeben haben, mich eingehender und gründlicher mit den in diesem Buch behandelten Themen zu befassen. Die Unterstützung seitens der Marion-Dönhoff-Stiftung ermöglichte mir im Herbst 2015 eine zweimonatige Recherche zum traditionellen Bild der Ukraine in der deutschen Kultur. Im November 2016 bot mir das Institut für die Wissenschaften vom Menschen in Wien ideale Bedingungen, um mich intensiv mit dem Thema rot-brauner Allianzen zu beschäftigen. In der zweiten Hälfte des Jahres 2017 unterstützte die Renaissance Foundation das Projekt Reft&Light, dass es mir ermöglichte, die Links-Rechts-Tendenzen in der zeitgenössischen Politik weiter zu verfolgen. Abschließend gilt ein besonderer Dank der ZEIT-Stiftung – sie hatte Verständnis dafür, dass ich von der Hauptrichtung meiner wissenschaftlichen Forschung abgewichen bin, die in keinerlei Zusammenhang mit dem Thema dieses Buches steht.

Kapitel I
Rechtswendung durch die Ukraine

Die „Ukraine-Krise" und die Reaktion der Linken

Aus den Berichten deutscher linker Zeitungen, selbst der wichtigsten, und aus den Reden linker Politiker, selbst der prominentesten, kann man mitunter Unglaubliches über die Ukraine erfahren. So versammelten sich angeblich auf dem Maidan beispielsweise einen „antisemitischen und ultrarechten Mob", der beabsichtigte, „nationalbefreite Zonen" zu schaffen;[1] das neue Gesetz über die Grundsätze der Sprachpolitik verbiete die russische Sprache;[2] die antirussische Gewalt in der Ukraine nehme zu,[3] US-Gelder in Höhe von 5 Milliarden US-Dollar hätten den „Regimewechsel" in der Ukraine herbeigeführt;[4] im Land gebe es eine nach Joseph Goebbels benannte Parteischule;[5] der Dreizack im Wappen der Ukraine sei ein Nazi-Symbol[6] usw.

All dies ist nur ein Tropfen aus dem Meer möglicher Beispiele. Und sie entstammen ausschließlich Zeitschriften mit einer Auflage von mehr als 10.000 Exemplaren sowie Aussagen von führenden Politikern der Partei DIE LINKE, der stärksten Linkspartei in Deutschland. Das heißt, diese Aussagen können nicht als aus dem

---

1 PETER NOWAK, *Schutzschirm für Antisemiten und Ultrarechte*, Der Freitag, 01.02.2014, https://www.freitag.de/autoren/peter-nowak/schutzschirm-fuer-antisemiten-und-ultrarechte.
2 VIT JASCH, *Russischsprachige Minderheit in der Ukraine*, Der Freitag, https://www.freitag.de/autoren/vit-jasch/russischsprachige-minderheit-in-ukraine.
3 *Antirussische Gewalt in der Ukraine*, Junge Welt, 26.02.2014, https://www.jungewelt.de/loginFailed.php?ref=/artikel/215966.antirussische-gewalt-in-der-ukraine.html.
4 SAHRA WAGENKNECHT, *Die agilsten Gegner Europas sitzen heute in Brüssel*, http://www.sahra-wagenknecht.de/de/article/2391.die-agilsten-gegner-europas-sitzen-in-br%C3%Bcssel.html [Rede im Bundestag 07.07.2016].
5 https://www.youtube.com/watch?v=2gXkpu4T iBA [Auftritt von Dietmar Bartsch bei der Fernsehsendung „Maybrit Illner" 23.10.2014].
6 DIE LINKE, Pressemitteilung vom 15.09.2014, http://links-fraktion.de/pressemitteilungen/nato-manoever-nazi-symbo-len-sofort-beenden; http://archive.fo/JegGH [der erste Link führt zum Original (jetzt entfernt), der zweite zur archivierten Seite].

Zusammenhang gerissen betrachtet werden, im Gegenteil, sie sind sehr repräsentativ. Selbst die antistalinistischste und russlandkritischste der populärsten deutschen linken Zeitungen, die Jungle World, veröffentlicht Äußerungen wie „Die Krim [ist] so russisch wie Niedersachsen deutsch".[7] In weniger repräsentativen Quellen kann man auf noch absurdere Erfindungen über die Ukraine stoßen: von einer wörtlichen Wiederholung der Klassiker des russischen Chauvinismus, wonach die Ukraine kein „echtes" Land[8] sei und die ukrainische Sprache nicht existiere, bis hin zu echten Entdeckungen wie Hinweisen auf „jüngste" ethnische Säuberungen gegen Rumänen, oder Argumenten, der Maidan sei „in Wirklichkeit" von „Zionisten" organisiert worden.[9]

Es gibt natürlich einige Ausnahmen, aber das sind einsame Stimmen, die den Klang des allgemeinen Chors nicht beeinträchtigen. Sehr bezeichnend sind zum Beispiel die Veranstaltungen auf dem Bundesparteitag der Partei DIE LINKE im Juni 2017 (die Partei hält jedes Jahr Parteitage ab, auf denen sie ihr Programm überprüft und verabschiedet). Der Vorschlag einer Gruppe von Parteimitgliedern, die Annexion der Krym und die Beteiligung Russlands am Krieg im Donbas zu verurteilen, wurde von der überwältigenden Mehrheit nicht bloß abgelehnt, sondern sie begrüßten ihre Entscheidung mit Beifall, einige standen sogar auf.[10] Dies ist eine äußerst symbolträchtige Szene. Schaut man sich den Kontext der Mahnwachen vor der russischen Botschaft in Berlin während der Spätphase der Belagerung von Aleppo genauer an, ist es schwierig, die vielen verurteilenden Stimmen der Linken zu überhören, die

---

7 RAINER TRAMPERT, *Pitbull-Politics: Die geopolitischen Folgen des Konflikts um die Ukraine*, Jungle World, 19.06.2014, http://jungle-world.com/artikel/2014/25/50070.html.
8 HERMANN-PETER EBERLEIN, *Heilige, Ukrainer und Zwingli*, Linksnet, 16.05.2014, http://www.linksnet.de/de/artikel/31183.
9 *Zionisten offenbar treibende Kräfte beim Versuch von Regime Change in der Ukraine*, Linkezeitung, http://www.linkezeitung.net/index.php?option=com_content&view=article&id=17828:zionisten-offenbar-treibende-kraefte-beim-versuch-von-regime-change-in-der-ukraine&catid=82&Itemid=248.
10 LEONHARD LANDES, *Die ewige Protestpartei: Fünf Zeichen, dass sich Die Linke nicht an einer Regierung beteiligen will*, Huffingtonpost, 11.06.2017, https://www.huffingtonpost.de/2017/06/11/linke-regierungsbeteiligung-wahl-programm-parteitag_n_17041466.html.

über diese „russophoben Aktionen" empört sind, die ihrer Meinung nach nichts mit dem „Kampf für den Frieden" zu tun haben.[11] Gleichzeitig ist es müßig zu versuchen, in dieser oder ähnlichen Initiativen irgendeine nennenswerte Beteiligung der radikalen Linken zu erwähnen.

Man kann viel Interessantes über die Unterstützung erfahren, die die radikale Linke den selbsternannten „Antifaschisten" im Donbas zukommen lässt, von dem endlosen Strom aufrüttelnder Proklamationen bis hin zu Spendensammlungen und der Ausrüstung von Freiwilligen für den „Krieg gegen den Faschismus". Gleichzeitig hat dieses Milieu keine nennenswerten Aktionen oder Erklärungen zur Unterstützung der territorialen Integrität der Ukraine, Solidaritätsbekundungen mit den Einwohnern von Aleppo oder mit in Russland verfolgten Homosexuellen hervorgebracht. Selbst wenn Kritik am Vorgehen Russlands geäußert wird, wird diese meist durch das unvermeidliche „aber" im selben Satz relativiert. Dutzende, wenn nicht Hunderte von Konstellationen, die dem Kontext der Mahnwachen vor der russischen Botschaft in Berlin im Dezember 2016 ähneln, deuten darauf hin, dass es sich nicht um isolierte Vorfälle handelt, sondern eine unbestreitbar klare Tendenz in der deutschen radikalen Linken.

Es ist wichtig, dies zu betonen, da viele davor warnen, zu verallgemeinern, dass in der linken Bewegung pro-russische Menschen dominieren, und sagen, dass sie zu breit und vielschichtig sei. Dieser Argumentation neigen am ehesten Befürworter des Vorschlags zur Verurteilung der russischen Aggression, der 2017 vom Parteitag der Partei DIE LINKE abgelehnt wurde, zu. Dennoch blieben sie in der Partei, trotz des neu verabschiedeten Programms, trotz der Wiederwahl von Personen wie Sahra Wagenknecht in Schlüsselpositionen, trotz allem, was ihrem Selbstverständnis als Teil einer „breiten demokratischen Bewegung" widerspricht. Sie sind nach wie vor bereit, an Demonstrationen mit Slogans wie „Danke Russland für die Befreiung von Aleppo!" teilzunehmen

---

11 Beitrag auf der Facebook-Seite des Abgeordneten der Partei DIE LINKE Wolfgang Gehrcke vom 07.12.2016, https://www.facebook.com/WolfgangGehrckeOfficial/posts/236412270114416?pnref=story.

und lesen Zeitungen, deren Redakteure – natürlich bloß „unter anderem" – die schwersten Verbrechen des stalinistischen Regimes leugnen. Solche Beispiele zeigen deutlich, wie das Phänomen des „trotzdem dazugehören" zu einem integralen Bestandteil des kollektiven Konstrukts wird, das sich „linke Bewegung" nennt. In den abschließenden Kapiteln dieser Analyse soll versucht werden, näher zu erklären, wie sich die Position der moralischen Überlegenheit aus dem Akzeptieren einer linken Identität ergibt.

Zusammenfassend lässt sich argumentieren, dass die deutsche radikale Linke das russische Propaganda-Narrativ über die Ukraine mitsamt seinen dreistesten Lügen übernommen hat. Zuerst dachten viele Leute (und auch ich), das sei eine Art Verirrung, die zwar schrecklich, aber ihrem Wesen nach eher zufällig war, und dass die Situation korrigiert werden könne, indem man die eklatantesten Verzerrungen der linken Wahrnehmung beseitigt, die Fakten abwägt und eine sorgfältige Aufklärungsarbeit leistet. Doch fünf Jahre nach Beginn des Maidan führt die Analyse der Situation zu nüchternen Schlussfolgerungen: Der Gedanke Verirrung war falsch. Es geht um etwas anderes, und dieses Andere bedarf der Erklärung, der historischen Kontextualisierung und eines gründlichen Verständnisses.

Keine einzige deutsche linke Zeitung hat sich für die Verbreitung falscher Behauptungen über die Ukraine entschuldigt, obwohl der Löwenanteil solcher Beiträge durch einen einfachen Faktencheck vor der Veröffentlichung, der nicht einmal Kenntnisse der ukrainischen oder russischen Sprache erforderte, hätte unterbunden werden können. Dietmar Bartsch, Co-Vorsitzender der Fraktion der Partei DIE LINKE im Deutschen Bundestag, hat seine Erfindungen über die nach Joseph Goebbels benannte Parteischule in der Ukraine nicht bedauert. Auch von seinen Parteikollegen hörte er keine Kritik, zumindest gibt es in öffentlichen Quellen keinen Hinweis darauf. Angesichts der Tatsache, dass es in der Ukraine überhaupt keine Parteischule gibt, erscheint Goebbels' Schatten eher aufgrund von Bartschs eigenen Äußerungen, insbesondere wenn man bedenkt, dass sie wenige Wochen nach der russischen Invasion in den Donbas im August/September 2014 getätigt wurden. Die unbegründeten Äußerungen der anderen Co-

Vorsitzenden der Partei DIE LINKE, Sahra Wagenknecht, während der parlamentarischen Debatte über die Finanzierung des Maidan mit fünf Milliarden US-Dollar sind noch immer unkommentiert auf ihrer Website zu finden.[12] Trotz gründlicher Widerlegung dieser von der russischen Propagandamaschine geschaffenen Lüge (z. B veröffentlichte eine der meistgelesenen deutschen Zeitungen im Mai 2015 darüber),[13] existiert sie in linken Kreisen immer noch: auf die Erwähnung von „Milliarden US-Dollar an umstürzlerische Gruppen in der Ukraine" konnte man noch Ende 2018 in deutschen linken Medien stoßen.[14] Die Erklärung, in der der Dreizack im ukrainischen Wappen zum „Nazi-Symbol" erklärt wurde, wurde heimlich von der offiziellen Website der Bundestagsfraktion der Partei DIE LINKE entfernt, aber es gibt in offenen Quellen keinen Hinweis auf eine Entschuldigung seitens der Parteifunktionäre.

Und obwohl der Unsinn über die Ukraine sowie die Besessenheit, mit der er geäußert wurden, im Vergleich zu 2014 etwas abgenommen haben, liegt dies neben Änderungen im Propagandanarrativ Russlands eher an einer gewissen „Ukraine-Müdigkeit" der deutschen Linken als an einer grundlegenden Revision ihres Weltbildes. Dem ausgetretenen Weg folgend, hörten deutsche linke Zeitungen im Sommer 2018 nicht auf, Artikel mit der Schlagzeile „Wie Nazis in Kiew die Oberhand gewinnen" zu veröffentlichen, von denselben Autoren, in deren Beiträgen die „Kiewer Nazis" vor langer Zeit alle denkbaren Siege errungen hatten.[15] Der Spendenfluss an die „Antifaschisten des Donbass" ist inzwischen zurückgegangen, aber die entsprechenden Aufrufe finden sich immer noch auf den Websites selbst der angesehensten deutschen linken

---

12 Sahra Wagenknecht, *Die agilsten Gegner Europas sitzen heute in Brüssel*, http://www.sahra-wagenknecht.de/de/article/2391.die-agilsten-gegner-europas-sitzen-in-br%C3%BCssel.html [Rede im Bundestag 07.07.2016].
13 Alice Bota, Kerstin Kohlenberg, *Haben die Amis den Maidan gekauft?*, ZEIT Online, 17.05.2015, http://www.zeit.de/2015/20/ukraine-usa-maidan-finanzierung/komplettansicht.
14 Tobias Riegel, *Fünf Jahre Maidan – Fünf Jahre Manipulation*, Nachdenkseiten, 21.11.2018, https://www.nachdenkseiten.de/?p=47343.
15 *Ulrich Heiden, Wie Nazis in Kiew die Oberhand gewinnen, Der Freitag, 19.07.2018,* https://www.freitag.de/autoren/ulrich-heyden/wie-nazis-in-kiew-die-oberhand-gewinnen.

Organisationen.[16] Autoritäten wie die linke Gruppe Banda Bassotti veranstalten weiterhin Konzerte zur Unterstützung „der Antifaschisten des Donbas", als hätte es keine Aufklärungsarbeit über die Besonderheiten des „Antifaschismus" in den dortigen „Volksrepubliken" gegeben.[17] Das vielleicht aussagekräftigste Beispiel für die Stimmung in diesem Milieu ist ein langer Artikel in einer der führenden linken Zeitungen Deutschlands, in der Jungen Welt, der „aufdeckt", dass der Holodomor nicht wirklich stattgefunden habe, alles „nationalistische antikommunistische Lügen" seien. Der Artikel trug den Titel „Der erfundene Völkermord".[18] Die Souveränität der Ukraine hingegen sah der Sprecher für Osteuropa der Fraktion der Partei DIE LINKE 2018 wie folgt: „Die Souveränität der Ukraine entspricht etwa der Souveränität eines dreijährigen Kindes, in Abhängigkeit von seiner Mama."[19] Es ist also müßig, hier auf einen grundlegenden Wandel zu hoffen. Natürlich werden diese Umstände für diejenigen ukrainischen und weiteren Leser, die mit der linken Bewegung sympathisieren, äußerst unangenehm sein, aber wichtiger als die Hoffnung auf künftige Veränderungen sollte der, wenn auch nicht schmerzlose, so doch aber ehrliche Versuch sein, die aktuellen Ereignisse zu verstehen. In diesem Fall – am Beispiel der linken Bewegung in Deutschland.

---

16 *Unsere Solidarität gegen anhaltenden rechten Terror in der Ukraine! Rote Hilfe e.V. richtet Spendenkonto für verfolgte Antifaschist*innen ein*, Rote Hilfe, 01.03.2014, https://www.rote-hilfe.de/news/bundesvorstand/547-pe-unsere-solidaritaet-gegen-anhaltenden-rechten-terror-in-der-ukraine-rote-hilfe-e-v-richtet-spendkonto-fuer-verfolgte-antifaschist-innen-ein.

17 https://www.facebook.com/bandabassottiband/photos/a.10151552577661574/10155382979031574/?type=1&theater [Beitrag auf der Facebook-Seite der Musikgruppe Banda Bassotti vom 20.06.2018]. Die römische Ska-Punk-Band ist sich treu geblieben und unterstützt auch im Krieg gegen die Ukraine weiterhin die Politik der Russischen Föderation und die Zugehörigkeit des Donbass zu ihr. Anm. d. Übers.

18 THANASIS SPANIDIS, *Der erfundene Völkermord*, Junge Welt, 23.06.2017, https://www.jungewelt.de/artikel/312978.der-erfundene-v%C3%B6lkermord.html.

19 ALEXANDER NEU [Abgeordneter der Partei DIE LINKE], *Die Ukraine selber hat nicht viel zu sagen – ein Interview*, 27.11.2018, https://neu-alexander.de/2018/11/die-ukraine-selber-hat-nicht-viel-zu-sagen-interview/ und https://www.deutschlandfunk.de/linken-politiker-zum-krim-konflikt-die-ukraine-selber-hat-100.html.

In Deutschland aber finden auch 2018 unter Beteiligung von Bundestagsabgeordneten der Partei DIE LINKE Veranstaltungen statt, in denen sie den *Putsch* und die *Junta* anprangern, und als Redner lädt man Leute wie Sergei Kirichuk ein, den Führer der stalinistischen Organisation „Borotba" (Kampf), dem nach einem gescheiterten Versuch, die „Volksrepublik Charkiw" zu leiten, nicht ohne die Unterstützung seiner linken Genossen politisches Asyl in Deutschland gewährt wurde.[20] Das im Sommer 2017 neu verabschiedete Parteiprogramm von DIE LINKE erwähnt in einem Abschnitt zur Ukraine die Interessen Russlands dreimal, die Interessen der Ukraine kein einziges Mal.[21] Die Partei drängt nach wie vor auf den Austritt Deutschlands aus der NATO und die Schaffung eines neuen Systems der kollektiven Sicherheit – im Bündnis mit Russland, also dem Land, das mit militärischer Gewalt das bisherige Sicherheitssystem, das 1975 durch die Schlussakte von Helsinki errichtet und 1990 durch die Charta von Paris für ein neues Europa neu bekräftigt wurde, zerstört hat. Nach wie vor fordert die Partei DIE LINKE in ihren Entschließungen vom Deutschen Bundestag, „dem Narrativ einer russischen Aggression als Ursache des Konflikts [im Donbas] entgegenzutreten."[22] Ziel echter Friedenspolitik, so erklärt Sahra Wagenknecht, Co-Vorsitzende der Bundestagsfraktion, müsse sein, „alles zu vermeiden, was in Russland als Provokation empfunden werden kann".[23]

Besondere Beachtung verdient in diesem Zusammenhang die Zusammenarbeit der Partei DIE LINKE mit russischen Propagandasendern wie Sputnik und insbesondere RT Deutsch. 2014 als deutscher Ableger von Russia Today gegründet, hat sich RT

---

20 *Trägt Russland Schuld an der neuen Kriegsgefahr? / Veranstaltung mit Andrej Hunko DIE LINKE*, https://www.youtube.com/watch?v=rMu4-m-gtgE&t=249s [Videoaufzeichnung der Veranstaltung vom 18.04.2018 unter Teilnahme des Abgeordneten der Partei DIE LINKE Andrej Hunko].
21 DIE LINKE, *Langfassung des Wahlprogramms zur Bundestagswahl 2017*, P. 100, https://www.die-linke.de/filead-min/download/wahlen2017/wahlprogramm 2017/die_linke_wahlprogramm_2017.pdf.
22 *Drucksache 18/11167*, Deutscher Bundestag, 14.02.2017, http://dip21.bundestag.de/dip21/btd/18/111/1811167.pdf.
23 *Wagenknecht: Deutsche Politik stärkt Terrorbanden*, Frankfurter Allgemeine, 25.12.2016, http://www.faz.net/agenturmeldungen/dpa/wagenknecht-deutsche-politik-staerkt-terrorbanden-14591354.html.

Deutsch schnell zu einem der wichtigsten Mittel entwickelt, um Antisemiten zu legitimieren, Verschwörungstheorien und „Sensationen" über fiktive Migrantenverbrechen zu verbreiten und vieles mehr.[24] Im Studio sind regelmäßig nur zwei der im Bundestag vertretenen Parteien zu Gast: die Partei DIE LINKE und die rechtspopulistische Alternative für Deutschland (AfD).[25] Es handelt sich um eine Art „kumulative Symbiose": Die Gesprächspartner des Senders (Landtagsabgeordnete, Bundestagsabgeordnete, Europaparlamentarier) verleihen dieser in allem anderen sonst eher marginalen Medienquelle durch ihren Status Wichtigkeit, und der auf diese Weise legitimierte TV-Sender wird zur Quelle von „alternativer" Information für Sympathisanten der Partei DIE LINKE und der AfD und bietet den Funktionären dieser Parteien auch eine feste Adresse für ihre Verweise auf „seriöse Quellen". Oskar Lafontaine, Veteran und Mitbegründer der Partei DIE LINKE und Ehemann von Sahra Wagenknecht, kämpft auf Facebook regelmäßig gegen die „Lügenpropaganda der amerikanischen Kriegspartei", die angeblich die Presse „vieler Länder" dominiert, und empfiehlt seinen Lesern, sich das entlarvende Video auf RT Deutsch anzusehen, das angeblich „Tag für Tag die Weltmeinung vergiftenden Propagandalügen des US-Imperialismus" aufdecke.[26]

Als die israelische Armee die „Weißhelme" vor russischen Luftangriffen und Assads iranischen Verbündeten retten musste, und die Bundesregierung zustimmte, bis zu acht von mehreren hundert Geretteten Asyl zu gewähren, kritisierte die

---

24 Nach Angaben der Medienanstalt Berlin-Brandenburg vom 6. April 2022 hat RT Deutsch seine Aktivitäten in Deutschland eingestellt, nachdem Anfang Februar die Kommission für Zulassung und Aufsicht der Landesmedienanstalten (ZAK) mitgeteilt hatte, dass Veranstaltung und Verbreitung des Fernsehprogramms RT DE in Deutschland untersagt worden sei, da keine medienrechtliche Zulassung vorliege. Anm. d. Übers.
25 Die Alternative für Deutschland (AfD) ist 2013 als rechtspopulistische Partei gegründet worden. Sie ist gegen Einwanderung und die Europäische Union, hält an antiamerikanischen und pro-russischen Positionen fest. Bei der Bundestagswahl 2017 zog sie mit 12,6 Prozent der Stimmen in den Bundestag ein.
26 MARTIN NIEWENDICK, *Maas, der „Nato-Strichjunge" – die Entgleisungen der Linkspartei*, Welt, 31.07.2018, https://www.welt.de/politik/deutschland/article180272270/Wagenknecht-Lafontaine-Co-Die-Linke-und-ihre-aussenpolitischen-Entgleisungen.html.

stellvertretende Vorsitzende der Bundestagsfraktion der Partei DIE LINKE Heike Hänsel die Regierungsentscheidung scharf.[27] Es ist gut möglich, dass sie tatsächlich am meisten über das Vorgehen Israels empört war (sie hat auch früher wiederholt – selbst für ein Mitglied der Partei DIE LINKE – „flammende" Gefühle für dieses Land gezeigt). Aber in diesem Zusammenhang ist noch etwas anderes von Bedeutung. Alle von Frau Hänsel erhobenen Anschuldigungen stammen von Russia Today und seinen Tochterunternehmen wie RT Deutsch.[28] Bei der Durchführung von Kampagnen gegen die „Weißhelme" (die nicht nur den Opfern halfen, sondern auch die Kriegsverbrechen der von Assad kontrollierten Verbände dokumentierten), forderte der russische Fernsehsender, dass Assad und Russland gerichtlich zur Verantwortung ziehen sollten.[29]

Das Ausmaß der pro-russischen Stimmung in der Partei ermöglicht es beispielsweise einem anderen prominenten Funktionär, dem früheren Parlamentssprecher der Fraktion der Partei DIE LINKE, Gregor Gysi, zu argumentieren, es wäre besser für den Rest der Welt, wenn Trump und Putin sich darauf einigen würden, Einflusssphären zu teilen.[30] (Es ist nicht bekannt, wie es für die ganze Welt ist, aber für die Ukraine und ein weiteres gutes Dutzend Länder, die Gegenstand der Phantomschmerzen des russischen Chauvinismus sind, würde ein solcher Erfolg das Leben natürlich fröhlicher und strahlender machen.) Ein weiterer hochrangiger Sprecher der Partei DIE LINKE, Alexander Neu, bestritt die Existenz von Beweisen für die russische Bombardierung von Aleppo (zu jenem

---

27 HEIKE HÄNSEL, *Warum ich die Aufnahme von Mitgliedern der syrischen „Weißhelme" kritisiere*, Telepolis, 31.07.2018, https://www.heise.de/tp/features/Warum-ich-die-Aufnahme-von-Mitgliedern-der-syrischen-Weisshelme-kritisiere-4123714.html.
28 OLIVIA SOLON, *How Syria's White Helmets became victims of an online propaganda machine*, The Guardian, 18.12.2017, https://www.theguardian.com/world/2017/dec/18/syria-white-helmets-conspiracy-theories.
29 *White Helmets must be tracked down & prosecuted for "war crimes" – Syria's Grand Mufti*, Russia Today, 23.07.2018, https://www.rt.com/news/434049-syrian-mufti-white-helmets/.
30 GREGOR GYSI, *Wir müssen Russland als Grossmacht akzeptieren*, Watson, 12.01.2017, http://www.watson.ch/!338993216.

Zeitpunkt bombardierte Russland bereits Syrien elf Monate lang).[31] Wann immer dem Assad-Regime der Einsatz von Chemiewaffen vorgeworfen wird, finden sich immer wieder Vertreter der Partei DIE LINKE, die entweder Assads Beteiligung oder den Angriff selbst in Frage stellen, den Mangel an Beweisen beklagen und nicht zögern, alle möglichen „alternativen" Versionen aus Quellen wie RT Deutsch vorzubringen. Auch wenn Assad in den letzten fünf Jahren mehr als einmal Chemiewaffen gegen seine Bürger eingesetzt hat, bleibt, obwohl internationale Institutionen wie die Organisation für das Verbot chemischer Waffen dies immer wieder bestätigt haben, die Reaktion der Partei DIE LINKE Jahr für Jahr unverändert... Zu Demonstrationen „für den Frieden" ist die Partei wegen des Krieges in Syrien nur dann bereit, wenn die Vereinigten Staaten Assad mit einer Bombardierung drohen.[32] Umgekehrt haben die unaufhörlichen Bombardierungen, die Assad und russische Flugzeuge seit der Niederschlagung der regierungsfeindlichen Proteste im Jahr 2011 durchgeführt haben und die die Hauptursache für den Tod von mehr als 400.000 Zivilisten sind, die Partei DIE LINKE nicht zu irgendwelchen Demonstrationen veranlasst. Als ein internationaler Skandal um die Vergiftung des ehemaligen russischen Doppelagenten Sergej Skripal in Großbritannien, der zuvor in den Westen ausgetauscht worden war, losbrach, wiederholte die Fraktionsabgeordnete der Partei DIE LINKE, Sevim Dağdelen (bekannt für ihre scharfe Kritik am „ukrainischen Faschismus"), in ihrer parlamentarischen Anfrage fast wörtlich die Fragen aus dem Brief, den die russische Regierung an die Regierungen einiger westlicher Länder geschickt hatte und der keinen anderen Zweck hatte, als die Möglichkeit in Zweifel zu ziehen, dass Russland an dem Mordanschlag beteiligt war.[33] Ein weiterer

---

31 *Über das Büroversehen sind wir sehr dankbar*, Deutschlandfunk, 18.08.2016, http://www.deutschlandfunk.de/linksfraktion-ueber-das-bueroversehen-sind-wir-sehr-dankbar.694.de.html?dram%3Aarticle_id=363439.
32 KEVIN HAGEN, *Putins Bollwerk in Berlin*, Spiegel Online, 19.04.2018, http://www.spiegel.de/politik/deutschland/die-linke-und-der-syrien-konflikt-bollwerk-fuer-wladimir-putin-in-berlin-a-1203655.html.
33 CLAUDIA VON SALZEN, *Die Linke als Russlands Stimme im Bundestag*, Der Tagesspiegel, 13.04.2018, https://www.tagesspiegel.de/politik/anfrage-zum-fall-skripal-die-linke-als-russlands-stimme-im-bundestag/21174176.html.

Bundestagsabgeordneter der Partei DIE LINKE, Andrej Hunko, widmete dem Fall Skripal sogar eine ganze Veranstaltung, in der er die offizielle britische Version der Ereignisse anprangerte und dem Westen wahllos unverantwortliches provokatives Verhalten vorwarf, das zu einem neuen Weltkrieg führen könnte.[34] Auch hier gibt es eine Reihe anderer Beispiele – dies sind keine einzelnen unzusammenhängende Fälle, sondern eine sehr klare stabile Tendenz.

Wir betrachten die Partei DIE LINKE als Paradebeispiel für die allgemeine Haltung der deutschen radikalen Linken gegenüber der sogenannten „Ukraine-Krise". Berücksichtigt man die Äußerungen und Aktivitäten kleinerer linker Organisationen, sieht das Gesamtbild noch düsterer aus. Beispielsweise unterstützten Dutzende linker Organisationen und Initiativen (deren Namen dem ukrainischen Leser wenig sagen werden) den Aufruf, Spenden für die „Antifaschisten des Donbas" zu sammeln.[35] In diesem Text verzichte ich auf lange detaillierte Beschreibungen, um ihn nicht mit zu vielen Einzelheiten zu überfrachten, und konzentriere mich mehr auf die Interpretation als auf die Darstellung von Details. Wäre es notwendig gewesen, ein rein satirisches Bild zu zeichnen, wäre es ratsam gewesen, einige eklatante Ausnahmen herauszugreifen und auf bewundernswerte Sekten wie die Marxistisch-Leninistische Partei Deutschlands (MLPD)[36], die Trotzkistische Revolutionäre Internationalistische Organisation (RIO)[37] oder den maoistischen Jugendwiderstand[38] einzugehen. Die im Bundestag und den meisten Landesparlamenten vertretene Partei, die es geschafft hat, Dutzende verschiedener linker Initiativen zu einer

---

34 *Trägt Russland Schuld an der neuen Kriegsgefahr? / Veranstaltung mit Andrej Hunko DIE LINKE* https://www.youtube.com/watch?v=rMu4-m-gtgE&t=249s.
35 *Unsere Solidarität gegen anhaltenden rechten Terror in der Ukraine!*, anfänglich veröffentlicht unter der Adresse: https://linksunten.indymedia.org/de/node/112244.
36 Offizielle Webseite der Marxistisch-Leninistischen Partei Deutschlands: https://www.mlpd.de/.
37 Offizielle Webseite der Revolutionären Internationalistischen Organisation: http://www.revolution.de.com/.
38 Offizielle Webseite des Jugendwiderstands: http://jugend-widerstand.blogspot.com/.

schlagkräftigen Organisation zu vereinen, kann andererseits nicht als unrepräsentative Ausnahme bezeichnet werden.

In diesem Zusammenhang ist es sinnvoll, noch einmal auf das Thema „Stimmenvielfalt" in der deutschen radikalen Linken zurückzukommen (wiederum mit Fokus auf unser repräsentatives Beispiel). Wie in der gesamten linken Bewegung in Deutschland kann man in der Partei DIE LINKE Stimmen einzelner Personen und sogar ganzer Gruppen hören, die die derzeitige Führung der Russischen Föderation und so ärgerliche, aber vielleicht unvermeidliche Merkmale der radikalen Linken wie die Verherrlichung von Diktatoren und ihre Sympathie für Terror und Antisemitismus kritisieren. Bei aller Kritik gegenüber der Partei DIE LINKE muss ich betonen, dass es sich in ihrem Fall nicht um eine einmütig „abstimmende" Organisation wie die KPdSU handelt, sondern um eine parlamentarische Partei, die im Rahmen des westlichen demokratischen Systems agiert. Parteischwergewichte wie Wagenknecht, Lafontaine oder Hänsel haben nicht die uneingeschränkte Unterstützung aller Fraktionen in der Partei und müssen die kritischen Äußerungen anderer Parteimitglieder, auch die öffentlich geäußerten, berücksichtigen. Stefan Liebich, Bundestagsabgeordneter aus einem Berliner Wahlkreis und Mitglied der Parteiführung der Partei DIE LINKE, hat es immer wieder gewagt, migrantenfeindliche oder antisemitische Angriffe seiner Parteikollegen in der Führungsspitze offen zu kritisieren. Insbesondere verurteilte er die oben erwähnte Äußerung von Heike Hänsel dazu, den „Weißhelmen" Asyl zu gewähren.[39]

Liebich war einer der Initiatoren eines Beschlusses der Parteiführung, Parteimitglieder vor der Teilnahme an Veranstaltungen zu warnen, die Antisemiten organisieren.[40] Wäre Liebich die einzige Ausnahme, wäre dieser Beschluss natürlich nie angenommen

---

39 MARTIN NIEWENDICK, *Warum eine Linke gegen die Aufnahme von Verfolgten ist*, Welt, 25.07.2018, https://www.welt.de/politik/deutschland/article179973428/Weisshelme-Rettung-Linke-empoert-ueber-Heike-Haensel.html.

40 Beschluss des Parteivorstandes DIE LINKE vom 25./26. Mai 2014: *Für Frieden und Deeskalation in der Ukraine*, https://archiv2017.die-linke.de/partei/organe/parteivorstand/parteivorstaende-archiv/parteivorstand-2014-2016/beschluesse/fuer-frieden-und-deeskalation-in-der-ukraine/.

worden, und er selbst wäre längst aus der Parteiführung entfernt worden. Die Partei verfügt über eine Gruppe namens „Forum Demokratischer Sozialismus", die wie auch die Partei DIE LINKE der russischen Regierung ziemlich kritisch gegenübersteht.[41] Innerhalb der Jugendabteilung der Partei gibt es die Plattform „BAK Shalom", die darauf abzielt, „Antisemitismus, Antizionismus, Antiamerikanismus und regressiven Antikapitalismus zu kritisieren".[42]

Zudem ist Sahra Wagenknecht selbst sehr unzufrieden mit dem Stand der Dinge in der Partei. Im Sommer 2018 bereitete sie zusammen mit einer schlagkräftigen Gruppe von Unterstützern beharrlich eine „breite linke Sammlungsbewegung" „Aufstehen" vor und versuchte diese anzuführen. Wie sie sich zur Partei selbst verhalten soll, ist nicht ganz klar. Wagenknecht und ihre Unterstützer bekräftigen unermüdlich, dass das Ziel der neuen Bewegung nicht darin besteht, die Partei DIE LINKE zu ersetzen, sondern „etwas Größeres" zu schaffen, in dem die Partei selbst einen würdigen Platz finden wird.[43] Vielleicht handelt es sich um einen großangelegten Bluff, einen Versuch, den Vorstand der Partei DIE LINKE zu erpressen und ihre eigene Position darin zu stärken. Vielleicht gelingt es aber Wagenknecht und ihren Anhängern auch, die meisten Querfrontler aus der jetzigen Partei DIE LINKE in eine neu geschaffene „breite Sammlungsbewegung" zu locken, wodurch DIE LINKE die Chance gewinnt, eine normale sozialdemokratische Partei ohne radikale linke Impulse zu werden. Die Vorhersage zukünftiger Entwicklungen ist Sache von Propheten. Aber schon jetzt

---

41 Offizielle Webseite der Gruppe „Forum Demokratischer Sozialismus": http://forum-ds.de/.
42 Offizielle Webseite der Plattform BAK Shalom: http://bak-shalom.de/.
43 Wagenknecht hat seither weiter versucht, auf die Ausrichtung der Partei Einfluss zu nehmen. Hiervon zeugt auch ihr letztes Buch: *Die Selbstgerechten: Mein Gegenprogramm für Gemeinsinn und Zusammenhalt* (Frankfurt: Campus, 2021). Sie gehört nach Beginn des Krieges gegen die Ukraine zu den Unterzeichnern von sieben Vertretern der Partei DIE LINKE vom 1. März 2022, nach der die von den USA in den letzten Jahren betriebene Politik für die entstandene Kriegslage verantwortlich sei und trat vor allem durch ihr zusammen mit Alice Schwarzer gemeinsam verfasstes Manifest am 10. März 2023 in die Öffentlichkeit. Beides Texte wurden heiß diskutiert und verurteilt. Im März 2023 verkündete sie, nicht erneut für den Bundestag zu kandidieren, gleichzeitig aber weiter über die Gründung einer neuen Partei zu überlegen. Anm. d. Übers.

kann man mit Sicherheit sagen, dass die Partei DIE LINKE, wie jede andere politische Partei auch, kein unveränderliches Wesen hat und dass ihre Zukunft offen ist. Immerhin ist den im Bundestag vertretenen Partei Die Grünen eine solche Weiterentwicklung einst gelungen.

Es ist mit Sicherheit davon auszugehen, dass, solange in der Partei DIE LINKE radikale linke Positionen vorherrschen, Sympathie für Diktatoren, Neigung zu Verschwörungstheorien, obsessive „Sorge" um Israel usw. unvermeidlichen Nebenkomponenten ihrer Aktivitäten sein werden. Kein Stefan Liebich wird verhindern können, dass eine weitere Sahra Wagenknecht als Fraktionsvorsitzende gewählt wird, kein Beschluss wird die Parteimitglieder daran hindern können, an Demonstrationen von Anhängern der wildesten Verschwörung teilzunehmen, und die Parteigruppe „Forum für demokratischen Sozialismus" wird einstimmig für den Austritt aus der NATO stimmen und für die Schaffung eines gemeinsamen kollektiven Sicherheitssystems mit Russland. Leute wie Liebich, egal welche Entscheidungen sie initiieren, werden immer wieder auf einer Bühne stehen mit Antisemiten. Dies ist keine imaginäre Situation: Am 11. Juni 2018 organisierte die Partei DIE LINKE eine weitere Veranstaltung zur Verurteilung des „Junta-Putsches" im Bundestag, bei der als Vertreter der Ukraine Olena Bondarenko, Olena Bereschna und der orthodoxe Oligarch Vadym Novynsky sprachen.[44] Über den Rest der Gäste und den Inhalt ihrer Auftritte lässt sich allerhand Erstaunliches erzählen. Aber hier sollten wir uns auf folgenden sehr symptomatischen Aspekt konzentrieren. Die

---

44 *Menschenrechte und Medienfreiheit in der Ukraine* [Anzeige der Konferenz auf der offiziellen Seite der Fraktion DIE LINKE im Bundestag], Fraktion Die Linke im Bundestag, 11.06.2018, https://www.linksfraktion.de/termine/detail/meschenrechte-und-medienfreiheit-in-der-ukraine-1/. Bereschna ist die Mutter der bei einem Verkehrsunfall verunglückten ukrainischen Parlaments-Abgeordneten Iryna Breschna, kam als Mitglied einer antifaschistischen Liga für Menschenrechte nach Berlin und war mit der Partei der Regionen vielfältig verbunden. Novynsky ist einer der russlandfreundlichen Oligarchen der Ukraine und hat sein Geld in Öl und Metall gemacht. Er nahm auch als Protodiakon und Mitglied in Leitungsgremien der Ukrainischen Orthodoxen Kirche, die dem Moskauer Patriarchat untergeordnet ist, vor allem unter Präsident Janukowytsch, als er für die Partei der Regionen Mitglied der Verchovna Rada wurde, starken Einfluss. Anm. d. Übers.

Hauptfigur dieser vielbeachteten Veranstaltung war Ruslan Kotsaba, der bekannteste ukrainische „pazifistische Aktivist" und gleichzeitig die Verkörperung des von den Linken angestrebten „Antimilitarismus", der sich ausschließlich gegen die ukrainische Armee richtet. Kotsaba ist bekannt für viele dokumentierte antisemitische Ausfälle. In einer seiner auf Video aufgezeichneten Reden machte er für den Holocaust seine Opfer verantwortlich: Die erschossenen Juden hätten angeblich keinen Widerstand geleistet, weil sie sich schuldig fühlten für Kommunismus und Nazismus, für den Aufstieg von Stalin und Hitler.[45] All diese Materialien sind weiterhin in zahlreichen Internetquellen verfügbar, und darin Fälschungen zu sehen, ist schwierig, selbst wenn man es wirklich möchte. Natürlich könnte es sein, dass jemand in der Partei DIE LINKE, selbst auf höchster Ebene, solche Interpretationen des Holocaust teilt. Und hier lohnt es sich, auf die Besonderheiten der linken „Polyphonie" zu achten, insbesondere auf den Mythos vom „bösen" und „guten" Teil der Partei. Eine deutsche Übersetzung des oben genannten Videos von Ruslan Kotsaba hat Stefan Liebich meines Wissens mehr als ein Jahr vor seiner Teilnahme an der gemeinsamen Veranstaltung mit ihm erhalten. Man beachte auch die Unterschrift von Liebich unter der bereits erwähnten Erklärung über die Notwendigkeit, „dem Narrativ einer russischen Aggression als Ursache des Konflikts [im Donbas] entgegenzuwirken". Auch wenn er seine Kollegin Heike Hänsel scharf kritisiert, stellt Liebich fest, „dass es um die Weißhelme eine lange Kontroverse gibt".[46] Abschließend betonte er mit Blick auf die Eskalation des russisch-ukrainischen Konflikts Ende 2018, dass der Schwerpunkt der diplomatischen Bemühungen in diesem Zusammenhang auf der Aufhebung der Sanktionen gegen Russland liegen sollte.[47] Kurzum, die „Guten" der Partei DIE LINKE sehen nur vor dem

---

45 *Wie Ruslan Kotsaba versucht, seine Vergangenheit weißzuwaschen*, https://www.youtube.com/watch?v=QnjH0frmXdA [Videoauftritt Ruslan Kotsabas, in dem jener die Verantwortung für den Holocaust den Juden zuschiebt].
46 MARTIN REEH, *Linke streitet über Weißhelm-Asyl*, Die Tageszeitung, 24.07.2018, http://www.taz.de/!5519590/.
47 https://www.facebook.com/berlinliebich/photos/a.401734719933361/19479800341975450/?type=3&theater [Kommentar Liebichs auf seiner persönlichen Facebook-Seite, 14.12.2018].

Hintergrund ihrer völlig inadäquaten Parteikollegen gut aus. Sie alle eint nicht irgendeine imaginäre „goldene Mitte", sondern ein typischer linksradikaler Mainstream, der sich im Westen vor dem Zweiten Weltkrieg herausgebildet hat und sich, zusammen mit einer unveränderten Reihe von „Nebenkomponenten", die alle ihr Eigenleben haben, eher infolge als trotz wiederholter Versuche der Reform und des Bruchs mit der autoritären Vergangenheit erfolgreich reproduziert.

Die Interpretation der Revolution der Würde und des russisch-ukrainischen Militärkonflikts innerhalb der deutschen radikalen Linken lautet mit einigen Ausnahmen wie folgt: Der Maidan war ein von westlichen Entscheidungsträgern finanzierter *Putsch*; *radikale Nationalisten und Faschisten* sind heute in der Ukraine an der Macht; die westliche *Aggression* zwang Russland, *sich zu verteidigen*; obwohl Russland die *Volksrepubliken* unterstützt, ist der Konflikt im Donbas ein von der NATO angezettelter *Bürgerkrieg*; Russland ist nie in die Ukraine *einmarschiert* und so weiter.

Trotz zahlreicher innerer Widersprüche wird die Lebendigkeit und sogar eine gewisse Kohärenz dieses Narratives verständlicher, wenn wir es im Zusammenhang mit bestimmten Merkmalen betrachten, die dem linken Weltbild eigen sind. Beginnen wir mit einer Analyse, wie es mit der entsprechenden Agenda der extremen Rechten korreliert.

Ein neues Bündnis von Rot und Braun

Um den Kontext zu verdeutlichen, betrachten wir einen Spezialfall. Auf der Seite der Separatisten in der Ostukraine kämpfte das Bataillon „Gespenst" (Prizrak). Viele in der deutschen Linken sahen in ihr eine „kommunistische" Gruppe. In Zeitungsartikeln, Erklärungen und Flugblättern bezeichnete die radikale Linke den Bataillonsführer Aleksej Mozgovoy als „einen echten Antifaschisten" und einen „Donbaser Che Guevara".[48] Sie starteten eine echte

---

48 ULRICH HEIDEN, *Mordanschlag gegen den „Che Guevara von Lugansk"*, Telepolis, 24.05.2015, https://www.heise.de/tp/features/Mordanschlag-gegen-denChe-Guevara-von-Lugansk-3372985.html; *Kommunistische Einheit 404*, Junge Welt, 12.09.2015, https://www.jungewelt.de/2015/09-12/031.php.

Solidaritätskampagne, sammelten Spenden für „Gespenst" und luden einen seiner Anführer zur Rosa-Luxemburg-Konferenz nach Berlin ein, einer jährlichen Statusveranstaltung, wo er mit Sahra Wagenknecht und anderen prominenten Linken sprechen sollte.[49] Alexej Markov, der nicht nach Berlin kommen konnte, erhielt per Videochat das Wort. Der im fernen Omsk geborene Bürger der Russischen Föderation, der den größten Teil seines Lebens in Moskau verbracht hat, erzählte der Berliner Öffentlichkeit anstandslos vom „Bürgerkrieg in der Ukraine" und natürlich von der Notwendigkeit, „den Faschismus zu bekämpfen". Die Konferenz begrüßte Markovs Rede mit Beifall, und Alexej Danckwardt, Abgeordneter des Leipziger Stadtrats der Partei DIE LINKE, der sie übersetzte, betonte die Notwendigkeit, *Gespenst* in seinem Kampf gegen die *Kiewer Junta* zu unterstützen. Frau Wagenknecht ignorierte jedoch die Frage eines auf der Konferenz anwesenden „Bild"-Journalisten, für den allein die Teilnahme der Bundestagsfraktionschefin an einer gemeinsamen Veranstaltung mit dem Anführer der Militanten fragwürdig war.[50] Dieser Vorgang der Legitimierung von „Gespenst" in der deutschen radikalen Linken war vielleicht das wichtigste, aber keineswegs das einzige. Und es ist sehr wahrscheinlich, dass ein Teil der deutschen Linken in die Ostukraine gereist ist, um den Kampf gegen die „Kiewer Junta" nicht nur informativ und finanziell zu unterstützen.[51] Die sogenannten deutschen Antifaschisten verhielten sich vorsichtiger als ihre spanischen, französischen oder serbischen Kollegen und achteten darauf, vor den Objektiven nicht ohne Maske erwischt zu werden, aber ihre Anwesenheit bei „Gespenst" wurde von Alexej Mozgovoy und anderen Kämpfern des Bataillons bestätigt.[52]

---

49 *Unsere Gäste bei der Rosa-Luxemburg-Konferenz 2016*, Rosa Luxemburg Konferenz, https://www.rosa-luxemburg-konferenz.de/de/unsere-referenten-2016.
50 https://www.youtube.com/watch?v=QyhIEURGaEI [Auftritt Aleksej Markovs auf der Rosa-Luxemburg-Konferenz 2016].
51 Peter Diete, *Was wollte das Linken-Paar auf der Tagung?*, Bild, 10.01.2016, https://www.bild.de/politik/inland/die-linke/was-wollten-sie-bei-der-tagung-frau-wagenknecht-und-herr-lafontaine-44086220.bild.html.
52 *Командир луганской бригады "Призрак": "Никто другой Стрелкова не заменит"*, Московский комсомолец, 28.08.2014, http://www.mk.ru/politics/2014/08/28/komandir-luganskoy-brigady-prizrak-nikto-drugoy-strelkovan

Natürlich gehörten zu „Gespenst" Leute, die sich als Kommunisten identifizierten. Aber egal wie viele von ihnen im Bataillon waren, sie waren darin eine absolute Minderheit (zumindest kann eine solche Schlussfolgerung aus den Worten von Alexej Markov und dem Anführer der internationalen Einheit des Bataillons, dem italienischen Freiwilligen „Nemo" gezogen werden).[53]

Unter den Kämpfern des Bataillons waren jedenfalls noch viel mehr Rechtsextreme. Mindestens sechs verschiedene rechtsgerichtete Gruppen aus Russland schlossen sich „Gespenst" an („Die kaiserliche Legion", „Die Waräger", „Phönix" und andere). Mindestens einige Monate lang beteiligte sich die „Rusitsch"-Gruppe aus St. Petersburg unter der Führung des berüchtigten Neonazis Alexej Miltschakow an den Kämpfen. Während seines Aufenthalts bei „Gespenst" verübten Miltschakow und seine Kameraden ihre vielleicht abscheulichsten Verbrechen bis hin zum Abschneiden von Haut aus den Gesichtern getöteter ukrainischer Soldaten.[54]

Ein äußerst aufschlussreiches Detail des Aufenthalts westlicher Kommunisten bei „Gespenst" ist die Tatsache, dass viele von ihnen dem internationalen Teil davon, der „InterUnit"-Einheit, angehörten. Die westeuropäischen Linken erklärten die Motive, die sie dazu veranlassten, sich dem Bataillon anzuschließen, und nannten den Wunsch, „den Faschismus zu bekämpfen".[55] Sie ließen sich

---

e-zamenit.html; Interview mit dem Kommandeur der Untereinheit „InterUnit", die aus der Einheit „Gespenst" hervorgegangen ist: https://www.youtube.com/watch?v=MGdR8GSRNDc.

53 Дмитрий Окрест, *Красороссия*, Новое время, 04.08.2015, http://www.newtimes.ru/articles/detail/100657/; інтерв'ю з командиром підрозділу «InterUnit», що входив до складу «Призрака»: https://www.youtube.com/watch?v=MGdR8GSRNDc.

54 KYRYLO TKACHENKO, *Wie Teile der deutschen Linken Faschisten in der Ukraine unterstützen, Teil 3: Genosse Mosgowoj und sein „kommunistisches" Gespenst*, Linksunten, 10.01.2016, https://linksunten.indymedia.org/en/node/164630, http://archive.fo/JmKrD [der erste angegebene Link führt zur Originalpublikation (die Quelle selbst ist inzwischen geschlossen), der zweite zur archivierten Version].

55 *Interview mit dem „Gespenst"-Kämpfer, dem chilenischen Freiwilligen „Carlos"*: https://www.youtube.com/watch?v=9rCcbhS1BS4; *Aufruf der Freiwilligen von „Gespenst" an das Volk Venezuelas*: https://www.youtube.com/watch?v=Ba9yspXf6Ac; *Interview mit dem „Gespenst"-Kämpfer, dem italienischen Freiwilligen „Nemo"*: https://www.youtube.com/watch?v=t0OqHAycOBY.

weder von der Tatsache entmutigen, dass die Einheit von dem französischen Faschisten Victor-Alfonso Lenta geleitet wurde, noch von der Anwesenheit anderer Mitglieder seiner Organisation „Unité Continentale", deren ideologische Inspiration Alexander Dugin ist.[56] Zahlreiche Interviews, Fotos und Videos zeigen deutlich, dass die Rechtsradikalen bei „Gespenst" keinen Hehl aus ihren Ansichten und Symbolen machten, einer der spanischen Kommunisten versicherte, er sei dem Bataillon beigetreten, weil er sich über „faschistische Embleme" empört habe, die von der ukrainischen Armee verwendet werden.[57]

Rechte extreme Rhetorik und Symbolik waren nicht nur in den Einheiten, sondern auch unter den Bataillonsführern weit verbreitet. Bataillonskommandeur Alexej Mozgovoy posierte mehrmals in der Uniform der konterrevolutionären Weißen Garde und verwendete stolz so eindeutige Symbole des russischen Imperialismus wie das Wappen des Russischen Reiches oder die Kormoran-Flagge der orthodoxen Fundamentalisten und erklärte den Krieg zwischen Russland und der Ukraine mit den Machenschaften der Juden, deren Religion angeblich befielt, „die Gojim zu vernichten und sich daran zu erfreuen."[58] Auch nach der Unterzeichnung der Minsker Abkommens sprach sich Mozgovoy für die Fortsetzung der Offensive aus und äußerte den Wunsch, sich mehrerer Totschka-U-Raketensysteme zu bemächtigen, um „sie auf Kiew abzufeuern".[59] Als er seine eigenen Motive für den Kampf gegen die „Kiewer Junta" aufzählte, verwies er zunächst auf seine Ablehnung gleichgeschlechtlicher Ehen und der Zuständigkeit von Gerichten bei vorliegender elterlicher Gewalt gegen ihre Kinder.[60] Mozgovoys

---

56 ANTON SHEKHOVTSOV, *French Eurasianists join (pro-)Russian extremists in Eastern Ukraine*, Anton Shekhovtsov's blog, 24.08.2014, http://anton-shekhovtsov. blogspot.com/2014/08/french-eurasianists-join-pro-russian.html.
57 https://www.youtube.com/watch?v=vpSiXL3DPwA [Interview mit dem spanischen Teilnehmer an „Gespenst", dem Freiwilligen „Laki"].
58 https://www.youtube.com/watch?v=kKlXn--NELw [Interview Oleksij Mozgovoys für PolitNavigator vom 14 Oktober 2014].
59 *Командир луганской бригады "Призрак": "Никто другой Стрелкова не заменит"*, Московский комсомолец, 28.08.2014, http://www.mk.ru/politics/2014/08/28/k omandir-luganskoy-brigady-prizrak-nikto-drugoy-strelkova-ne-zamenit.html.
60 Ibid.

Sexismus ging so weit, dass er zum „Schutz der Moral" bereit war, Frauen den Besuch von Cafés und Restaurants in Altschewsk zu verbieten, das damals unter der Kontrolle seiner Formation stand.[61]

Diese Liste ist keineswegs erschöpfend. Die Reden von Mozgovoy sind auf Video aufgezeichnet, sie sind im Internet gut zugänglich. Es ist kaum zu vermuten, dass dies alles „Fälschung" ist, und jeder, der ausreichende Kenntnisse der russischen Sprache besitzt und etwas Muße hat, kann sehen, wie sehr er durchdrungen ist von russischem Nationalismus, orthodoxem Fundamentalismus, Militarismus und völlig verrückten Verschwörungstheorien (etwa Überlegungen darüber, dass es tatsächlich weder Faschisten noch Antifaschisten gibt – diese wie jene seien von einigen Marionettenspielern, die Geld verdienen wollten, erschaffen).[62]

Die bitterste Ironie ist, dass der Höhepunkt der Aktivitäten der deutschen Linken zur Unterstützung von „Gespenst" in die Zeit fiel, als die Konzentration von Neonazis in seinen Reihen am größten war. Keine andere bewaffnete Einheit der „Volksrepubliken" (zumindest zwischen September 2014 und Mai 2015) hatte wahrscheinlich einen so hohen Prozentsatz von Rechtsextremen – er war wahrscheinlich nicht nur größer als in der ukrainischen Armee, mit der sie kämpften, sondern auch möglicherweise nicht geringer als sogar in den Reihen des verhassten Bataillons „Azov".

Dennoch erscheinen immer noch auf den Websites prominenter deutscher linker Organisationen Aufrufe zur Unterstützung von Kämpfern von „Gespenst".[63] Und der Punkt ist nicht, dass es an Informationen über dieses Bataillon mangelt. Im Gegenteil, es gibt mehr als genug Beweise: Übersetzungen ins Deutsche von Mozgovoys Botschaften, detaillierte Berichte über seine Kämpfer,

---

61 Video von der Sitzung des „Volkstribunals" unter Teilnahme von Alexej Mozgovoy: https://www.youtube.com/watch?v=4ijS358QGts&feature=yout u.be&list=UUQ6NhpNc3Q8RAunf6DIUz5A.
62 Alexej Mozgovoy über das Wesen von Faschismus und Antifaschismus: https://www.youtube.com/watch?v=Q7H-joQXttY&app=desktop.
63 *Pressemitteilung: Freiheit für Vlad Voycechovskiy!*, Rote Hilfe, 24.09.2014, http://www.rote-hilfe.de/presse/bundesvorstand/ 594-pressemitteilung-freiheit-fuer-vlad-voycechovskiy.

Erklärungen der von ihnen verwendeten Symbole und so weiter.[64] Die Solidarität mit den imaginären „Antifaschisten des Donbass" lässt jedoch nicht nach. Und wir können sicher sein, dass die deutschen Unterstützer von „Gespenst" an die Richtigkeit ihres Verhaltens glauben und ihr eigenes Handeln wirklich als links und antifaschistisch empfinden. Das soll nicht heißen, dass sie allesamt Kreml-Agenten sind, die für Geld angeheuert wurden, oder dass ihr Verhalten in dieser Situation von Grund auf zynisch ist. Im Gegenteil, ihr Engagement, bis hin zur Fähigkeit, alle Botschaften aus der Welt der Realität zu ignorieren, ist motiviert durch das das Gefühl der moralischen Überlegenheit der Sache, für die sie kämpfen.

Ein solches Verhalten kann überraschen, es ist leicht zu verurteilen, lächerlich zu machen oder einfach abzutun wegen der Falschheit seines angeblichen „Linksseins". Etwas schwieriger ist es, die Ursachen zu erkennen und zu erklären. Wenn wir uns davon leiten lassen, dass das Verhalten, wie im Fall von „Gespenst", nicht ohne eigene Logik ist, worauf beruht es dann? Woher kommt es? Um diese Frage zu beantworten, ist es notwendig, den breiteren Kontext zu betrachten.

Die „geopolitische Wende" ist vielleicht die auffälligste der neuen Tendenzen in der westlichen radikalen Linken. Diese Tendenz besteht darin, jedes Regime zu unterstützen, das sich als „antiwestlich" versteht, insbesondere das russische. Natürlich ist dieses Phänomen nicht ganz neu, aber nach der Annexion der Krym hat es ein neues Ausmaß und eine neue Bedeutung erlangt.

Die bisherige prosowjetische Haltung unter den westlichen Linken war bereits mehr als problematisch. Die jüngste Herausbildung ihres pro-russischen „Äquivalents" hat jedoch jede mögliche Verbindung mit der Idee verloren, den Sozialismus auf der ganzen Welt zu verbreiten. Das moderne Russland ist nicht nur ein ultrakapitalistischer Staat mit dem höchsten Grad an wirtschaftlicher

---

64 KYRYLO TKACHENKO, *Wie Teile der deutschen Linken Faschisten in der Ukraine unterstützen, Teil 3: Genosse Mosgowoj und sein „kommunistisches" Gespenst*, Linksunten, 10.01.2016, https://linksunten.indymedia.org/en/node/164630; http://archive.fo/JmKrD [der erste angegebene Link führt zur Originalpublikation (die Quelle selbst ist inzwischen geschlossen), der zweite zur archivierten Version].

Ungleichheit auf dem Planeten,[65] sondern stützt seine neu erworbene Ideologie auch auf konservative Prinzipien. Das wird deutlich, wenn man sich die politischen Kräfte ansieht, die es in Europa unterstützt, oder das Ausmaß der Bemühungen des Kremls während der Präsidentschaftswahlen in den Vereinigten Staaten 2016 betrachtet. Der einzige bemerkenswerte Zug, der die aktuelle Situation mit der früheren verbindet, ist, dass Russland versucht, mit einer „neuen" Ideologie auf die Weltbühne zurückzukehren. Der Inhalt seiner „alternativen Idee" hat diesmal jedoch nichts mit Sozialismus zu tun, ganz zu schweigen davon, dass es falsch ist, Russland mit der Sowjetunion gleichzusetzen.

Natürlich haben diese Versuche der „Rückkehr" einen Hauch von Farce. Die „neue Ideologie" des Kremls ist, anders als im Kalten Krieg, eher ein schnell und eklektisch konstruierter Ersatz (der „Leidensmann" Nikolaus II., der „effektive Manager" Stalin, russische Heilige, begeisterte Komsomol-Mitglieder, orthodoxe Spiritualität, NKWDler, altrussische Familienwerte (Domostroj), Großer Vaterländischer Krieg usw.). Die ideologische Agenda im modernen Russland unterscheidet sich nicht nur im Inhalt, sondern auch in den Mitteln zu ihrer Durchsetzung. Die gegenwärtige politische Elite Russlands mag die Werke des faschistischen Ideologen Iwan Iljin aufrichtig bewundern und ernsthaft versuchen, sein Vermächtnis zu legitimieren, aber der Platz, den sie im modernen Russland einnehmen, kann nicht einmal annähernd mithalten mit dem, der einst den Klassikern des Marxismus-Leninismus zukam.[66] Die modernen Kämpfer an der ideologischen Front, die ihre Bemühungen auf das westliche Publikum richten, versuchen nicht so sehr, die Herzen für eine bestimmte große Idee zu gewinnen, sondern vielmehr das Vertrauen in alles zu zerstören, indem sie verschiedene, oft widersprüchliche „alternative Ansichten" verbreiten. Russlands derzeitige Führung unterstützt gerne die europäische extreme

---

65 *Global Wealth Databook 2016*, Credit Suisse Research Institute, S. 148, http://publications.credit-suisse.com/tasks/render/file/index.cfm?fileid=AD6F2B43-B17B-345E-E20A1A254A3E24A5.

66 KYRYLO TKACHENKO, *Iljin-Mode in Russland: Putins braune Metaphernschleuder*, Reft&Light, 23.01.2017 http://reftlight.euromaidanpress.com/2017/01/23/iljin-mode-russland-putins-braune-metaphernschleuder/.

Rechte, aber wenn sich morgen herausstellt, dass die extreme Linke besser geeignet ist, die Europäische Union zu demontieren, wird sie ihre Einsätze im außenpolitischen Spiel leicht ändern. Es ist jedoch wichtig zu verstehen, dass diese zum Teil auf die berufliche Spionagevergangenheit vieler Mitglieder der russischen politischen Elite zurückgehende berufliche Bereitschaft, mit jedem ideologischen Inhalt frei umzugehen, jedoch nicht auf reinem, von jeglichen ideologischen Verunreinigungen freiem Zynismus beruht, sondern im Gegenteil auf äußerst naiven, unreflektierten quasi-ideologischen Grundlagen. Dazu zählt die Überzeugung, dass Demokratie ein Schwindel ist, dass es keine wirklichen Revolutionen gibt, die nicht von den Geheimdiensten manipuliert werden, dass Völkerrecht eine Fiktion ist, die dazu dient, die Dominanz des Rechts der Stärkeren in der internationalen Arena zu verschleiern. Schließlich gehört zu dieser dazu auch der Glaube, dass die Ukrainer eigentlich Russen sind, die durch ausländische Intrigen vom rechten Weg abgekommen sind (die Idee, dass Ukrainer und Russen ein Volk sind, ist leider nicht nur dem Präsidenten der Russischen Föderation eigen, sondern auch die Mehrheit ihrer Einwohner).[67] Das heißt, bei näherer Betrachtung dieses vermeintlich „postmodernen" ideologischen Kaleidoskops offenbart sich im Kern ein äußerst primitives und völlig unreflektiertes rechtskonservatives Weltbild.

Aber selbst, wenn die westliche Linke sich der Kontinuität der russischen Traditionen von den zaristischen Ochrana-Leuten bis zu den heutigen Moskauer Polittechnologen nicht bewusst ist,[68] so hat sie doch mehr als genug Beweise dafür, dass das moderne Russland seit langem weder ideologisch noch sozioökonomisch kommunistisch ist. Wenn wir positive Wahrnehmungen der linken Idee als Maßstab nehmen (sie als grundsätzlich demokratisch, antiautoritär usw. betrachten), ist es kaum möglich, eine umfassende Erklärung für einen so großen Fehler in der westlichen radikalen Linken wie die Solidarität mit dem Putin-Regime zu finden. Natürlich müssen

---

67 *Мониторинг российско-украинских отношений в представлениях жителей обеих стран*, Левада-Центр, 16.06.2016, http://www.levada.ru/2016/06/16/13639/.

68 ANDREW WILSON, *Virtual Politics: Faking Democracy in the Post-Soviet World* (Yale University Press: New Haven, 2005), 11–25.

wir die alte „linke" Gewohnheit berücksichtigen, das moderne Russland mit der ehemaligen Sowjetunion zu identifizieren, aber wir sollten sofort davor warnen, dass eine solche Erklärung des aktuellen Verhaltens der Linken zwar richtig, aber unvollständig ist, und dass diese Identifizierung ein Symptom für tiefere Probleme innerhalb der radikalen Linken ist. (Es sollte auch bedacht werden, dass dieser Fehler nicht nur bei der Linken zu finden ist, er ist Teil des gesamten westlichen Kulturerbes.)

Ein bemerkenswertes Zeichen für die Wende in den Ansichten der westlichen Linken ist das Ausmaß, in dem ihre Agenda sich mit der Agenda der extremen Rechten überschneidet. Diese Verflechtung zeigt sich am deutlichsten in der gemeinsamen Liste der Feinde: die USA, die NATO, die Europäische Union, Israel, „gierige" Konzerne, „verdorbene" Eliten, „korrupte" Presse und so weiter. Obwohl es rechts und links einige bemerkenswerte Ausnahmen gibt, sind Antiamerikanismus und Euroskeptizismus auf beiden Seiten zu den vorherrschenden Trends geworden. Besondere Aufmerksamkeit verdient die Verbindung zwischen Antiamerikanismus und Antisemitismus. Je mehr Gewicht Antiamerikanismus im Weltbild gewinnt, desto deutlicher werden seine antisemitischen Konnotationen. Wie die Situation in Deutschland zeigt, gilt dies für die radikale Linke nicht weniger als für die extreme Rechte.

Die inhaltlichen Überschneidungen zwischen der radikalen Linken und extremen Rechten manifestieren sich nicht nur in der Wahl der negativen, sondern auch der positiven Helden. Das kann das Regime von Baschar al-Assad sein, das sich angeblich gegen die westliche Invasion wehrt, oder Nicolás Maduro, der sein eigenes Land vor einer weiteren „Farbrevolution" schützt, oder europäische Staaten, die von der Europäischen Union unabhängig werden wollen. Aber was das Ausmaß der destruktiven Folgen des Handelns auf der internationalen Bühne betrifft, wird keiner von ihnen mit Russland mithalten können. Deshalb ist Russland zur wichtigsten Inspirationsquelle für europäische rechtspopulistische Bewegungen geworden (mit der historisch verständlichen Ausnahme der osteuropäischen Länder). Zugegeben, im Fall der Rechten erscheint diese Bewunderung zumindest logisch und ehrlich. Woher aber kommt bei den Linken die Sympathie für ein autokratisches

Regime mit nationalistischen Ansprüchen, das irgendwo weit weg ganze Städte in Trümmer legt, um den dortigen Diktator zu retten oder das Land eines Nachbarlandes sich aneignet, vor allem, wenn man nicht aus den Augen verliert, dass es sich um die erste Annexion in der Geschichte Nachkriegseuropas handelt?

Die Liste gemeinsamer Feinde und Helden lässt sich fortsetzen. Natürlich gibt es einige Unterschiede in Schattierungen, Akzenten und Färbungen, aber die Tendenz, die die extreme Rechte und die extreme Linke im Kontext der weltpolitischen Veränderungen nach 2014 vereint, ist deutlich erkennbar. Darüber hinaus ist das Bild so verwirrend geworden, dass die Rechten den Zusammenbruch des „Wohlfahrtsstaates" beklagen, gierige Bankern die Schuld dafür beschuldigen, den Neoliberalismus verurteilen oder sogar die Dreistigkeit besitzen, zu behaupten, sie seien die wahren „Antifaschisten", während die Linken die Wiederherstellung der Grenzen zwischen den europäischen Staaten fordern, die repräsentative Demokratie verurteilen oder sich sogar aktiv an Anti-Immigranten-Kampagnen beteiligen können. 2015 unternahm die deutsche Bundeskanzlerin Angela Merkel einen wahrhaft beispiellosen Schritt, der sie im Inland Stimmen kostete und auf EU-Ebene unter unglaublichen Druck setzte, Deutschland dazu zu bringen, fast eine Million Flüchtlinge aufzunehmen, die zumeist aus Syrien flohen. Es scheint, dass eine solche Einwanderungspolitik im Rahmen eines progressiven linken Weltbildes nur als durchaus vernünftig, human und sogar heldenhaft bezeichnet werden kann. Jedoch kritisierte kein deutscher Politiker vom Rang eines Vorsitzenden der Bundestagsfraktion die Regierungspolitik so scharf wie Sahra Wagenknecht und griff dabei zu Argumenten, die eher dem rechten Lager zuzuordnen sind.[69] Umgekehrt übernahmen viele in der AfD eine traditionell linke Forderung wie den Austritt Deutschlands aus der Nato und lernten, ihre Gegner dreist als „Nazis" zu bezeichnen. Diese Verschiebungen sind so tiefgreifend, dass nicht mehr mit Sicherheit gesagt werden kann, ob der Antisemitismus in der deutschen Rechten tatsächlich stärker ist als in der deutschen

---

69 MELY KIYAK, *Rechts reden und links meinen*, ZEIT Online, 03.08.2016, http://www.zeit.de/kultur/2016-08/sahra-wagenknecht-linke-kiyaks-deutschstunde.

radikalen Linken (im Gegensatz zu ihren weniger erfolgreichen rechten Vorgängern haben zahlreiche Vertreter der AfD gelernt, „Solidarität mit Israel" zu demonstrieren, jedenfalls wenn es darum geht, antimuslimische Stimmung zu schüren). Mit Sicherheit kann man sagen, dass der Bereich der inhaltlichen Übereinstimmung zwischen extremer Rechter und extremer Linker so weit ist, dass darin bereits eine neue wunderbare *kommunservative* Welt entstanden ist – mit ihrer eigenen spezifischen Optik, mit ihrer bizarren Semantik, mit ihrem auf den Kopf gestellten Koordinatensystem.

Auf der Suche nach einem gemeinsamen Nenner für diese Vielfalt von Helden und Antihelden, negativen und positiven Bildern, die ein kohärentes gemeinsames Bild ergeben, stellen wir fest, dass die Grundlage der gesamten Konstruktion der Antiliberalismus und die gemeinsame antidemokratische Haltung beider Lager ist, sowohl der extremen Linken als auch der extremen Rechten.

Es geht nicht um den Hass auf die Vereinigten Staaten als solches. Das Beispiel vieler deutscher Linken zeigt, dass selbst die glühendsten Antiamerikanisten ihre Position ändern konnten, sobald ein ausgesprochener Antiliberaler ins Weiße Haus einzog. Und die Rechtfertigung einer solchen Änderung durch einige „geopolitische" Überlegungen zeigt nur, dass diese neue Wendung der westlichen Linken nichts mit Geopolitik zu tun hat.

Das Gleiche gilt für Russland. Solange Jelzin dort regierte, war dieses Land keineswegs eine Quelle der Inspiration für die westliche Linke. Die wirkliche Aufregung kam erst mit dem Beginn der militärischen Abenteuer der Russischen Föderation im Ausland. Die Linke rechtfertigte (oder begrüßte sogar schadenfroh) diese Abenteuer als Teil eines großen Kampfes gegen die *Expansion des Westens*. Vor allem in der Ukraine und in Syrien bekämpfte Russland prodemokratische Aufstände, die darauf abzielten, diktatorische Regime zu stürzen und bürgerliche Freiheiten zu schützen. Kein Wunder, dass sich die westliche Linke nicht an den Kriegen in Tschetschenien störte, die zwar brutaler waren als der Krieg im Donbas, aber völkerrechtlich gerechtfertigt werden könnten (Russland, das immer noch ein Imperium ist, operierte zumindest innerhalb international anerkannter Grenzen). Es ist voraussehbar, dass Russland in Zukunft, wenn es sich zu einem friedlichen und demokratischen Land entwickelt, in den Augen der westlichen radikalen Linken sofort an Attraktivität verlieren wird.

Obwohl kein anderes Land eine so herausragend „negative" (wie die Vereinigten Staaten) oder „positive" (wie Russland) Rolle in der beschriebenen „geopolitischen" Weltsicht spielt, besteht die Möglichkeit, die Rolle einiger von ihnen zu ändern, auch für andere Staaten. Die einzige Ausnahme ist wahrscheinlich Israel, denn es ist höchst zweifelhaft, dass eine „geopolitische" Wende jemals den Antisemitismus auf beiden Seiten überwinden könnte. In Diskussionen um dieses Thema wird oft übersehen: Es geht nicht um eine irrationale Anziehungskraft zu manchen Ländern und Abneigung gegen andere, sondern darum, *wofür* diese Länder stehen. Die „geopolitische Natur" der Vorlieben und Abneigungen der neuen rotbraunen Allianz wird von einem einzigen Faktor bestimmt: dem Antiliberalismus.

Natürlich wird der Begriff „rot-braune Allianz" nicht jedermann gefallen. Wie gerechtfertigt ist er?

Die Übereinstimmung zweier Phänomene in einem Aspekt bedeutet nicht, dass sie in anderen übereinstimmen. Aus erkenntnistheoretischer Sicht ist alles (alles, worüber wir sprechen können) in einer unendlichen Anzahl von Eigenschaften mit allem identisch. Ein Auto und ein Stern können in Sätzen von drei, vier, fünf oder sechs Wörtern beschrieben werden – in jeder dieser Eigenschaften werden sie identisch sein. *„Die Möglichkeit, durch einen Satz mit der gleichen Anzahl von Wörtern beschrieben zu werden"* ist nur eine von unzähligen Eigenschaften. Man kann sich sogar eine Maschine vorstellen, die unzählige Maschinen produzieren wird, von denen jede eine Myriade von Eigenschaften hervorbringen wird, die auf jedes vorstellbare Paar von Dingen anwendbar sind.

Man könnte argumentieren, dass die genannten Eigenschaften „unwesentlich" sind. Wenn es um ein Auto oder einen Stern geht, sind die ersten Zeichen, die einem in den Sinn kommen, zum Beispiel vier Räder oder ein Leuchten. Aber die Wahl des „Wesentlichsten" ist in erster Linie eine Frage der Konvention, nicht der Einzigartigkeit der Eigenschaften selbst – die es zwar auch gibt (z. B. die Koordinaten eines Objekts im Raum), die aber selten zu Determinanten unserer Wahrnehmung werden (Vierrädrigkeit und

Leuchten sind nicht einzigartige Eigenschaften nur von Autos bzw. Sternen). Kurzum, ohne zu tief in erkenntnistheoretische Dickichte einzutauchen, können wir sagen, dass „wesentlich" in erster Linie Eigenschaften sind, die uns wichtig sind, von der alltäglichsten Ebene (etwa „wesentliche" Eigenschaften von Lebensmitteln) bis zur grundlegendsten Grundlage unserer Wahrnehmung (wie die Eigenschaften der Farben, in denen wir die Welt sehen).

Natürlich kann man die Rechten nicht mit den Linken gleichsetzen, nur weil zum Beispiel die Mehrheit von ihnen auf zwei Beinen gehen. Selbst wenn sich die Ansichten verschiedener politischer Kräfte in einer bestimmten politischen Frage als identisch erweisen, bedeutet das nicht, dass sie dadurch identisch sind. Neonazis, Konservative, Liberale und Sozialisten können alle einen starken Wohlfahrtsstaat unterstützen. Selbst eine Reihe mehr oder weniger wichtiger politischer Gemeinsamkeiten reicht noch nicht aus, um die Bildung einer rot-braunen Allianz sicher zu erklären.

Daher lohnt es sich, drei Punkte hervorzuheben. Erstens sind die gemeinsamen Merkmale, die uns beschäftigen, nicht zweitrangig. Wenn Themen wie die „Ukraine-Krise", der Krieg in Syrien oder der drohende Zerfall der EU zu zentralen politischen Themen werden, können sie nicht als „unwichtig" abgetan werden. Die jeweiligen Positionen werden für die politischen Kräfte, die sie vertreten, programmatisch.

Zweitens sind die für die Analyse ausgewählten Gemeinsamkeiten nicht gleichmäßig über das politische Spektrum verteilt. Im Gegenteil, die Stimmen, die diese Positionen vertreten, sind genau genommen in den extrem rechten und extrem linken Segmenten dieses Spektrums am lautesten.

Die letzte Bemerkung schließlich betrifft die Tatsache, dass wir anscheinend nur über inhaltliche Übereinstimmungen sprechen, weshalb es unmöglich ist, von einer echten Allianz zu sprechen. Es ist nicht einfach, die Frage zu beantworten, ob die semantischen Übereinstimmungen wirklich ausreichen, um eine wirkliche Allianz zu begründen. Obwohl wir anders argumentieren werden, ist erwähnenswert, dass es höchstwahrscheinlich, wie bei dem bekannten Paradoxon, bei dem sich mehrere einzelne Körner irgendwann zu einem Haufen verwandeln, es völlig angebracht ist, ebenso bei der Anhäufung von inhaltlichen Überschneidungen ab einem bestimmten Punkt von faktischen situativen Allianzen zu sprechen, selbst wenn es sich nicht um wirkliche koordinierte Aktionen geht.

Beispielsweise haben in den letzten fünf Jahren die radikale Linke und die extreme Rechte im Europäischen Parlament fast einstimmig über Themen mit Bezug auf die Ukraine und Russland abgestimmt.[70] Es ist eine merkwürdige Situation, wenn die Partei DIE LINKE und die rechtsextreme Nationaldemokratische Partei Deutschlands (manchmal auch die rechtspopulistische AfD), die einzigen deutschen Parteien im Europaparlament sind, die gegen eine Resolution zu den Rechten der Krymtataren oder ukrainischen politischen Gefangenen in Russland stimmen.[71] Wahrscheinlich koordinieren diese Parteien ihre Abstimmung in keiner Weise. Selbst wenn Rechte und Linke informelle Gespräche am Rande führen könnten, haben sie im Europaparlament keine offizielle Koalition gebildet.

Die Frage ist also, gibt es genug Koinzidenzen, um mit Sicherheit vom Existieren einer faktischen Allianz zu sprechen? Mit anderen Worten: wenn Gemeinsamkeiten artikuliert werden und prägend sind, wenn sie zu deutlichen Anzeichen zumindest für außenpolitische Leitlinien werden, kann man dann von Allianzen sprechen? Ich denke, bis zu einem gewissen Grad können solche Koinzidenzen im politischen Verhalten als De-facto-Allianzen interpretiert werden, auch wenn sie nicht koordiniert oder organisiert sind.

Über dieses Problem will ich nicht streiten. Stattdessen möchte ich feststellen, dass sich die fragliche Allianz keineswegs auf die Konvergenz von Erklärungen und Slogans beschränkt, sondern die Einstimmigkeit das Niveau einer koordinierten Aktion

---

70 Anton Shekhovtsov, *Pro-Russian "National-Bolshevik" alliance in the European Parliament*, Anton Shekhovtsov's blog, 20.08.2014, http://anton-shekhovtsov.b logspot.de/2014/04/pro-russian-national-bolshevik-alliance.html.
71 Anton Shekhovtsov, *Human rights situation in Crimea: A brief analysis of the EP vote*, Anton Shekhovtsov's blog, 11.02.2016, http://anton-shekhovtsov.blogspo t.com/2016/02/human-rights-situation-in-crimea-brief.html; *Ukrainian political prisoners in Russia and situation in Crimea*, Vote Watch Europe, http://www.v otewatch.eu/en/term8-ukrainian-political-prisoners-in-russia-and-situation-i n-crimea-motion-for-resolution-vote-resolutio.html.

erreicht hat. Die Unterstützung der deutschen Linken für Formationen nach dem Muster von „Gespenst" ist nur ein Beispiel für eine solche direkte Koordinierung.

Es gibt eine ganze Reihe von Aktionen, die eindeutig über bloße inhaltliche Koinzidenzen hinausgehen, insbesondere wenn es um die „Volksrepubliken" in der Ostukraine geht.

Wenn wir davon ausgehen, dass die „Volksrepubliken" wirklich unabhängige Staaten sind, dann müssen wir im Vergleich mit anderen europäischen Ländern zugeben, dass keine der europäischen Verfassungen so deutliche rechtsideologische Züge aufweist wie die Verfassung der neu gegründeten „Republik Donezk".[72] Selbst Politiker wie Viktor Orbán lassen sich nicht herab zu solch vulgären Äußerungen über Juden, wie sie von den Führern der „Republik Donezk" gemacht wurden. Beispielsweise erklärte der Vorsitzende der „DNR" auf einer gemeinsamen Pressekonferenz mit dem Vorsitzenden der „LNR", dass die Ukraine von „armseligen Vertretern" des jüdischen Volkes regiert werde.[73] Der Führer der „LNR" erklärte, Euromaidan bedeute eigentlich „jüdischer Maidan".[74] Nach dem Zweiten Weltkrieg hat kein europäischer Führer so kühne Expansionsphantasien gehegt wie Sachartschenko, der seine Begehrlichkeit bis in die Hauptstadt Großbritanniens ausdehnte.[75] Kein europäisches Land hat in den letzten Jahrzehnten eine so massive Verfolgung religiöser Minderheiten erlebt.[76] Homophobie ist selbst im modernen Russland nicht zu

---

72 Дмитрий Мрачник, *Конституция ДНР: русский национализм, клерикализм и капитализм*, Hirilist, 19.05.2014, https://www.nihilist.li/2014/05/19/konstitutsiya-dnr-russkij-natsionalizm-klerikalizm-i-kapitalizm/.
73 Ausschnitt aus der Pressekonferenz von Alexander Sachartschenko und Igor Plotnyzkij vom 02.02.2015: https://www.youtube.com/watch?v=M49Xk1KbYUg&feature=youtu.be.
74 Ausschnitt aus dem Auftritt Igor Plotnyzkijs 16.06.2015: https://www.youtube.com/watch?v=usg5qjFPRIg. Im Ukrainischen legt sich die Identifizierung schneller nahe, weil der Euro *Jevro* und der Jude *Jevrej* heißt (*Žyd* hingegen gilt spätestens seit Sowjetzeiten als eher beleidigende Bezeichnung der Juden). Anm. d. Übers.
75 Interview Alexander Sachartschenkos 05.12.2016: https://www.youtube.com/watch?v=NHTeTZiqVRw&t=58s.
76 Halya Coynash, *"Russian World" and Religious Persecution in Donbas, Human Rights in Ukraine*, Information Website of the Charkiv Human Rights Protection Group, 21.05.2015, http://khpg.org/en/index.php?id=1431350679.

einem so massiven ideologischen Eckpfeiler geworden wie in den „Volksrepubliken". Et cetera, et cetera ...

Natürlich gibt es ebenso wenig Gründe, die „Volksrepubliken" im Donbas als „unabhängig" zu bezeichnen, wie den dort stattfindenden Krieg als „Bürgerkrieg". Die Analyse ihrer „ideologischen Grundlagen" ist jedoch keine so sinnlose Aufgabe, da sie es ermöglicht, die ideologischen Prinzipien zu veranschaulichen, mit denen sich die westliche Linke solidarisiert, wenn sie die braunen Marionettenregime in den besetzten ukrainischen Ländern unterstützt. Was auch immer diese Solidarität motiviert, ihre tatsächliche Konsequenz ist die Entstehung einer echten rot-braunen Internationale.

Die Ereignisse in der Ukraine haben in der Tat zu einem noch nie dagewesenen Maß an Koordination und Vermischung von Positionen geführt. Vertreter europäischer linksextremer und rechtsextremer Parteien erschienen nach der Krym-Annexion bei dem illegalen Referendum als „internationale Beobachter" (und stellten dort natürlich keine Verstöße fest).[77] Obwohl die Organisatoren der seit Frühjahr 2014 in Deutschland stattfindenden „Demonstrationen für den Frieden" als Verschwörungstheoretiker und Antisemiten bekannt waren, bildeten die Wähler der Partei DIE LINKE die größte Gruppe der Teilnehmer an diesen pro-russischen Veranstaltungen.[78] Die der Ukraine gewidmeten Absätze in rechten Zeitungen können durch Absätze in linken Veröffentlichungen ersetzt werden, ohne dass die Leser es bemerken. Außerdem berichten in diesen Publikationen manchmal dieselben Personen (etwa Mark Bartalmai, der sowohl für die linke Zeitung „Junge Welt" als auch für das rechtspopulistische Magazin „Compact" über die Ukraine schreibt, oder Ulrich Hayden, der Beiträge für die linke Zeitung „Freitag" mit einem Job als Reporter für das hauptsächlich auf das rechte Publikum konzentrierte RT Deutsch verbindet).

---

77 ANTON SHEKHOVTSOV, *Pro-Russian extremists observe the illegitimate Crimean "referendum"*, Anton Shekhovtsov's blog, 17.03.2014, http://anton-shekhovtsov.blogspot.com/2014/03/pro-russian-extremists-observe.html.
78 PRISKA DAPHI ET. AL., *Occupy Frieden: Eine Befragung der Teilnehmer/innen der „Mahnwachen für Frieden"*, 21, https://depositonce.tu-berlin.de/bitstream/11303/5260/3/occupy-frieden.pdf.

In den letzten fünf Jahren konnte man auf linken Kongressen Rechte sichten und umgekehrt. Die Verwirrung hat solche Ausmaße angenommen, dass manche Veranstaltungen nicht einmal mehr schlüssig klassifiziert werden können: Die Zahl der Teilnehmer von rechts und links ist mehr oder weniger gleich.[79] Das wohl beste Beispiel für diese verrückte Situation war das Konservative Forum in St. Petersburg im März 2015, auf dem die schlimmsten Rechtsextremisten aus ganz Europa zusammenkamen. Die Redner der Veranstaltung beteuerten immer wieder, sie seien die Sprecher des „wahren Antifaschismus". Unterdessen verhaftete die Polizei Personen, die auf die Straße gingen, um gegen die Versammlung zu protestieren.[80]

Obwohl die „Ukraine-Krise" offensichtlich der wichtigste Katalysator für die Bildung rot-brauner Allianzen ist, ist sie nicht die einzige Ursache für die Koordinierung der Linken und der Rechten. Vielleicht noch wichtiger ist die gemeinsame Unterminierung der Europäischen Union. Hervorragende Beispiele sind etwa die Regierungskoalitionen zwischen der linken „Syriza" und der rechtskonservativen ANEL in Griechenland oder zwischen der linkspopulistischen „Fünf-Sterne-Bewegung" und der rechtspopulistischen „Lega Nord" in Italien, oder die gemeinsamen Bemühungen der niederländischen Rechten und Linken während der Abstimmung über das Assoziierungsabkommen zwischen der Europäischen Union und der Ukraine, die programmatische Euroskepsis der rechtsextremen Kandidatin Marine Le Pen und des linksextremen Kandidaten Jean-Luc Mélenchon bei den letzten französischen Präsidentschaftswahlen oder die Mischung aus

---

79 Густав Кответу, *Национал-большевизм на костях Розы Люксембург*, Нігіліст, 28.12.2015, https://www.nihilist.li/2015/12/28/natsional-bol-shevizm-na-ko styah-rozy-lyuksemburg/; Kyrylo Tkachenko, *Separatisten nicht aller Länder vereinigt euch!*, Reft&Light, 10.01.2017, http://reftlight.euromaidanpress.com/ 2017/01/10/separatisten-nicht-aller-lander-vereinigt-euch-zwei-moskauer-di aloge-der-nationen-im-vergleich-teil-1/; Kyrylo Tkachenko, *Vierter Internationaler Antifaschistischer Kongress in Krasnodon (Donbass)*, Indymedia, 07.05.2016, http://archive.fo/2lKIw.
80 Paula Chertok, *Russia hosts Fascist Forum in St. Petersburg*, Euromaidan Press, 03.23.2015, http://euromaidan-press.com/2015/03/23/russia-hosts-fascist-fo rum-in-st-petersburg/.

einwanderungsfeindlicher Rhetorik und EU-Kritik aus dem Munde eines anderen Hoffnungsträgers der radikalen Linken, des Vorsitzenden der britischen Labour Party Jeremy Corbyn.[81]

Eine weitere wichtige Front des gemeinsamen Kampfes der Roten und Braunen ist Syrien. Das Ausmaß der Konvergenz zwischen der radikalen Linken und der Rechten, wenn es darum geht, Assad zu unterstützen, ist einfach erstaunlich. In beiden Interpretationen trägt in erster Linie „der Westen" für den Krieg die Verantwortung. Der Hass auf die „Farbrevolutionen" veranschaulicht sowohl die Tiefe des antiliberalen Ressentiments der Linken, die oft bis zu offenen Verschwörungstheorien reicht, als auch den rassistischen Unterbau einer Ideologie, die sich „antiimperialistisch" nennt. In diesen hermetischen Deutungsrahmen werden die entfernten Bewohner der „Entwicklungsländer" unweigerlich zu Objekten eines äußerst heuchlerischen Paternalismus, und ihnen wird die politische Subjektivität gänzlich abgesprochen. Die Ablehnung, sich irgendeiner elenden Diktatur zu unterwerfen, traktieren die Wortführer der linken „antiimperialistischen" Ideologie jedenfalls als Ergebnis von Manipulationen westlicher Marionettenspieler, hier fallen einem sofort der CIA oder Soros oder die von Sahra Wagenknecht entdeckten „fünf Milliarden Dollar" ein.

Die Relativierung oder gar Billigung der russischen Intervention in Syrien ist nur eine logische Entsprechung zur Empörung der Linken über die angebliche „westliche Einmischung". Einige prominente linke Politiker haben Beweise bestritten, dass russische Bomben Zivilisten getötet haben, einige haben bezweifelt, ob Assads Armee tatsächlich chemische Waffen eingesetzt hat, und einige populäre linke Zeitungen feierten den verheerenden Sturm auf Aleppo als „Befreiung".[82] Die Übereinstimmung der radikalen Linken und der extremen Rechten in der Bewertung und ihre

---

81 DAVID WEARING, *Labour has slipped rightwards on immigration*, The Guardian, 25.07.2017, https://www.theguardian.com/commentisfree/2017/jul/25/labour-immigration-jeremy-corbyn-attitudes.
82 *Aleppo ist frei*, Junge Welt, 16.12.2016, https://www.jungewelt.de/loginFailed.php?ref=/artikel/299215.aleppo-ist-frei.html; *Statement on the situation in Aleppo*, Morning Star, 13.12.2016, https://morningstaronline.co.uk/a-6e18-morning-star-statement-on-the-situation-in-aleppo-1.

Bereitschaft, die unwahrscheinlichsten Allianzen einzugehen, um einen gemeinsamen Feind zu bekämpfen, gibt uns bereits die Gelegenheit zu beobachten, wie bei Pro-Assad-Demonstrationen in europäischen Städten einige Teilnehmer die Fäuste zum kommunistischen Gruß erheben, und andere stolz die Hand zum Nazi-Gruß ausstrecken.[83]

Kurz gesagt, ein Zeichen für die rot-braune Allianz ist nicht nur die gleiche Haltung zu der „Ukraine-Krise", und wir sehen sie nicht nur in Deutschland. Die Situation in anderen europäischen Ländern muss gesondert betrachtet werden, aber es gibt Grund zu der Annahme, dass sie in Spanien, Italien oder Frankreich noch schlimmer sein könnte. Es ist bekannt, dass mehr spanische und italienische Kommunisten auf Seiten der braunen Marionetten-„Republiken" kämpfen als deutsche. Der Antisemitismus in der britischen „erneuerten" Labour Party ist viel unverhohlener als in der deutschen Partei DIE LINKE. Sahra Wagenknecht verwendet tendenziell aalglatte Formulierungen, die es ihr erlauben, später zu behaupten, sie habe es nicht so gemeint, was sie gesagt hat; andererseits nennt der Führer der französischen Linksfront, Jean-Luc Mélenchon, die Ukrainer allgemein „Faschisten"[84] und fordert die Einberufung einer „Friedenskonferenz", um die Grenzen in Osteuropa neu zu ziehen, offenbar davon überzeugt, dass Russland in seinen jetzigen Grenzen zu wenig Land besitzt.[85]

Das linke Ressentiment

Dies ist die allgemeine Situation, die einer Erklärung und historischen Kontextualisierung bedarf. In den folgenden Kapiteln werden wir versuchen, die regressiven Tendenzen zu verdeutlichen, die dem Selbstverständnis der radikalen Linken als fortschrittlich-demokratische Bewegung widersprechen und die sich aus der

---

83 GERMANO MONTI, *Rot-braune Allianz für Syrien*, Qantara, 08.04.2014, https://de.qantara.de/inhalt/syrienkonflikt-rot-braune-allianz-fuer-syrien.

84 *Jean-Luc Mélenchon invité de Questions Politiques*, https://www.youtube.com/watch?v=j3p_JtxfwEw&t=1512s [Auftritt Jean-Luc Mélenchons 17.06.2018].

85 *Présidentielle: vif échange entre Hamon et Mélenchon sur la Russie*, France Soir, 21.03.2017, http://www.francesoir.fr/actualites-elections/presidentielle-vif-echange-entre-ha-mon-et-melenchon-sur-la-russie.

doppelten strukturellen Abhängigkeit – von der eigenen Tradition und vom erhofften Zukunftsbild – ergeben. In diesem Zusammenhang lohnt es sich, noch einmal auf den Aspekt des Ressentiments zu achten, das bei den Aktionen der radikalen Linken noch stärker zum Tragen kommt als bei den Aktionen der extremen Rechten. Wenn man sieht, wie gering die Begeisterung bei den Wählern anderer im Bundestag vertretener Parteien für Putin ist, so muss die hohe Zustimmung zum Handeln des russischen Präsidenten bei den Wählern von der Partei DIE LINKE und der AfD (Ergebnisse der Umfrage 2016) auffallen.[86] Ein „starker Führer" mit Machismo-Manieren, nationalistischer Rhetorik und Liebe zu Traditionen, ein demonstrativer Bruch des Völkerrechts und so weiter. Auch hier gibt es keine Fragen an AfD-Wähler – wenn wir von einer offen nationalistischen Partei sprechen, dann passt alles, ist alles rechtens. Aber was ist mit den Wählern der Partei DIE LINKE?

Etwas vereinfachend kann man zusammenfassend sagen, dass im Gegensatz zu den Wählern der AfD die positive Einstellung zum Handeln des Präsidenten der Russischen Föderation bei den Wählern der Partei DIE LINKE einen starken negativen Aspekt aufweist, der eher als *Ressentiment* bezeichnet werden sollte. Das gilt nicht nur für die positive Hauptfigur des neuen Links-Rechts-Weltbildes, sondern auch für nachrangige Figuren. Im Gegensatz zu früheren Zeiten, als zu den militanten Gruppen, die gegen Israel kämpften, marxistische Organisationen gehörten, wird zum Beispiel heute der „antizionistische Widerstand" von Hamas und Hisbollah angeführt – Islamisten ohne jede Spur von „Linkssein". Wie man sich als progressive Linke solidarisieren kann mit Hamas und Hisbollah, ist unbegreiflich. Doch selbst Gestalten wie Jeremy Corbyn sind in der Lage, entsprechende Solidarität zu artikulieren.[87] Chinas wirtschaftliche Expansion auf dem afrikanischen Kontinent, eines Landes, dessen Wirtschaftssystem trotz der Diktatur der Kommunistischen Partei keineswegs als kommunistisch bezeichnet

---

86 *Viele Anhänger von AfD und Die Linke vertrauen Putin mehr als Merkel,* ZEIT Online, 31.08.2016, https://www.zeit.de/politik/deutschland/2016-08/wladimir-putin-deutschland-afd-anhaenger-vertrauen.
87 Auftritt Jeremy Corbyns 2009: https://www.youtube.com/watch?v=k5mmJQ5NXXc.

werden kann, stößt auch bei den radikalen Linken kaum auf Kritik. Und man kann sicher sein, mit wem sie sympathisieren, würde es zu einer militärischen Auseinandersetzung zwischen dem autoritären Regime in China und der repräsentativen Demokratie in den Vereinigten Staaten kommen.

Tatsächlich haben nur zwei kommunistische Regime die früheren „goldenen" Ära großer Solidarität der radikalen Linken des Westens überlebt, Kuba und Nordkorea – zu klein im Vergleich zur einst mächtigen Sowjetunion, um eine ausreichende Fläche für sinnstiftende Projektionen zu bieten. Zu diesen beiden kommt noch Venezuela hinzu, wo bereits eine angeblich linke Diktatur errichtet wurde, sich die wirtschaftliche Lage des Landes, das reich an Ölfeldern ist, aber derart verschlechtert hat, dass der durchschnittliche Venezolaner im Jahr 2017 durchschnittlich elf Kilo Gewicht verloren hat.[88] Natürlich ist die Solidarität mit dem amtierenden venezolanischen Präsidenten Nicolás Maduro nicht ganz so groß wie mit seinem Vorgänger Hugo Chávez (der zwar eine Ein-Mann-Herrschaft anstrebte, seinen Plan aber aufgab, als seine Initiative in einem Referendum abgelehnt wurde, und der gegen die Demonstranten keine Schusswaffen einsetzte). Aber die Solidarität ist nicht ganz verschwunden. So fand die Partei DIE LINKE auf dem Parteitag im Sommer 2017 keinen besseren Weg, auf die Ereignisse in Venezuela zu reagieren, als die Europäische Union und die Vereinigten Staaten dafür zu verurteilen, weil sie sich angeblich in die inneren Angelegenheiten des Landes eingemischt und „die gewalttätige Opposition" unterstützt habe (zum Zeitpunkt der Entschließung dieser Erklärung hatte die „Verfassungsreform", die darauf abzielte, dem venezolanischen Parlament seine Befugnisse zu entziehen und Maduros Einmann-Herrschaft zu etablieren, in deren Verlauf mehr als hundert Demonstranten getötet wurden, bereits stattgefunden).[89] Auch hier ist zu bedenken, dass dies das Ergebnis

---

88 LARS WIENAND, *Krise in Venezuela – Das Elend eines Landes in einem Foto*, Watson, 08.08.2018, https://www.watson.de/international/politik/147095315-krise-in-venezuela-das-ganze-elend-eines-landes-in-einem-foto.

89 *Hannoverscher Parteitag, Beschlüsse und Resolutionen: Solidarität mit Venezuela*, DIE LINKE, 11.06.2017, https://www.die-linke.de/partei/parteistruktur/part

eines Kompromisses zwischen „bösen" und „guten" Parteimitgliedern war. Stattdessen wurde von „Cuba Sí", einer Arbeitsgruppe auf Ebene der Parteiführung von DIE LINKE, eine wirklich kompromisslose Erklärung abgegeben. Dieses Dokument trug den Titel „Zivilisation siegt über Barbarei". Es erklärte Maduro zur Zivilisation und die Opposition zur Barbarei. Maduros „Verfassungsreform" wurde dort als „historischer Sieg" bezeichnet, der „trotz Hindernissen der sogenannten gewalttätigen Opposition" errungen wurde und der „zeige, dass die Kräfte der Vernunft und des Friedens in Venezuela weiterhin die Mehrheit hätten."[90]

Kurzum, die letzten Jahre hat die westliche radikale Linke viel Grund zur Freude gehabt. Genauer gesagt zur Schadenfreude – das Ressentiment zu befriedigen, das durch das historische Trauma von 1989 entstanden ist. Tatsächlich unterscheiden sich die der linksradikalen Wahrnehmung widerwärtigen „Farbrevolutionen" im Wesentlichen kaum von den früheren „samtenen" Revolutionen. Sie haben ihren Ursprung in den Ländern des ehemaligen sozialistischen Lagers und sind die nächste Stufe der mehr oder weniger erfolgreichen Versuche, die Gesellschaft vor Autoritarismus zu schützen. Wenn jedoch die Unzufriedenheit der Linken mit den antikommunistischen „samtenen Revolutionen" zumindest irgendwie durch ideologische Solidarität erklärt werden kann, was motiviert dann ihre Ablehnung der „farbigen Revolutionen", die sich gegen einen Autoritarismus richten, der nicht links ist?

Seit dem Sturz der kommunistischen Regime bleibt der radikalen Linken des Westens nur, sich über das Scheitern von alternativen Projekten zu autoritären Regimen freuen – eine solche Schadenfreude hat keinen positiven Inhalt. Besonders deutlich wurde dies mit Beginn der Weltwirtschaftskrise 2008. Die Texte, Reden und Äußerungen der linksradikalen Kräfte waren damals voller Hoffnungen auf den unausweichlichen Zusammenbruch des „Systems", der die Errichtung einer neuen, „gerechteren" Weltordnung näherbringen sollte. Im Jahr 2009 flossen sie noch in Strömen, dann

---

eitag/hannoverscher-parteitag-2017/beschluesse-und-resolutionen/news/solidaritaet-mit-venezuela-2-1/.
90 *Zivilisation siegt über Barbarei*, Cuba Sí, 01.08.2017, https://cuba-si.org/1834/zivilisation-siegt-ueber-barbarei.

gingen sie deutlich zurück. Ihre Autoren argumentierten weiter, dass, obwohl der erwartete Zusammenbruch nicht eintrat, die Krise sich in Wirklichkeit vertieft habe und zu noch katastrophaleren Folgen führen würde. Und heute, so scheint es, haben viele von ihnen irgendwie vergessen, was sie selbst den Lesern vor einem Jahrzehnt versicherten.

Es lassen sich noch weitere Beispiele für solche Versuche anführen, das linke Ressentiment zu befriedigen. Man denke an die Unterstützung für die serbischen Nationalisten unter Milošević. In Serbien gab es nicht mehr den Kommunismus, und die Sympathie für die Versuche der serbischen „Reconquista" lässt sich durch nichts anderes als Schadenfreude über Miloševićs „Bestrafung" der nationalen Bewegungen erklären, die zum Zusammenbruch Jugoslawiens führten (die Rolle des serbischen imperialen Nationalismus wollen die Anhänger dieses regressiven Konstrukts besser ignorieren). Besonders empörend ist die Tatsache, dass die Solidarität mit den serbischen Nationalisten auch nach der Bestätigung der Informationen über ethnische Säuberungen, zu denen sie gegriffen haben, immer noch vorhanden war.[91]

Ein ähnlicher Aspekt ist natürlich ein wichtiger Bestandteil der radikalen linken Motivation, die militärischen Interventionen der Russischen Föderation zu unterstützen (auch hier wird einer der Hauptgründe für den Zusammenbruch der Sowjetunion, dass Ende der 1980er Jahre im russischen Nationalismus separatistischen Tendenzen gegenüber imperialistischen Tendenzen überwogen, von der regressiven Linken nicht berücksichtigt).

Es lässt sich bereits jetzt vorhersagen: Wenn die russische Luftwaffe morgen damit beginnt, Kyjiw, Tallinn oder Tiflis in ein neues Aleppo zu verwandeln, wird die Reaktion der westlichen radikalen Linken die übliche sein. Die „guten" Linksradikalen werden der NATO, den USA und der Europäischen Union die törichte Politik vorwerfen, die das gekränkte Russland „provoziert" habe, und werden fordern, „den Dialog in Gang zu bringen" und sich auf keinen Fall auf irgendeiner Seite in den Konflikt einzumischen. Der

---

[91] MARCO ATTILA HOARE, *Genocide in the former Yugoslavia, a critique of left revisionism's denial*, Journal of Genocide Research 5, 4 (2003): 543–563.

„böse" Teil des linksradikalen Lagers wird sich derweil über die „Befreiung" einiger Hauptstädte der ehemaligen Sowjetrepubliken von den „Faschisten" jubeln. Vor dem Hintergrund dessen, was wir heute über die westliche radikale Linke wissen, ist eine andere Reaktion einfach nicht vorstellbar.

Die Russische Föderation hat dem „System" durch ihr Handeln auf internationaler Ebene tatsächlich erheblichen Schaden zugefügt. Aber nicht dem „kapitalistischen", sondern dem internationalen Sicherheitssystem. Die erfolgreiche Annexion des Gebietes eines europäischen Staates durch einen anderen ist in der Tat der erste derartige Präzedenzfall in der Geschichte Nachkriegseuropas. Die entsprechende Euphorie und Flut von hypermoralischer, scheinheiliger Kritik, die oft an das neueste Phänomen des „Trolling" grenzt, ist vielleicht die ultimative Befriedigung des linken Ressentiments heute. Seine Ursachen liegen noch tiefer als das historische Trauma von 1989. Bevor in den folgenden Kapiteln dieser Analyse die Struktur der doppelten Abhängigkeit der linksradikalen Bewegung beschrieben wird, die ihr den Fluch auferlegt, für immer den Weg der Regression zu beschreiten, ist es notwendig, den Kontext des Funktionierens der historischen Erinnerung im modernen Deutschland zu betrachten. Die Wahrnehmung der „Ukraine-Krise" in Deutschland, einschließlich der Reaktion der Linken darauf, wird unvollständig sein, ohne ihre Besonderheiten zu verstehen.

Kapitel II
Die Ukraine aus deutscher Sicht: Ein blinder Fleck auf der Karte Osteuropas

Nicht problematisierte Probleme

Bei der Analyse des Verhaltens der radikalen Linken ist es notwendig, auf zwei wichtige Aspekte näher einzugehen. Der eine betrifft die Einstellung zur Vergangenheit als einen prägenden Faktor der linken Identität, der zweite bestimmte spezifische Implikationen, die in der Vision der Zukunft innewohnen, die der radikalen Linken eigen ist. Wie diese doppelte Abhängigkeit, von der eigenen Tradition und vom erwarteten Zukunftsbild, ihre politische Praxis strukturiert, das wird in den nächsten Kapiteln dieser Analyse diskutiert. Diese Vorstellungen sind jedoch nicht nur von der linken Tradition und Eschatologie beeinflusst. Wie bereits erwähnt, sind einige der Missverständnisse nicht das ausschließliche Charakteristikum der Linken, sondern vielmehr Teil eines breiteren kulturellen Kontextes – der westlichen Sicht auf Osteuropa. Betrachten wir die typischsten Missverständnisse über diese Region am Beispiel Deutschlands.

Beginnen wir mit dem bereits erwähnten Beispiel, den Behauptungen über die angebliche Existenz der Joseph-Goebbels-Parteischule in der Ukraine, auf die der Co-Vorsitzende der Bundestagsfraktion der Partei DIE LINKE Dietmar Bartsch hingewiesen hat. Das Bemerkenswerteste an dieser Geschichte ist nicht, dass weder er noch seine Parteifreunde es für notwendig hielten, sich für ihre Fiktion zu entschuldigen. Letztlich deckt sich das völlig mit der Position der Vertreter der Partei DIE LINKE hinsichtlich der Ereignisse, die der Westen die „Ukraine-Krise" nennt. Bedeutsamer ist das Ausbleiben jeglicher Reaktion der Öffentlichkeit. Die Behauptung über die Parteischule wurde in einer der populärsten deutschen Talkshows (die unter anderem aus öffentlichen Mitteln finanziert wird) aufgestellt, aber niemand dementierte, niemand überprüfte sie, und es lässt sich keine Spur öffentlicher Kritik an dieser

Aussage finden (mit Ausnahme eines kurzen Kommentars im persönlichen englischsprachigen Blog von Andreas Umland).[92] Im Gegenteil, einige Zeitschriften, darunter die linke Wochenzeitung „Freitag", griffen das Thema gerne auf.[93]

Die Bereitschaft der radikalen Linken, solche „Sensationen" aufzunehmen und zu verbreiten, ist nicht überraschend. Doch wie reagiert die breite Öffentlichkeit darauf? Inwieweit sind solche Aussagen „normal"? Stellen Sie sich vor, ein Fraktionsvorsitzender im Bundestag sagt etwas Ähnliches über Frankreich, Polen oder Russland. Es ist schwer vorstellbar, dass eine solche Aussage keine kritischen Reaktionen hervorrufen würde. Man kann sicher sein, dass dies sowohl die Medien als auch die Politik empören wird. Sehr wahrscheinlich würde immer wieder betont werden, dass die Lügen des deutschen Politikers von tiefem Zynismus und mangelndem Verständnis für die Bedeutung historischer Verantwortung zeugen. Es ist davon auszugehen, dass eine Person des öffentlichen Lebens, die so etwas sagt, ihre eigenen Worte dementieren und sich entschuldigen muss. Die Erklärung und die empörten Reaktionen darauf würden nicht nur national, sondern auch international Beachtung finden. Im Falle Russlands dürfte es einen diplomatischen Skandal hervorrufen.

Dies ist natürlich eine vorgestellte Situation, keine reale, und sie ist so konstruiert, dass sie nicht den Status eines Gedankenexperiments (das in der analytischen Philosophie Beweiswert hat) beanspruchen kann. Obwohl Bartschs Behauptung ein ziemlich extremes Beispiel ist, ist sie im deutschen öffentlichen Diskurs über die Ukraine ziemlich „normal". Erwähnenswert ist, dass die oft als „konservativ" bezeichnete Frankfurter Allgemeine, eine der einflussreichsten Zeitungen Deutschlands, einen Artikel zur völkerrechtlichen (sic!) Begründung der Krym-Annexion publizierte,[94]

---

92 ANDREAS UMLAND, *Bartsch alleges on German TV existence of Ukrainian "Joseph Goebbels" government party school*, Andreas Umland's blog, 13.12.2015, http://umland.livejournal.com/197212.html.

93 RICHARD ZIETZ, *Ukraine: Lustration, Lynchjustiz, Krawalle*, Freitag, 22.12.2014, https://www.freitag.de/autoren/maennlicherlinker/ukraine-lustration-lynchjustiz-krawalle.

94 REINHARD MERKEL, *Kühle Ironie der Geschichte*, Frankfurter Allgemeine, 08.04.2014, http://www.faz.net/aktuell/feuilleton/debatten/die-krim-und-d

oder einen Artikel, in dem die annektierte Stadt Sevastopol als „eine tragende Säule des Staatgebäudes" Russlands bezeichnet und die Schuld an der Annexion explizit dem Westen angelastet wurde.[95] „Die Zeit" hat Autoren gedruckt, die in der ukrainischen Staatlichkeit ein „Missverständnis der ehemaligen sowjetischen Nationalitätenpolitik" sahen oder sich wunderten: „Wieso soll für alle Zeit ausgeschlossen sein, dass sich der östliche vom westlichen Teil der Ukraine trennt?"[96] Der Autor hat diese Frage gestellt, ohne zu präzisieren, wie dann die Grenze verlaufen und mit welchen Mitteln sie gezogen werden soll, ohne zu erwähnen, dass die Ostukraine nicht an die West- sondern an die Zentralukraine grenzt, ohne sich mal die Frage zu stellen, ob die Bewohner der Ostukraine sich eine derartige Lösung wünschen (was, angesichts der vorliegenden Umfrageergebnissen, keine allzu schwierige Aufgabe sein dürfte, was aber, angesichts der Fokussierung des Autors nicht auf die Wünsche der Ukrainer sondern vielmehr auf die vermeintlichen russischen Befindlichkeiten, nicht verwunderlich ist). In derselben Zeitung wurde auch ein Interview mit dem Altkanzler Helmut Schmidt gedruckt, der behauptet, die Ukraine sei kein Nationalstaat. Untermauert wurde diese Behauptung durch die folgende Berufung auf die Wissenschaft: „Zwischen Historikern ist umstritten, ob es überhaupt eine ukrainische Nation gibt."[97] Nur wundert man sich, wie diese Historiker heißen sollen. Die Suche nach einer entsprechenden Debatte wird höchstens bei den Schriften von rechten Esoterikern wie Alexander Dugin enden müssen,

---

as-voelkerrecht-kuehle-ironie-der-geschichte-12884464.html?fref=gc. Anfang 2023 wurde über einen neuen Text des Völkerrechtlers in den Zeitungen eine heftige Debatte geführt, in der nicht nur Osteuropahistoriker, sondern auch Kollegen aus dem eigenen Fach ihm widersprachen: *Verhandeln heißt nicht kapitulieren*, Frankfurter Allgemeine, 28.12.2022, https://www.faz.net/aktuell/f euilleton/debatten/gibt-es-fuer-die-ukraine-eine-pflicht-zur-verhandlung-185 61825.html. Anm. d. Übers.

95 KERSTIN HOLM, *Lesen Sie Putins Stellenbeschreibung*, Frankfurter Allgemeine, 12.09.2014, https://www.faz.net/aktuell/feuilleton/debatten/ukraine-krise-l esen-sie-putins-stellenbeschreibung-13148481.html?printPagedAticle=true#pa geIndex_2.

96 JÖRG BABEROWSKI, *Zwischen den Imperien*, ZEIT Online, 19.03.2014, http://www. zeit.de/2014/12/westen-russland-konflikt-geschichte-ukraine/komplettansicht.

97 MATTHIAS NAß, *Putins Vorgehen ist verständlich*, Zeit Online, 27.03.2014, .

keineswegs bei den angesehenen akademischen Fachzeitschriften, die sich auf Geschichte Osteuropas spezialisieren. In der Süddeutschen Zeitung konnte man nachlesen, dass die Ukraine „Herz Russlands" darstelle und es in der ukrainischen Übergangsregierung „ausgeprägte Antisemiten" gäbe.[98] Übertroffen wurden solche Darstellungen von einem im seriösen Magazin Der Spiegel publizierten Artikel, der dem Argument, der Westen und die Ukraine hätten das russische Aggression selbst provoziert, hinzufügte, die stalinistischen Deportationen der Krymtataren seien gerechtfertigt gewesen und dies mit einem heutigen Foto von Krymtataren illustrierte, die angeblich die Hände zum Nazi-Gruß erhoben.[99]

Eine komplette Liste von Aussagen, welche auf den Seiten von „Qualitätsmedien" eigentlich nicht zu suchen hätten, aber im Zusammenhang mit der „Ukraine-Krise" wiederholt abgedruckt wurden, ist lang. Es wäre gleichwohl unfair, dem gesamten öffentlichen Diskurs in Deutschland „pro-russische" Tendenzen zu unterstellen. Die meisten der oben zitierten Artikel blieben nicht unbeantwortet und ernteten eine, zum Teil bittere, Kritik.[100] Man kann mit gutem Grund behaupten, dass die Berichterstattung über die Ukraine seit 2014 sich merklich gebessert hat. Mehr noch, bereits 2014 hatten die sogenannten Russland-Versteher eigene Gründe, eine angebliche Voreingenommenheit deutscher Medien zu beklagen. Das Problematische an der Debatte liegt nicht in der Anwesenheit der Parteinahmen per se, sondern darin, wie ihr Rahmen gestaltet wurde. Wie von Andrii Portnov hervorgehoben wurde, das

---

98 ERHARD EPPLER, *Putin, Mann fürs Böse*, Süddeutsche Zeitung, 11.03.2014, https://www.sueddeutsche.de/politik/russlands-praesident-wladimir-putin-mann-fuers-boese-1.1909116-0#seite-2.
99 UWE KLUßMANN, *Nationalisten stiften Tataren zu Anschlägen an*, Spiegel Online, 28.02.2014, http://www.spiegel.de/politik/ausland/krim-krise-nationalisten-stiften-tataren-zu-anschlaegen-an-a-956033.html. Die Illustration wurde zwischenzeitlich ersetzt, die Originalversion des Aufsatzes mit der ursprünglichen Illustration ist archiviert unter der Adresse: http://archive.is/Ajfyz.
100 GERD KOENEN, *Russland ist kein Bär, sondern eine Sau, die ihre Jungen auffrisst*, Frankfurter Allgemeine 22.09.2014, ; ANDREAS KAPPELER, *In Kiew entstand die Nation*, Zeit Online, 03.04.2014, ; ULRICH SCHMID, *Das ist eine Nation*, Zeit Online, 20.03.2014, . Siehe auch: ANDRIJ PORTNOV, *Das Mantra der Nichteinmischung: Glaubenssätze der Putin-Freunde*, Osteuropa 64, 9/10 (2014): 5–12; ANNA VERONIKA WENDLAND, *Hilflos im Dunkel*, Osteuropa 64,. 9/10 (2014): 13–34.

eigentliche Problem vieler angesehener deutscher Printmedien liegt bei der Annahme einer „Gleichberechtigung" der Seiten.[101] Diese Einstellung verleitet dazu, den Fürsprechern der „russischen Sichtweise" das Wort zu erteilen, einfach gesagt: den Apologeten einer bewaffneten Aggression Russlands gegen die Ukraine. Das Streben nach „Ausbalanciertheit" und „Neutralität" spiegelt sich auch in der angenommenen Begrifflichkeit wider. Die deutschen Printmedien nennen die vom Kreml kontrollierten bewaffneten Formierungen gewöhnlich „Separatisten", selbst wenn sie Kampfhandlungen beschreibt, bei denen die entscheidende Rolle reguläre Einheiten der russischen Armee gespielt haben (Ilowajsk, die Schlacht um Debalzewe); sie bezeichnet Aggressor und Opfer einfach als „Seiten des Konfliktes" und verwendet den Begriff „russisch-ukrainischer Krieg" fast nicht, bezeichnet stattdessen aber den Krieg im Donbas nicht selten als „Bürgerkrieg". An dieselbe „Ausbalanciertheit" hält man sich auch im Fernsehen und lädt Experten ins Studio ein, die für ihre Rechtfertigung der Annexion der Krym oder die russische Militärpräsenz in Syrien bekannt sind. Das können sogar Professoren sein, bzw. erfolgreiche Buchautoren, die in Universitäten mit öffentlichen Vorlesungen auftreten.[102] Selbst eine derartige „Ausbalanciertheit" ist angesichts der Ausgangssituation eine Errungenschaft: Wie Andri Portnov beobachtete, hat es ein paar Monate gedauert, bis die Vertreter der ukrainischen Sichtweise überhaupt in die Talkshows eingeladen wurden, die sich der „Ukraine-Krise" widmeten.[103]

Dieses scheinbar „ausgeglichene" Sehen kann keineswegs als „normal" bezeichnet werden. Niemand in Deutschland käme auf die Idee, die spanische Eroberung Mexikos als „Bürgerkrieg" zu

---

101 ANDRIY PORTNOV, *Neither admiration, nor fear: Stereotypes about Ukraine in Germany*, in: Ukraine in Histories and Stories: Essays by Ukrainian Intellectuals, ed. Volodymyr Yermolenko (Kyiv: Internews Ukraine, 2019), 276, 284.

102 So erscheinen die erfolgreichen Bücher der Kreml-Apologetin Gabriele Krone-Schmalz im renommierten Verlag C.H. Beck, und Daniele Ganser, „Star einer alternativen Denkweise", verbreitet diverse Verschwörungstheorien über hoch angesehene Plattformen wie öffentliche Kulturzentren, öffentliche Universitäten usw.

103 ANDRII PORTNOV, *Informacijna vijna proty Ukraïny. Pohljad z Berlinu*, Historians, 23.10.2014, .

bezeichnen, obwohl der Anteil der einheimischen Bevölkerung unter den Soldaten von Hernán Cortés zweifellos höher war als der Anteil der ukrainischen Staatsbürger unter den von Russland kontrollierten bewaffneten Gruppen im Donbas (ganz zu schweigen davon, dass die Völker, die 1519 unter der Herrschaft der Azteken standen, weitaus triftigere Gründe zur Unzufriedenheit hatten als die Bewohner des Donbas Anfang 2014).[104]

Niemand würde die chinesische Annexion von Tibet damit rechtfertigen, dass die Besatzung ohne großes Blutvergießen gelang. Derselbe deutsche Wirtschaftsminister, der die russischsprachige Bevölkerung der Ukraine mit ethnischen Russen verwechselte,[105] verfügt bestimmt über ausreichendes Empfindungsvermögen, um nicht einen vergleichbaren Fehler zu begehen, wenn es, sagen wir, an die deutschsprachige Bevölkerung der Schweiz anhäme. Niemandem käme es in den Sinn, das Recht Deutschlands auf die Annexion eines Teils von Österreichs zu belegen, eines Landes, wo der Anteil der Deutschsprachigen mehr als ums Doppelte höher ist als der der russischsprachigen Bevölkerung der Ukraine. Und selbst die kühnste Fantasie gerät ins Stolpern beim Versuch, sich einen in ein Fernsehstudio eingeladenen Sympathisanten von Saddam Hussein vorzustellen, der dort eine „alternative Sichtweise" auf die irakische Annexion des Kuwaits im Jahr 1990 ausführt. „Ausbalanciertheit" sowie der Wunsch, „beide Seiten anzuhören", finden in den deutschen Medien keine universelle Anwendung, sondern sind durch bestimmte normative Vorstellungen sehr begrenzt. Vor dem Hintergrund des Zu- und Unzulässigen stellt

---

104 MICHAEL MEYER ET AL., *The Course of Mexican History* (New York: Oxford University Press, 2003), 64–122.
105 Die territoriale Identität der Ukraine kann nur erhalten werden, wenn man den Gebieten mit russischer Mehrheit ein Angebot macht, sagte Sigmar Gabriel in einem Interview (*Gabriel plädiert für Föderalisierung der Ukraine*, Welt, 23.08.2014,). Außerhalb der Krym gibt es in der Ukraine jedoch keine einzige Region mit russischer Mehrheit. Die Mehrheit derjenigen Bewohner der Ukraine, die sich im Alltag mehr des Russischen als des Ukrainischen bedienen, sind keine ethnischen Russen. Grundsätzlich sind die sprachlichen Präferenzen in der Ukraine keineswegs mit den politischen Präferenzen gleichzusetzen (man bedenke etwa, dass die Mehrheit der Kyjiwer und vielleicht bis zur Hälfte der ukrainischen Soldaten Russisch sprechen).

der Rahmen der deutschen Debatte um die „Ukraine-Krise" in vielen Hinsichten eine Ausnahmesituation dar.

Doch wie kommt es also, dass Argumente, die in anderen Kontexten undenkbar sind, so einfach auf die Ukraine übertragen werden? Es gibt zwei Punkte, die für die weitere Darstellung wichtig sind. Zunächst einmal ist festzuhalten, dass ein solches Verhalten eine Folge der etablierten und in der deutschen Gesellschaft immer noch am weitesten verbreiteten mentalen Kartierung (mental Mapping) Osteuropas ist. Die von ihr geschaffene mentale Landkarte weist zahlreiche weiße Flecken auf, und die Ukraine ist einer der größten unter ihnen. Diese Wahrnehmung ist durch das Prisma des russischen imperialen Erbes geprägt. Zweitens erhalten die daraus resultierenden Fehler durch die Überlagerung mit dem dominierenden historischen Gedächtnis im modernen Deutschland fatale Züge. Im historischen Gedächtnis der deutschen Gesellschaft erscheint das riesige, undifferenzierte „Russland", das irgendwo plötzlich östlich von Polen beginnt, immer noch als das größte Ziel der aggressiven Kräfte des Dritten Reiches und zugleich als das Land, das am meisten zum Sieg über den Nationalsozialismus beigetragen hat. Gleichzeitig gibt es leider eine starke Tendenz, die Ukrainer als Kollaborateure des Nazi-Regimes zu betrachten. Beide miteinander verknüpften Sichtweisen formen eine komplexe Kompromissbildung, die es erlaubt, gleichzeitig Verantwortung zu übernehmen und einige der abscheulichsten Schuldmomente auf jemand anderen abzuwälzen. Und die Verschwommenheit der Ukraine auf der imaginären Landkarte Osteuropas macht sie zu einer idealen Fläche für solche historischen Projektionen.

Das erste der genannten Probleme äußert sich auf unterschiedliche Weise und in Bezug auf viele Dinge, und manchmal kann es sogar quantifiziert werden. Eine der fatalsten Vereinfachungen auf der üblichen mentalen Landkarte liegt bereits in der unreflektierten Gleichsetzung der Sowjetunion mit dem modernen Russland. In den angesehensten deutschen Zeitungen finden wir auch heute noch Beispiele für die austauschbare Verwendung der Begriffe „Russland" und „UdSSR". Diese Vereinfachung ist keineswegs unschuldig, sie hat in Diskussionen um die moderne Ukraine erhebliche negative Folgen, wird aber in der Regel nicht einmal als problematisch empfunden.

Ein weiteres Symptom für problematische Aspekte des etablierten Mental Mapping ist, dass Russland immer noch als „Nachbar" Deutschlands[106] bezeichnet wird. Eine solche Bezeichnung kann aber kaum als unparteiisch angesehen werden. Das Russische Zarenreich hatte eine gemeinsame Grenze mit dem Deutschen Reich, nachdem die beiden Mächte (und die Habsburger Monarchie) Polen unter sich aufgeteilt hatten; die Sowjetunion hatte sie für eine gewisse Zeit durch den Molotow-Ribbentrop-Pakt. Es ist jedoch unwahrscheinlich, dass dieses recht häufig verwendete Bild dazu gedacht ist, die schwarzen Seiten der Geschichte zu beschönigen. Seine Benutzung ist auf sehr gute Absichten zurückzuführen, vor allem auf ein Gefühl der Verantwortung gegenüber der Geschichte und den Wunsch, den Frieden auf dem europäischen Kontinent zu bewahren. Die Schwächen dieser Sichtweise werden jedoch im Vergleich offensichtlich. Auch die Slowakei oder Rumänien grenzen nicht an Deutschland, und obwohl sie viel näher dran sind als Russland, nennt sie in Deutschland kaum jemand „Nachbarn". Die Erwähnung der „Nachbarschaft" von Weißrussland oder der Ukraine würde für deutsche Ohren noch seltsamer klingen. Obwohl sowohl Minsk als auch Kyjiw etwa auf halbem Weg von Berlin nach Moskau liegen, führen die völlig konkreten Parameter hier nicht zur kognitiven Kartierung des Raumes. In dieser häufig verwendeten Metapher kristallisiert sich nicht nur der Wunsch, gute Beziehungen zum „großen Nachbarn" Russland zu

---

106 Beispiele für die Bezeichnung Russlands seitens deutscher Politiker und in der deutschen Presse als „Nachbarn": ANGELA MERKEL, *Russland ist unser Nachbar*, Bayerischer Rundfunk, 25.12.2017, https://www.br.de/mediathek/video/angela-merkel-russland-ist-unser-nachbar-av:5a3c62ffc9656300184257ec; GERHARD SCHRÖDER, *Verglichen mit Trump können wir froh sein, einen Putin zu haben*, ZEIT Online, 15.11.2017, https://www.zeit.de/2017/47/gerhard-schroeder-spd-bundestagswahl-wladimir-putin-donald-trump/komplettansicht; KATJA GLOGER, *Russland: Der schwierige Nachbar*, Handelsblatt, 06.10.2017, https://www.handelsblatt.com/politik/international/deutschland-und-der-russland-komplex-der-schwierige-nachbar/20406708.html?ticket=ST-2249836-14zt0B-MeuJvqvxgSnGhV-ap1; MICHAEL STÜRMER, *Putin bleibt unser aller unheimlicher Nachbar*, Welt, 16.04.2015, https://www.welt.de/debatte/kommentare/article139668414/Putin-bleibt-unser-aller-unheimlicher-Nachbar.html.

pflegen, sondern auch die Vernachlässigung „kleinerer" Länder zwischen Russland und Deutschland, bis hin zum Ausbau dieser Beziehungen auf deren Kosten.

Um eventuelle Missdeutungen zu verhindern, sei betont, dass der Hitler-Stalin-Pakt hier nicht mit dem Zweck einer „Gleichsetzung" erwähnt ist, sondern um die „Nachbarschafts"-Metapher historisch zu kontextualisieren. Eine Missachtung von Interessen der „kleinen" Völker muss nicht unausweichlich kriegslüsternen Charakters sein und kann auch scheinbar mit den Motiven der „Entspannung" und des „Pazifismus" in Einklang gebracht werden, so bei der Absage der Unterstützung der polnischen Solidarność Anfang der 1980er, so beim Bau von Nord Stream 2. Wir sagen "scheinbar" genau deswegen, weil es zumindest seit 2014 klar sein dürfte, dass bereits der Bau von Nord Stream 1 die Option eines russischen Krieges gegen die Ukraine aus dem Bereich eines wirtschaftlichen Selbstmordes herausgelöst hatte. Bemerkenswert ist auch die Stellung von Deutschland selbst, wie sie durch diese Metapher impliziert ist. Unsere Hypothese, die es genauer zu überprüfen gilt, besagt, dass die „Nachbarschafts"-Metapher es ermöglicht, die Vorstellungen von der eigenen Größe mit einzuschmuggeln. Wenn Russland groß und wichtig ist und die Zwischenländer außer Acht geraten, dann wird auch implizit die Größe des deutschen Gegenstücks dieser Metapher behauptet. Es ist insofern interessant, dieser Hypothese nachzugehen, weil solch eine Metapher bei der Konstruktion eines psychologischen Ventils gebraucht wird, wobei es einem Deutschen erlaubt wird, an der russischen Wirklichkeit all das offen zu rechtfertigen, was für ihn an der deutschen Vergangenheit verboten ist (Autoritarismus, ein Reich, zu dem etliche „Kleinvölker" gehören, imperiale Phantomschmerzen, nationalistisch motivierte Kriege im Ausland usw.).

Eine andere Metapher, die deutsche Journalisten und Politiker in bester Absicht verwenden, bezeichnet die Ukraine als „Brücke zwischen Russland und Europa".[107] Es mag scheinen, dass die

---

107 Beispiele für die Bezeichnung der Ukraine seitens deutscher Politiker und in der deutschen Presse als „Brücke": *Die Ukraine muss doch eine Brücke sein*, Die Tageszeitung, 22.03.2014, http://www.taz.de/!375672/; http://www.das-par lament.de/2010/07/EuropaWelt/ 28663534/305664; THEO SOMMER, *Die*

Vision auf etwas naiven, aber durchaus friedlichen Absichten beruht. Wenn man aber genauer hinsieht, lässt sich leicht eine ganze Reihe negativer Stereotypen erkennen, die diese Metapher impliziert. Erstens behauptet sie entgegen unbestreitbarer geografischer Offensichtlichkeit, die Ukraine gehöre nicht zu Europa. Zweitens ist der Standpunkt, von dem dieser Vergleich vorgenommen wird, instrumentell und objektivierend. Auf der einen Seite haben wir vollwertige politische Subjekte, auf der anderen Seite ein stummes Objekt, das der Bequemlichkeit dient. Brücken sprechen nicht, bewegen sich nicht, können keine eigenen Gedanken oder Wünsche haben, sie sind dazu bestimmt, von anderen benutzt zu werden. Außerdem befreit das Verhängnis, eine Brücke zu sein, das Land nicht von der Gefahr eines Krieges. Auch „nette grüne Männchen", Panzer, Raketenartillerie und Flugabwehrsysteme, die in der Lage sind, Passagierflugzeuge in einer Höhe von mehr als zehntausend Metern abzuschießen, können die Brücke für ihre Zwecke nutzen.

Wir haben nur einige wenige Beispiele genannt. Die ganze Bandbreite der in Deutschland verbreiteten, auf den ersten Blick unschuldig wirkenden Diskurse konstruiert ein äußerst problematisches Bild der Ukraine und verdient daher eine gesonderte eingehende Analyse.

Obwohl die Ukraine keinen bedeutenden Platz auf der kognitiven Landkarte Osteuropas einnimmt, wird sie mit weit verbreiteten und tiefsitzenden Vorurteilen in Verbindung gebracht. Fast jeder Ukrainer, der schon länger in Deutschland lebt, wird früher oder später von jemandem die Frage hören, ob Ukrainisch denn eine eigene Sprache oder nur ein Dialekt des Russischen ist. Auf die Gegenfrage, woher diese Hypothese kommt, können nur wenige Menschen etwas antworten. Es geht nicht darum, dass die ukrainische Sprache mit dem Russischen verwandt ist. Sie ist viel näher am Weißrussischen oder Slowakischen, doch niemand wird sich jemals

---

Ukraine kann nur als Brücke zwischen Ost und West überleben, ZEIT Online, 11.03.2014, http://www.zeit.de/2014-03/krim-ukraine-russland; KARL WALTER, *Ukraine kann zur Brücke werden*, Merkur, 21.03.2014, https://www.merkur.de/lokales/dachau/landkreis/ukraine-ort29611/ukraine-kann-bruecke-werden-3429294.html.

für ihre Verwandtschaft interessieren. Die Ukraine stand beispielsweise nie unter slowakischer Herrschaft, und selbst wenn es Theorien gibt, dass die ukrainische Sprache „eigentlich" ein Dialekt des Slowakischen ist, dann kennen sie nur Linguisten (und im Allgemeinen sind die Kriterien, nach denen „Sprache" unterschieden wird von „Dialekt" weniger wissenschaftlich als politisch). Umgekehrt weiß jeder normale Deutsche, dass er in einen Skandal hervorrufen kann, wenn er einen Dänen oder Holländer fragt, ob ihre Sprache nicht bloß ein deutscher Dialekt ist.

Die meisten deutschen Journalisten, die über die Ukraine schreiben, selbst für die angesehensten deutschen Publikationen, leben in Moskau und beherrschen nur Russisch. Nach 2014 hat sich die Situation etwas verbessert, aber nicht so sehr, dass wir von radikalen Veränderungen sprechen können. Natürlich erleben die Printmedien in Deutschland, wie überall auf der Welt, nicht die besten Zeiten. Fehlende finanzielle Mittel können die Entwicklung eines Redaktions- oder Korrespondentennetzwerks verhindern, nicht aber das Erlernen von Sprachen. Für einen Deutschen, der Russisch beherrscht, ist es gar nicht so schwer, auch Ukrainisch zu lernen, aber in den letzten fünf Jahren haben das nur wenige deutsche Journalisten geschafft. Die Erkenntnis, dass die Beherrschung der ukrainischen Sprache ein wirksames Mittel ist, um nicht versehentlich Fake News zu verbreiten (und dieses geschieht sogar bei Veröffentlichungen vom Niveau des Spiegels),[108] hat sich noch nicht durchgesetzt.

Ein weiteres eindrucksvolles Beispiel dafür, wie die Ukraine durch die „russische Brille" gesehen wird, ist die Toponymie. Die deutsche Sprachpraxis ist durchaus in der Lage, Flexibilität und Aufgeschlossenheit gegenüber postkolonialen Ansätzen zu zeigen, wenn es beispielsweise um Mumbai (früher Bombay) geht. Im Falle

---

108 Beispielsweise enthält ein „Spiegel"-Artikel die Behauptung, der Premierminister der Ukraine Arsenij Jazenjuk hätte die Einwohner der Ostukraine als „Untermenschen" bezeichnet (BENJAMIN BIDDER, MORITZ GATHMANN, *Die Pöbler von Kiew*, Spiegel Online, 17.06.2014, http://www.spiegel.de/politik/ausland/kiews-aussenminister-beschimpft-putin-a-975536.html). Einer der Autoren dieses Artikels eröffnete mir in einem privaten Gespräch, dass kompetenter Journalismus über die Ukraine keine Kenntnis der ukrainischen Sprache erfordere.

der Ukraine scheint es jedoch einige unüberwindbare Hindernisse zu geben. Viele ukrainische Toponyme werden von ihren russischen Äquivalenten her transkribiert: Dnjepr (nicht Dnipro), Kiew (nicht Kyjiw) usw.[109] In Deutschland sieht man das nicht als Problem an und vernimmt auch keine Diskussionen darüber.

Diese Situation steht in deutlichem Gegensatz zu den Entwicklungen in der englischen Sprache, wo sich beispielsweise die ukrainische Transkription *Kyiv* bereits gegen die seit langem etablierte russische durchzusetzen scheint. Dies ist nicht überraschend, wenn man sieht, dass sich die englischsprachige Welt schon länger und intensiver mit ukrainischen Themen beschäftigt. Das ukrainische Forschungsinstitut der Harvard University besteht seit über vierzig Jahren. Sieben verschiedene kanadische Universitäten bilden ein Netzwerk von Zentren, Instituten und Archiven, die sich ausschließlich der Ukrainistik widmen. Selbst im fernen Australien, dessen Bevölkerung etwa ein Viertel der deutschen ausmacht, gibt es zwei Institute, die sich ukrainischen Studien widmen.

In Deutschland hingegen gab es bis vor kurzem sozusagen einen halben Lehrstuhl für Ukrainistik – ein Institut an der Universität Greifswald, das mit Polenstudien geteilt wurde. Zwar wurde inzwischen ein Lehrstuhl für die Geschichte der Ukraine an der Europa-Universität Viadrina in Frankfurt an der Oder eröffnet, der durch seine aktive Rolle und Vernetzung bereits zu einem wichtigen Standort für die Ukrainistik im deutschsprachigen Raum geworden ist. Aber gleichzeitig waren noch vor kurzem der erwähnte Lehrstuhl in Greifswald sowie der Lehrstuhl für die Geschichte Osteuropas an der Universität Köln (wo früher mit Andreas Kappeler ein herausragender Ukraine-Spezialist lehrte) von der Schließung bedroht.[110] Das weniger wohlhabende Polen hingegen hat in

---

109 Während der Erstellung dieses Buches wurde jedoch bekannt, dass das maßgeblichste Wörterbuch der deutschen Sprache, der „Duden", neben dem traditionellen Kiew auch die Variante „Kyjiw" zur Bezeichnung der ukrainischen Hauptstadt einführte.

110 SYBILLE MARX, *Ukrainistik in Gefahr*, Ostsee-Zeitung, 30.04.2015, https://www.deutschlandfunk.de/gefahr-fuer-die-ukrainistik.680.de.html?dram:article_id=32827. *Osteuropäische Geschichte in Köln erhalten!* (eine Petition), . – Am 7. April 2023 wurde in einer sogenannten „Frankfurter Erklärung für ein Ukraine-Zentrum" von namhaften Vertretern aus Wissenschaft und Politik für den Aufbau

der Struktur seiner Universitäten fünf Institute im Bereich ukrainischer Studien geschaffen und finanziert diese. Und obwohl der Fall Polens eher eine Ausnahme ist, konnte sich sogar das kleine und arme Transnistrien einen vollwertigen Lehrstuhl für Ukrainistik leisten. In Deutschland aber wurden die erwähnten Reste von Ukrainistik-Studien zuletzt beinahe geschlossen – angeblich wegen fehlender Finanzierung.

Natürlich ist die Unterentwicklung dieses Forschungsbereichs in Deutschland nicht nur eine Bedingung, sondern ein ganz konkreter Ausdruck des verengten Blicks auf die Ukraine. Generell hat Deutschland ein recht hohes Anforderungsniveau für wissenschaftliche Arbeiten. Wenn ein deutscher Student beispielsweise eine Magisterarbeit in rumänischer Literatur oder japanischer Geschichte schreibt, wird vom Bachelor erwartet, dass er die betreffende Sprache entweder bereits beherrscht oder sie zumindest gerade lernt. Aber es ist möglich, ein ganzes Buch über die Ukraine zu schreiben, es sogar in einem anständigen Verlag zu veröffentlichen, ohne ein einziges ukrainisches Wort zu lernen, und von Lesern Anerkennung zu erhalten.[111] Nicht die Kenntnis der Kultur, der Geschichte, des sozialen und politischen Klimas des Landes ist von entscheidender Bedeutung, sondern die Übereinstimmung des Textes mit den etablierten Stereotypen.

Wunde Stelle: der Fall Iwan Demjanjuk

Im Mittelpunkt der negativen Darstellung der Ukraine steht neben der Idee der *Abnormität* des ukrainischen Nationalismus die Überbetonung des Phänomens der Kollaboration während der Nazi-Besatzung. Und während der russische Nationalismus, selbst in seiner imperialen Version, im deutschen Diskurs weiterhin unmarkiert als etwas „Natürliches" und Unreflektiertes erscheinen kann,

---

eines Ukraine-Zentrums in Frankfurt (Oder) plädiert, https://mwfk.brandenburg.de/sixcms/media.php/9/Frankfurter%20Erkl%C3%A4rung.pdf. Anm. d. Übers.

111 GABRIELE KRONE-SCHMALZ, *Russland verstehen: Der Kampf um die Ukraine und die Arroganz des Westens* (München: C.H.Beck, 2017); ANDREJ HUNKO, *Ukraine zwischen Bürgerkrieg, Russland und dem Westen: Vom EU-Assoziierungsabkommen in einen neuen Kalten Krieg?* (Hamburg: VSA, 2016).

fällt es selbst einem ukrainischen Sozialisten mit gemäßigten autonomistischen Ansichten wie Mychajlo Hruschewskyj schwer, die „nationalistische" Etikettierung loszuwerden. Zum besseren Verständnis der Zusammenhänge sei darauf hingewiesen, dass im Gegensatz zum englischsprachigen akademischen Diskurs, in dem der Begriff „Nationalismus" meist neutral verwendet wird zur Beschreibung einer der einflussreichsten politischen Ideen der Moderne, nach der ethnische und politische Grenzen zusammenfallen sollten, er im öffentlichen Diskurs des heutigen Deutschlands stark negativ besetzt ist.

Hier haben wir es mit einem Problem zu tun, das sowohl für Deutsche als auch Ukrainer äußerst sensibel ist. Wir sollten damit sehr vorsichtig sein, aber es ist einfach unmöglich, dieses Thema zu vermeiden, wenn man bedenkt, wie wichtig es im Zusammenhang mit den diskutierten Themen ist. Um möglichen Missverständnissen vorzubeugen, sei gleich darauf hingewiesen, dass die Erinnerungspolitik in der heutigen Ukraine zweifellos problematisch ist und die ukrainische Gesellschaft von der deutschen viel über den Umgang mit der historischen Vergangenheit lernen kann. Trotz einiger bedauerlicher Missverständnisse ist es eine positive Tatsache, dass die Ukraine zu einem wichtigen Thema für Deutschland geworden ist, und wir sollten die ganze Vielfalt hiesiger Diskussionen über die Ukraine nicht in die Hauptströmung ausschließlich negativer Tendenzen einordnen. Die Tatsache, dass es in den letzten fünf Jahren einfacher geworden ist, bestimmte Probleme zu erkennen, bietet eine gute Gelegenheit, mit deren Lösung zu beginnen. Immerhin sind einige Fortschritte zu erkennen – das Bild der Ukraine hat, wenn auch „mit großen Schwierigkeiten", begonnen, sich auf der deutschen kognitiven Landkarte Osteuropas abzuzeichnen.

Gleichzeitig ist die Tendenz zu beachten, dass im Zusammenhang mit politischen Ereignissen in der modernen Ukraine immer häufiger auf das Thema der Kollaboration während des Zweiten Weltkriegs Bezug genommen wird. Sie war besonders ausgeprägt während der Revolution der Würde und des russisch-ukrainischen Krieges, aber sie begann früher in den „Vormaidan"-Zeiten, so konnte man beispielsweise in seriösen deutschen Publikationen auf die Aussage stoßen, der Holocaust wäre in solch brutaler Form in

Osteuropa ohne eine aktive Beteiligung lokaler Kollaborateure nicht möglich gewesen (der Artikel handelte von einem bekannten ukrainischen Kriegsverbrecher, auf den später noch eingegangen wird).¹¹²

Ein halbes Jahr vor dem Maidan wurde eine der erfolgreichsten modernen deutschen Fernsehserien „Unsere Mütter, unsere Väter" gesendet.¹¹³ Die TV-Serie widmet sich jungen Deutschen, die zur Wehrmacht eingezogen und an die Ostfront geschickt wurden. In einer der ersten Szenen retten die Hauptfiguren (bereits in Armeeuniform) ihren jüdischen Kameraden vor der Gestapo. Bis zur vierzigsten Minute gab es bereits drei Versuche, einen Juden oder eine Jüdin zu retten. Im dritten Fall handelt es sich um ein Mädchen, das vor einer Gruppe ukrainischer Kollaborateure zu deutschen Soldaten flüchtet. Einer der Retter richtet sein Gewehr auf einen Ukrainer, der bereits das Mädchen geschnappt hat.¹¹⁴

Der edle Versuch scheiterte schließlich, weil das jüdische Mädchen dennoch durch die Hand eines deutschen SS-Mannes starb. Tatsächlich ist diese Szene eine weitere Kopie des deutschen Nachkriegsmythos von den „guten" Wehrmachtssoldaten im Gegensatz zu den „bösen" SS-Männern. Aber diese Aufnahmen selbst sind bezeichnend für die Rolle, die den Ukrainern in der populären Wahrnehmung des Zweiten Weltkriegs zugeschrieben wird. In der gesamten Serie treten nur in der hier erwähnten Szene Ukrainer als Ukrainer auf (blau-gelbe Armbinden markieren sie, und die deutschen Soldaten sprechen auch immer wieder angewidert von Ukrainern). Nie sind Ukrainer als Opfer, Partisanen oder sowjetische Soldaten dargestellt. Die Ukraine und Weißrussland sowie der Schaden, der diesen beiden Ländern durch die deutsche Aggression zugefügt wurde, wurden einfach übergangen. Obwohl die

---

112 HEINRICH WEFING, *Der Demjanjuk-Prozess hinterlässt Beklommenheit*, ZEIT Online, 12.05.2011, http://www.zeit.de/gesellschaft/zeitgeschehen/2011-05/Demjanjuk-Urteil-Kommentar/komplettansicht.
113 Für eine detailliertere Interpretation der Serie im Kontext der ukrainischen Geschichte siehe: Andrii Portnov, „*Naši" ta "jichni" batky j materi: nimec'kyj serial ta joho schidnojevropejs'ki krytyky*, in: Zaxid.net, 03.09.2013, https://zaxid.net/nashi_ta_yihni_batki_i_materi_nimetskiy_teleserial_ta_yogo_shidnoyevropeyski_kritiki_n1292704.
114 https://www.youtube.com/watch?v=Gw9dlsO7_bE&t=2700s, ab der 38. Minute.

nationalsozialistische „Endlösung" vor allem in der Ukraine und in Weißrussland stattfand, wurde das russische Smolensk als Schauplatz benötigt. Vor der deutschen Invasion lebte hier eine große jüdische Gemeinde. Während des Holocaust wurde sie fast vollständig ausgelöscht, und Kollaborateure haben wirklich dazu beigetragen. Allerdings wurden sie, wie fast überall, nicht von außen herbeigebracht. Sie waren, wie eine detaillierte historische Studie zeigt, Anwohner.[115]

Das anschaulichste Beispiel in diesem Zusammenhang ist der Prozess gegen den Ukrainer Iwan Demjanjuk. Um Missverständnissen vorzubeugen, sei gleich vorweggesagt: Es gibt genügend Beweise dafür, dass Demjanjuk als Wachmann in verschiedenen Konzentrationslagern und Vernichtungslagern diente. Es ist also nicht so, dass Demjanjuk oder viele andere Ukrainer, die mit den Nazis kollaborierten, nicht vor Gericht gestellt werden sollten. Ein Prozess in München in den Jahren 2009–2011 befand Demjanjuk der Beihilfe an der Ermordung von 27.900 Juden im Vernichtungslager Sobibor für schuldig und verurteilte ihn zu fünf Jahren Gefängnis.[116] Angesichts der Art des Verbrechens kann die Strafe sogar als milde angesehen werden. Um die Besonderheiten und insbesondere einige „Nebenkomponenten" der deutschen Erinnerungspolitik zu verstehen, ist es jedoch äußerst wichtig, den Kontext zu betrachten.

Der eigentliche Sobibor-Prozess fand 1965–1966 in der deutschen Stadt Hagen statt und erregte im Gegensatz zum Demjanjuk-Prozess keine mediale Aufmerksamkeit. Fünf der zwölf Angeklagten wurden freigesprochen. Einer der Freigesprochenen war Demjanjuks unmittelbarer Kommandant, SS-Offizier Erich Lachmann, der der Beihilfe an der Ermordung von mindestens 150.000 Juden für schuldig befunden wurde. Das gleiche Verbrechen gegen 72.000 und 86.000 Menschen wurde zwei weiteren

---

115 Иосиф Цынман, Бабьи яры Смоленщины. Появление, жизнь и катастрофа Смоленского еврейства (Смоленск: Русь, 2001), 28–39.
116 Urteil der 1. Strafkammer des Landgerichts München II als Schwurgericht in der Strafsache gegen Demjanjuk, John, 12.05.2011, https://www.junsv.nl/cgi/t/text/text-idx?c=justizw;cc=justizw;rgn=div3;lang=de;view=text;idno=w49;node=w49%3A5.2.1.

Freigesprochenen zur Last gelegt. Alle Freisprüche basierten auf der Begründung „angeblicher Notstandssituation" (Putativnotstand, d. h. auf der Behauptung der Angeklagten, sie wären bestraft worden, wenn sie die Anordnungen nicht befolgt hätten). Diejenigen, die verurteilt wurden, erhielten meist drei bis vier Jahre Haft.[117] Nur der Kommandant von Sobibor, Karl Frenzel, wurde zu lebenslanger Haft verurteilt, wurde aber 1982 freigelassen, fast dreißig Jahre vor Beginn des Prozesses gegen Demjanjuk.

Von den zwölf Angeklagten im Sobibor-Prozess waren elf SS-Offiziere, und alle zwölf Deutsche. Zweifellos hatten sie einen weitaus größeren Handlungsspielraum als Demjanjuk, der als Kriegsgefangener aus der Roten Armee als Lageraufseher rekrutiert wurde (die Sterblichkeitsrate in deutschen Lagern für sowjetische Kriegsgefangene betrug fast 60 Prozent).[118] Demjanjuk war der erste verurteilte Lageraufseher in Nachkriegsdeutschland – bis dahin waren nur hochrangige Mitarbeiter wegen Kriegsverbrechen verurteilt worden.

Dieser Prozess hatte auch andere wichtige charakteristische Züge. So durften beispielsweise ehemalige Angehörige des KZ-Personals nach dem Urteil des Bundesgerichtshofs von 1969 nicht allein aufgrund ihrer administrativen Funktionen verurteilt werden (was die Grundlage für Verurteilungen nach dem Artikel „Beihilfe zum Mord" war) – es war erforderlich, die Fakten der von den Angeklagten begangenen konkreten Morde zu beweisen.[119] Diese Entscheidung blieb für die nächsten vierzig Jahre in Kraft und wurde erst zusammen mit dem Urteil gegen Demjanjuk aufgehoben. 2011 wertete die Öffentlichkeit die Entscheidung als „Durchbruch",

---

117 ADALBERT RÜCKERL, (Hrsg.), *NS-Vernichtungslager im Spiegel deutscher Strafprozesse* (München: Deutscher Taschenbuch Verlag, 1977), 84–86.
118 TIMOTHY SNYDER, *Bloodlands: Europa zwischen Hitler und Stalin* (München: C. H. Beck 2011), 188–194, ukr.: ТИМОТІ СНАЙДЕР, *Криваві землі: Європа поміж Гітлером та Сталіним* (Київ: Граві-Т, 2011), 184–190; KAREL C. BERKHOFF, *Harvest of Despair: Life and Death in Ukraine under Nazi Rule* (Cambridge Mass.: Harvard University Press, 2004), 89–113, ukr. *Жнива розпачу: Життя і смерть в Україні під нацистською владою*. Übersetzt aus dem Englischen von Taras Zymbal. (Kyjiw: Krytyka, 2011) 97–120.
119 THILO KURZ, *Paradigmenwechsel bei der Strafverfolgung des Personals in den deutschen Vernichtungslagern?*, Zeitschrift für Internationale Strafrechtsdogmatik 3 (2013): 125.

obwohl allen klar sein durfte, dass die Personen, die aus solchen Gründen verfolgt werden konnten, meist längst verstorben waren. Nur wenige der damals fünfzig in Deutschland lebenden ehemaligen Lageraufseher erschienen vor Gericht. Keiner dieser Prozesse fand so große mediale Aufmerksamkeit wie der Fall Demjanjuk, eine Aufmerksamkeit, die mit dem Auschwitz-Prozess in Frankfurt 1963–1965 vergleichbar ist, einem der bemerkenswertesten Nachkriegsprozesse gegen Personal der nationalsozialistischen Konzentrationslager (nach dem die öffentliche Meinung laut Meinungsumfragen gegen weitere Prozesse gegen Nazis war).[120]

Dass der Demjanjuk-Prozess kein „Durchbruch" sein konnte, wurde schon deutlich aus der Formulierung *„das letzte Urteil* über den Nationalsozialismus", mit der der Fall in die deutsche Öffentlichkeit trat.[121] Obwohl das Gericht keine konkreten Mordtaten nachwies, hatte der Richter keinen Zweifel daran, dass Demjanjuk „Teil der Tötungsmaschinerie" war.[122] Natürlich war er das. Nicht aus dem Urteil selbst, sondern aus dem begleitenden Kontext, insbesondere den Akzentsetzungen und der Selektivität der öffentlichen Aufmerksamkeit und Betroffenheit ergeben sich Probleme mit bestimmten Aspekten des deutschen öffentlichen Diskurses.

Nur sechs Monate nach der Verurteilung Demjanjuks fand sich München ein weiteres symptomatisches Ereignis statt. Anlässlich des sogenannten Volkstrauertages (eines im Dritten Reich eingeführten, nach dem Krieg umbenannten und „neudefinierten", aber nicht abgeschafften Feiertag) am 11. November 2011 fand im Garten der ehemaligen königlichen Residenz eine Gedenkveranstaltung statt. Organisiert wurde die Veranstaltung von der Bundeswehr und der Bundespolizei, unter den Anwesenden befand sich auch der bayerische Innenminister Joachim Hermann. Die Teilnehmer der Parade waren unter anderem Vertreter der

---

120 NINA BURKHARDT, *Rückblende: NS-Prozesse und mediale Repräsentation der Vergangenheit in Belgien und den Niederlanden* (Münster: Waxmann, 2009), 254.
121 RAINER VOLK, *Das letzte Urteil: Die Medien und der Demjanjuk-Prozess* (München: R. Oldenbourg Verlag, 2012).
122 ROBERT PROBST, LISA SONNABEND, *John Demjanjuk – verurteilt, aber frei*, Süddeutsche Zeitung, 13.05.2011, https://www.sueddeutsche.de/muenchen/muenchen-ns-kriegsverbrecherprozess-fuenf-jahre-haft-fuer-john-demjanjuk-1.1096164.

„Ordensgemeinschaft der Ritterkreuzträger". Das Ritterkreuz ist die höchste Stufe des Eisernen Kreuzes, der verdienstvollsten militärischen Auszeichnung Nazi-Deutschlands. Von den mehr als 3,5 Millionen Deutschen, denen dieser Orden im Zweiten Weltkrieg verliehen wurde, hatten nur 9.000 dessen Ritterwürde.[123] Nur zwei Kilometer von dem Gerichtsgebäude entfernt, in dem der Prozess gegen Demjanjuk stattfand, marschierten also andere prominente Mitglieder der „Tötungsmaschinerie", die die Auszeichnung zwischen 1939 und 1945 erhalten hatten, feierlich auf. Es gab keine Verhaftungen, und die Veranstaltung selbst fand in den Medien so gut wie keine Beachtung.[124]

Während der Besetzung der Ukraine wurden durch die Nazis 900.000 bis 1,5 Millionen ukrainische Juden getötet. Die meisten von ihnen wurden nicht in Todeslager deportiert, sondern an Ort und Stelle erschossen. Die direkten Täter der Hinrichtungen waren die sogenannten Einsatzgruppen, SS-Einheiten („Säuberungs"-Aktionen wurden normalerweise mit Unterstützung von Einheiten der „Hilfspolizei", die hier aus Ukrainern bestanden, durchgeführt).[125] Die Architekten und Teilnehmer der „Endlösung" waren zwar weit entfernt von der Front, aber nicht abgeneigt, ihre Uniformen mit dem Eisernen Kreuz, einem Orden für militärische Verdienste, zu schmücken. Es wurde getragen vom Hauptinspirator der Einsatzgruppen, Reinhard Heydrich, vom Oberbefehlshaber der Einsatzgruppen im Osten Friedrich Jeckeln, der für das Massaker in Babyn Jar verantwortlich war, außerdem vom direkten Vollstrecker, dem Befehlshaber der Einsatzgruppe C, Otto Rasch, der ebenfalls das Eiserne Kreuz erhielt.[126]

Wir wissen nicht genau, wie viele Mitglieder der Einsatzgruppe mit dem Eisernen Kreuz ausgezeichnet wurden und wofür

---

123 DIETER POHL, *Orden für Massenmord*, ZEIT Online, 05.06.2008, http://www.zeit.de/2008/24/Eisernes-Kreuz/komplettansicht.
124 ROBERT ANDREASCH, *Rechtsum im Hofgarten*, A.I.D.A. Antifaschistische Informations-, Dokumentations- und Archivstelle München e.V., 26.11.2011, https://www.aida-archiv.de/2011/11/26/rechtsum-im-hofgarten/.
125 TIMOTHY SNYDER, *The Reconstruction of Nations: Poland,Ukraine, Lithuania, Belarus, 1569-1999* (New Haven & London: Yale University Press, 2003), 154-178.
126 RONALD SMELSER U. A. (Hrsg.), *Die SS - Elite unter dem Totenkopf. 30 Lebensläufe* (Paderborn: Verlag Ferdinand Schöningh, 2000), 208-219, 267-275.

sie es erhielten. Dieter Pohl, einer der kompetentesten Experten für die Verbrechen der Einsatzgruppen in der Ukraine, sagt, dass es in Deutschland keine Untersuchung gibt, der man dies entnehmen kann.[127] Wir wissen nicht, ob Herbert Wahler, ein Mitglied der Einsatzgruppe C, die für Babyn Jar und andere Massenerschießungen in der Ukraine verantwortlich war, diese Auszeichnung erhalten hat. Wir wissen nur, dass er im September 2017 gesund und munter war, aber nie vor Gericht gestellt wurde. Gleiches gilt für seinen Einsatzgruppenkollegen Kurt Gosdek, der ebenfalls im September 2017 befragt wurde. Wahrscheinlich wird es weitere ähnliche Fälle geben.[128] Es ist erwähnenswert, dass das Eiserne Kreuz, das nach 1945 in Vergessenheit geriet, kurz vor dem Demjanjuk-Prozess (unter einem leicht veränderten Namen und ohne das Hakenkreuz in der Mitte) plötzlich wieder eingeführt und an Soldaten verliehen wurde.[129]

Natürlich sind sowohl der Prozess gegen Demjanjuk als auch der Trauerzug in München Ausnahmefälle, die nicht alle Tage vorkommen. Aber eine der unbestreitbaren Tendenzen im deutschen öffentlichen Diskurs besteht darin, Ukrainer mit Kollaborateuren der Nazis in Verbindung zu bringen, Russen hingegen mit Opfern und Siegern über das Nazi-Regime. Besonders deutlich wurde dies in der öffentlichen Debatte, die sich in Deutschland nach dem Maidan und der Krym-Annexion durch Russland entfaltete. Diese Tendenz sieht besonders fragwürdig aus, wenn man bedenkt, dass sich die Nazi-Aggression nicht primär gegen Russland richtete. Hitler plante, nicht mehr als zehn Prozent des russischen Territoriums zu erobern, besetzte de facto aber nur fünf.

---

127 DIETER POHL, *Orden für Massenmord*, ZEIT Online, 05.06.2008, http://www.zeit.de/2008/24/Eisernes-Kreuz/komplettansicht.
128 *Mutmasslich beteiligte SS-Angehörige bleiben ohne Strafe*, „Kontraste" [Fernsehsendung], Das Erste, 28.09.2017, http://www.daserste.de/information/politik-weltgeschehen/kontraste/videosextern/mutmasslich-beteiligte-ss-angehoerige-bleiben-ohne-strafe-104.html (unter dem ursprünglichen Link ist das Video bereits nicht mehr zugänglich, vgl.: https://www.youtube.com/watch?v=NtPm4FD7CFg).
129 *Erlass zur Neufassung des Erlasses über die Stiftung des Ehrenzeichens der Bundeswehr*, Bundesamt für Justiz, 18.09.2008, https://www.gesetze-im-internet.de/bwehrzerl-neuferl/BJNR192000008.html.

Gegenstand seiner kolonisatorischen Übergriffe waren tatsächlich die Gebiete *zwischen* Deutschland und Russland.[130] Natürlich behandelten die SS- und Polizeieinheiten Zivilisten brutaler als gewöhnliche Soldaten. Vielleicht liegt aber die Verantwortung für den Tod fast der meisten der mehr als drei Millionen Zivilisten, die während der Nazi-Besatzung der Ukraine getötet wurden, jedoch bei den „guten" Wehrmachtssoldaten. Timothy Snyder stellt fest: „Je größere Kontrolle die Wehrmacht über eine Bevölkerung ausübte, desto wahrscheinlicher hungerte sie."[131] Nur die Intensität der Kampfhandlungen an der Front (und die damit verbundene ständige Notwendigkeit, die Armee mit Lebensmitteln zu versorgen) sowie der Mangel an Ressourcen für ein so großes Gebiet mit einer so großen Bevölkerung hinderten die Nazis daran, die ursprünglichen Pläne in die Tat umzusetzen: die Ukraine in die größte deutsche Kolonie umzuwandeln, die Menschen teilweise durch Hunger zu töten, teilweise zu Sklaven zu machen.[132]

Natürlich stellen diese Umstände nicht die zahlreichen Fakten der Kollaboration seitens der ukrainischen Bevölkerung in Abrede, einschließlich der Beteiligung an den schrecklichen antijüdischen Pogromen, die im Sommer 1941 die Städte der Westukraine heimsuchten, für die, auch wenn sie tatsächlich von den Nazis inspiriert oder zumindest geduldet wurden, auch lokale Akteure und radikale ukrainische Nationalisten verantwortlich sind.[133] Wie

---

130 TIMOTHY SNYDER, *Black Earth: Holocaust as History and Warning* (New York: Tim Duggan Books, 2015), 11–28.
131 TIMOTHY SNYDER, *Bloodlands. Europa zwischen Hitler und Stalin* (München: C. H. Beck 2011) 188, ukr.: ТИМОТІ СНАЙДЕР, *Криваві землі: Європа поміж Гітлером та Сталіним* (Київ: Грані-Т, 2011), 184.
132 DIETER POHL, *Die Herrschaft der Wehrmacht: Deutsche Militärbesatzung und einheimische Bevölkerung in der Sowjetunion 1941–1944* (München: R. Oldenbourg Verlag, 2008), 65–86.
133 KAI STRUVE, *Deutsche Herrschaft, Ukrainischer Nationalismus, antijüdische Gewalt: Der Sommer 1941 in der Westukraine* (Berlin: De Gruyter, 2015), 230–245, 304–360, und die entsprechenden Seiten 200–213, 258–302 in der ukrainischen Ausgabe, *Німецька влада, український націоналізм, насильство проти євреїв: Літо 1941 року в Західній Україні.* Aus dem Deutschen von Natalja Komarova (Kyjiw: Duch i Litera, 2022). Dort finden sich auch weitere Hinweise auf aktuelle Literatur. Unter den ukrainischen Lesern zugänglichen Texten sind vor allem die Aufsätze von Marco Carynnyk und John-Paul Himka zu nennen (МАРКО ЦАРИННИК, *Золочів мовчить*, Критика, No 10 (2005); ДЖОН-ПОЛ ХИМКА,

unangenehm es auch sein mag, man muss sich damit auseinandersetzen. Und nicht wegen zusätzlicher Vorteile beim Beitritt zur Europäischen Union oder etwas anderem, sondern um die Erinnerung an die Toten zu bewahren und letztendlich um unser selbst willen. Gleichzeitig sollten die Deutschen verstehen, dass das Ausmaß der Zusammenarbeit der Ukrainer nicht über das hinausging, was in vielen anderen besetzten Ländern, einschließlich der besetzten Gebiete Russlands sich zutrug.[134] Und dass trotz des Hungers und Terrors in einem Ausmaß, das in den besetzten westeuropäischen Ländern unbekannt war, und trotz der im Westen ebenso unbekannten Bedrohung von Hinrichtungen von Familien es mindestens ein paar tausend Ukrainer riskiert haben, Juden zu verstecken, oft unterstützt durch die Solidarität lokaler Nachbarschaft, die die Nachbarn nicht anzeigte, selbst wenn jeder in ihrer Umgebung von den Verstecken wissen mochte.[135]

Und keine Kollaboration kann die elementare Tatsache annullieren, dass der Holocaust von den Nazis geplant und durchgeführt wurde, dass seine Brutalität in Osteuropa nicht auf die Verbreitung antisemitischer Vorurteile (die natürlich nicht geleugnet werden können) in der lokalen Bevölkerung zurückzuführen ist, sondern auf die besondere Brutalität der NS-Politik im Osten. Dass in Polen die schlimmsten Konzentrationslager und Vernichtungslager gebaut wurden, ist nicht die Schuld der Polen. Dass viele Ukrainer und Litauer unter den KZ-Aufsehern waren, liegt nicht an deren nationaler Eigenart, sondern an den entsprechenden Entscheidungen auf der Ebene der NS-Führung. Unter den gefangenen Soldaten der Roten Armee hätten ebenso erfolgreich auch Georgier und Armenier oder Moldauer und Kasachen für die Bewachung der

---

Львівський погром 1941-го: Німці, українські націоналісти і карнавальна юрба, Історична правда, 20.12.2012, http://www.istpravda.com.ua/research/2012/12/20/93550/).

134 Ярослав Грицак, Страсті за націоналізмом: стара історія на новий лад (Київ: Критика, 2011), 97–98.

135 Names and Numbers of Righteous Among the Nations – per Country & Ethnic Origin, as of January 1, 2018, Yad Vashem, https://www.yadvashem.org/righteous/statistics.html. – Die Zahl der ukrainischen „Gerechten unter den Völkern" ist im Vergleich zu anderen Ländern beeindruckend und spricht von großer Zivilcourage, die andere westeuropäische Länder übertrifft. Anm. d. Übers.

Konzentrationslager rekrutiert werden können. Wenn die Haftbedingungen der gefangenen Soldaten der britischen Armee denen in den Lagern für die Gefangenen der Roten Armee zumindest einigermaßen ähnlich gewesen wären, dann hätten die Nazis mit dem gleichen Erfolg vielleicht hauptsächlich Iren und Schotten oder auch Australier und Neuseeländer als Aufseher rekrutiert.

Selbst wenn wir die maximalen Schätzungen der Zahl der Ukrainer nehmen, die in den Polizei- und Militärstrukturen der Nazis dienten, wird die Zahl der Ukrainer, die *gegen* die Nazis gekämpft haben, dutzende Male höher sein (was im Gegensatz atypisch ist und nicht von vielen anderen Ländern, etwa Frankreich, gesagt werden kann).[136] Allein in den Streitkräften der Vereinigten Staaten, Kanadas und im polnischen Korps unter General Anders dienten mehr Ukrainer als in der SS und der Hilfspolizei[137]. Und die Zahl der Ukrainer in den Reihen der Roten Armee, die ihr Leben im Kampf gegen die Nazis ließen, übersteigt die Verluste der französischen, britischen und amerikanischen Soldaten *zusammengenommen*.[138] Für ihren Sieg über das Dritte Reich hat die Ukraine einen mehr als hohen Preis bezahlt. Dies zu vergessen und die Rolle der Ukrainer im Zweiten Weltkrieg ausschließlich auf Kollaboration zu reduzieren, ganz zu schweigen davon, Parallelen zwischen dem Phänomen der Kollaboration und der Post-Maidan-Ukraine zu ziehen, sollte eigentlich völlig inakzeptabel sein. Und dass es dafür im modernen Deutschland an Verständnis mangelt, ist vielleicht das deutlichste Beispiel für die Probleme, die die Wahrnehmung der Ukraine in der deutschen Gesellschaft betreffen.

Wenn es um kollektive Identitäten in historischer Perspektive geht, birgt jeder Versuch, die besonders schrecklichen Ereignisse

---

136 TIMOTHY SNYDER, *Germany's Historical Responsibility for Ukraine* (lecture held at the German Bundestag on 20.06.2017), https://www.youtube.com/watch?v=OTJw-CCAF2lA. Vgl. auch die dt. Textfassung, *Deutschlands historische Verantwortung für die Ukraine*, Ukraineverstehen, https://ukraineverstehen.de/synder-deutschlands-historische-verantwortung-ukraine/.

137 ВЛАДИСЛАВ ГРИНЕВИЧ, *Український вимір війни та пам'яті про неї*, Сучасні дискусії про Другу світову війну (Львів: Нова доба, 2012).

138 TIMOTHY SNYDER, *Germany's Historical Responsibility for Ukraine* (lecture held at the German Bundestag on 20.06.2017), https://www.youtube.com/watch?v=OTJw-CCAF2lA.

der Vergangenheit mit der Gegenwart zu verknüpfen, potentielle Risiken. Es besteht die Gefahr, Moral und Politik auf Schuldzuweisungen zu gründen. Und sogar auch auf Schuldzuweisungen gerichtet an Nachkommen (und nicht bloß an die unmittelbaren Täter). Es eröffnet sich die Möglichkeit, sich mit den Opfern von Verbrechen zu identifizieren, die uns nicht persönlich betroffen haben. Die Konstruktion eines kollektiven Traumas kann hierbei die Ausmaße eines Grundelements nationaler Identität erreichen. Betrachtet man die problematischen Aspekte, wie die Ukraine in den zeitgenössischen Debatten in Deutschland dargestellt wird, vor dem Hintergrund der ukrainischen Erfahrungen des Zweiten Weltkriegs, so dürfen wir nicht vergessen, dass die Ukrainer nicht Gegenstand ethnischer Säuberung vom Ausmaß des Holocausts waren, und dass von den Sowjetrepubliken Belarus prozentual den größten Bevölkerungsverlust erlitt und nicht die Ukraine. Der Hauptgrund für den Tod so vieler Ukrainer in der Roten Armee war weniger individuelles Heldentum aufgrund einer bewussten Erfüllung ihrer historischen Mission als vielmehr die Bereitschaft des sowjetischen Kommandos, nicht auf die menschlichen Verluste zu schauen. Wahrscheinlich hatte der Kampf gegen den Nationalsozialismus für viele Soldaten der Roten Armee in der Tat eine starke persönliche Motivation, die vor der Mobilmachung entstand oder während der Kämpfe aufgetreten sein könnte – aufgrund des Verlustes von Kameraden oder aufgrund dessen, was im befreiten Gebiet gesehen wurde. Millionen von Ukrainern traten jedoch der Roten Armee bei, nicht aufgrund einer freiwilligen Entscheidung, sondern infolge der Kriegsmobilisierung. Und schließlich sollte die große Zahl der Toten ein Grund zur Trauer sein, und nicht für Stolz und schon gar nicht als ideologische Grundlage für jetzige Politik.

Zusammengefasst, der mangelnden Wahrnehmung und Kenntnis der Geschichte der Ukraine in Deutschland und anderswo korrespondiert ein oft fantastisches Spiel von Vorurteilen, das sich sehr spürbar auf die Gegenwart auswirkt. Diese Situation muss so schnell wie möglich korrigiert werden und ist in vielerlei Hinsicht für Deutschland ebenso wichtig wie für die Ukraine.

Erinnerungspolitik: Nach deutschem Muster

So kam es, dass die ukrainische Ausgabe dieser ursprünglich für westliche, insbesondere deutsche, Leser bestimmten Untersuchung früher das Licht der Welt erblickt. Das ermöglichte es, noch einige Überlegungen hinzuzufügen.

Wenn es nach mir ginge, hätte ich dieses Thema ganz umgangen. Die traumatischen Aspekte der Vergangenheit sollten am besten Historikern überlassen und möglichst aus der Politik herausgehalten werden – allerdings ist dies wohl eine unerreichbare Utopie in einer Situation, in der sie längst zum politischen Schlachtfeld geworden sind. Tatsächlich habe ich keine Ahnung, wie ich dieses Thema ansprechen soll, ohne starke und in gewissem Maße kontraproduktive Emotionen zu berühren.

Es ist möglich, dass der beste Weg, Wunden zu heilen, darin besteht, sie in Ruhe zu lassen und sie nicht zu aufzureißen. Zumindest ist die heute im Westen vorherrschende Position zu historischen Traumata nicht unproblematisch. Dies sollte eigentlich klar sein, aber im gegenwärtigen intellektuellen Klima entgleitet ein elementarer Umstand ständig der Aufmerksamkeit – historische Traumata, die Erinnerung an tragische Ereignisse der Vergangenheit sind keineswegs etwas „Natürliches", sondern das Produkt von komplexer vielschichtiger Kulturarbeit.[139] Selbst Menschen, die Massaker, Hungersnöte und Kriege persönlich erlebt haben, ziehen es oft vor, die entbehrungsreiche Vergangenheit einfach zu vergessen. Auf jeden Fall ist die Erinnerung an sie nicht immer vollständig, wahllos, objektiv.[140] Was soll man dann erst über später geborene Menschen sagen – sie können einfach kein persönliches

---

139 JEFFREY C. ALEXANDER, *Toward a Theory of Cultural Trauma*, Cultural Trauma and Collective Identity, eds. Jeffrey C. Alexander et al. (Berkeley: University of California Press, 2004), 1–27.
140 Zu den Diskussionen um den Einfluss traumatischer Erfahrung in der zeitgenössischen Psychologie vgl.: RICHARD J. MCNALLY ET AL., *Forgetting Trauma?*, Memory and Emotion, eds. Daniel Reisberg, Paula Hertel (New York: Oxford University Press, 2004), 129–149; JACINTA M. OUTLON, MELANIE K. T. TAKARANGI, *(Mis)remembering negative emotional experiences*, False and Distorted Memories, eds. Robert A. Nash, James Ost (London and New York: Routledge 2017), 9–20.

„natürliches" Gedächtnis haben, geschweige denn die Rolle von Zeugen oder sogar Teilnehmern beanspruchen.

Und so sensibel, differenziert und durchdacht die Erinnerungspolitik hinsichtlich dieser oder jener historischen Tragödie auch sein mag, sie scheint stets die archaischsten Schichten des kollektiven Bewusstseins anzutasten. Wir können beispielsweise noch so oft sagen, wie wir wollen, dass es der heutigen Generation nicht um individuelle Schuld, sondern um kollektive Verantwortung geht, aber aufgrund der emotionalen Belastung und angesichts der herausragenden Rolle, die die Erinnerungspolitik in vielen Ländern des heutigen Westens spielt, können in der Praxis, insbesondere wenn es um kontroverse und aktuelle Themen geht, solche Unterscheidungen sehr schnell verwischt werden. Es ist nicht einfach, die Konstruktion kollektiver Identitäten von jenen Elementen zu befreien, deren Funktion als „mythenbildend" bezeichnet werden kann. Diejenige Ebene des Bewusstseins, die ihre stärkste Basis ist, neigt dazu, jedes rationale Argument an die Eigenheiten seines eigenen Systems anzupassen. Vielleicht lässt sich dies am besten durch psychoanalytische Untersuchungen zur Massenpsychologie erklären, wonach, in Sigmund Freuds Terminologie, die Instanz des Über-Ichs dazu neigt, sich mit dem Unbewussten zu „verbünden".[141] Es ist unmöglich, es „per Dekret" zu zähmen. Das Unbewusste ist in der Lage, differenzierte rationale Argumentationen völlig zu verleugnen. Syllogismen wie „(1) Deutsche (Ukrainer) haben Juden getötet, (2) Sie sind Deutscher (Ukrainer), also (3) sind Sie für die Morde verantwortlich" sind durchaus in der Lage, auf der Ebene des kollektiven Bewusstseins zu funktionieren. Auch die jüngere Generation ist daher vor der Wirksamkeit dieses fehlerhaften Syllogismus nicht gefeit.

Das vielleicht größte Problem heutiger Erinnerungspolitiken besteht darin, dass sie weiterhin kollektive Identitäten auf der Ebene ethnischer Gruppen konstruieren. Womöglich kann dieses Konstruieren prinzipiell nicht überwunden werden, solange Nationalstaaten die wichtigsten Legitimitätsquellen in der heutigen

---

141 SIGMUND FREUD, *Das Ich und das Es*, Gesammelte Werke, Bd. XIII (Frankfurt am Main: S. Fischer Verlag, 1967), 264–267.

Welt bleiben,[142] und es ist unwahrscheinlich, dass sich in naher Zukunft daran etwas ändern wird – zumindest ist kein überzeugendes nicht-utopisches Bild einer solchen Welt heute zu sehen. Die Methode der Rekonstruktion nationaler Identität, die wir aus Nachkriegsdeutschland kennen, ist jedoch keineswegs die schlechteste. Die unglücklichste Option wäre der Versuch, einen ukrainischen Opfermythos zu konstruieren, der dem ukrainischen Volk zuschriebe, ständiges Opfer äußerer Kräfte zu sein, die durch die Reinheit und Unschuld ihrer Opfer zu Aggressionen provoziert werden. Obwohl ein solcher Mythos ein bestimmtes Opfervolk als etwas Einzigartiges und absolut Präzendenzloses postuliert, ist er längst „typisch" geworden. Selbst wenn wir davon ausgehen würden, dass die Konstruktion einer nationalen Identität notwendig ist und auf bestimmten Mythen beruhen sollte, ist die Opferkonstruktion nicht nur nicht die einzig mögliche, sondern vor allem nicht die bestmögliche. Neben vielen anderen negativen Folgen impliziert sie ein kollektives Alibi, das in die Vergangenheit projiziert wird, aber für die Gegenwart bestimmt ist – als ob „unsere" vergangenen Leiden jede unserer Handlungen in der Gegenwart rechtfertigten, sie heiligten und sie vor Kritik schützten.

Es wäre nicht besser zu behaupten, den Deutschen sei angeblich eine Art irrationale „Ukrainophobie" eigen, bis hin dazu, absurde und absolut verrückte Analogien zwischen der heutigen deutschen Gesellschaft und dem Dritten Reich zu ziehen. Bei allen Mängeln der historischen Erinnerungspolitik im modernen Deutschland kann sie als Basis dazu dienen, die hier diskutierten weißen Flecken auf der mentalen Landkarte Osteuropas zu füllen.

Es ist sinnlos zu leugnen, dass historische Tragödien, die frühere Generationen erlebt haben, sich auf die heutigen Generationen auswirken. Daher kann es sehr nützlich sein, die deutsche Praxis zu übernehmen, die „große Geschichte" durch das Prisma der persönlichen Erfahrung der eigenen Eltern und Großeltern zu betrachten. Es ist viel einfacher, dem Dritten Reich bei der

---

142 Zur Neigung von Nationalstaaten, ihre Legitimität auf dem Grund ethnischer Gemeinschaften aufzubauen, vgl.: ARASH ABIZADEH, *On the Demos and Its Kin: Nationalism, Democracy, and the Boundary Problem*, American Political Science Review 106, no. 4 (2012): 867–881.

geringsten Gelegenheit die Schuld zu geben, indem man sich selbst als „Antifaschist" bezeichnet, als beispielsweise die schmerzhafte Erfahrung zu machen, sich mit den Details der Biografie des eigenen Großvaters auseinanderzusetzen, der SS-Offizier war, so kennen wir es aus dem Werk Martin Pollacks.[143] Natürlich wird es für die meisten modernen Ukrainer um Verwandte in der Roten Armee gehen, nicht um Nazi-Kollaborateure. Fast jede ukrainische Familie wird schmerzhafte Familiengeschichten haben, nicht nur aus dem Zweiten Weltkrieg, sondern auch aus den Zeiten des Holodomor und der stalinistischen Repressionen. Wie ist mit diesem Erbe umzugehen? Es ist möglich, den Weg zu beschreiten, die Rolle eines Opfers zu konstruieren, alle Probleme der Gegenwart mit historischen Missständen zu erklären, sich also auf die Vergangenheit zu konzentrieren, anstatt sie zu überwinden. Oder man kann sich darauf konzentrieren, die Vergangenheit durch sorgfältige, auf die Zukunft gerichtete Arbeit zu entschärfen, die Verantwortung für das eigene Handeln hier und jetzt zu übernehmen, anstatt das eigene Versagen mit einem schrecklichen Erbe zu rechtfertigen. Unabhängig von den realen negativen Folgen ist das historische Erbe kein unüberwindbares Fatum und darf keinesfalls als Grundlage für eine „bequeme", äußerst selektive und ziemlich infantile Einschränkung der eigenen Willensfreiheit dienen.

Das Problematische an der in der Ukraine üblichen Erinnerungspolitik hat inzwischen einen solchen Umfang und eine solche Vielseitigkeit angenommen, dass ihre detaillierte Betrachtung den Rahmen dieser Analyse sprengen würde. Zwei Dinge sind jedoch festzuhalten. Erstens schaffen die weißen Flecken auf den dominierenden mentalen Landkarten sowie andere westliche Vorurteile gegenüber der Ukraine keinen größeren Problemen für die Verständigung und den Aufbau von Solidarität mit der heutigen ukrainischen Gesellschaft als die eigene, bereits gesetzlich implantierte ukrainische Erinnerungspolitik.[144] Zweitens ist keine westliche Linke

---

143 Vgl. MARTIN POLLACK, *Der Tote im Bunker. Bericht über meinen Vater*. Wien: Zsolnay, 2004, ukrainische Übersetzung von Nelia Vakhovska: МАРТІН ПОЛЛАК, *Мрець у бункері: Історія мого батька* (Чернівці: Книги-XXI, 2014).
144 КИРИЛО ТКАЧЕНКО, *Закони істини: 2558, 2538*, Політична Критика, 12.04.2015, https://politkrytyka.org/2015/04/12/zakony-istyny-2558-2538/.

in der Lage, dem Ansehen der Post-Maidan-Ukraine mehr Schaden zuzufügen als die ukrainische extreme Rechte. Beide Punkte, das Problematische einer etablierten Erinnerungspolitik und die Fähigkeit der ukrainischen Gesellschaft, die radikale Rechte zu tolerieren, hängen miteinander zusammen.

Die Attraktivität des in der ukrainischen Gesellschaft vorherrschenden Mythos der OUN-UPA ist nachvollziehbar. Nach dieser Interpretation sind sie Helden, die mit Waffen in der Hand für eine unabhängige Ukraine kämpften und es wagten, die beiden schrecklichsten totalitären Regime herauszufordern – das Dritte Reich und die Stalins UdSSR. Im Rahmen des vorherrschenden Mythos waren die Opfer dieses Kampfes nicht umsonst – das vergossene Blut befruchtete den Boden, auf dem die unabhängige Ukraine entstand. Derselbe Mythos besagt, dass die OUN-UPA für eine demokratische Ukraine kämpfte, in der die bürgerlichen Freiheiten nicht von der ethnischen Zugehörigkeit ihrer Bürger abhängen würden. Schließlich ist für die Apologeten dieses Mythos die Zusammenarbeit der ukrainischen radikalen Nationalisten mit dem Dritten Reich nichts anderes als eine dreiste Lüge der Kreml-Propagandisten.

Wie die meisten historischen Mythen ist der Mythos der OUN-UPA nicht ohne einen gewissen sachlichen Anhalt. In der Tat können viele Zitate aus offiziellen Dokumenten ukrainischer radikaler Nationalisten, vor allem ab 1943, sowie die unwiderlegbaren Fakten, dass die deutschen Nationalsozialisten gegen die Führung der ukrainischen Nationalisten Repressionen ausübten, zur Begründung dieses Mythos benutzt werden. Das Problem ist jedoch, dass die heute vorherrschende Vorstellung von der OUN-UPA nicht nur im funktionalen, sondern auch im semantischen Sinne ein „Mythos" ist. Um ihn zu stützen, werden im Grunde nicht nur die am besten geeigneten Elemente ausgewählt, sondern auch ganze Schichten historischer Fakten eliminiert. So enthält das 1943 beschlossene Programm der OUN-B viele demokratische Elemente,[145] und gleichzeitig waren in jenem Jahr die Kämpfe der Angehörigen

---

[145] Георгій Касьянов, *До питання про ідеологію Організації українських націоналістів* (Київ, 2003), 29–33.

der UPA gegen die Deutschen ziemlich heftig (gründliche Forschung zu diesem Thema fehlt noch, aber es lässt sich sagen, dass nach Einschätzungen John-Paul Himkas die Deutschen 1943 in Kämpfen mit der UPA bis zu dreitausend Soldaten verloren).[146] In demselben Jahr fanden die schrecklichsten Kriegsverbrechen ukrainischer Nationalisten statt: die ethnischen Säuberungen in Wolhynien, die hauptsächlich Polen trafen (aber auch ukrainischsprachige Katholiken, Mitglieder gemischter Familien und Juden, die das Glück hatten, das Massaker durch die Nazis von 1942 zu überleben). Eine detaillierte Erklärung der antipolnischen Aktionen der UPA führt uns wiederum zur Frage der Zusammenarbeit zwischen ukrainischen radikalen Nationalisten und den Nazis. Soweit ich weiß, war der erste, der eine solche Erklärung zum ersten Mal lieferte, der amerikanische Historiker Timothy Snyder. Warum fanden die Völkermordaktionen von 1943 in Wolhynien statt und nicht in Galizien, wo radikale ukrainische Nationalisten vor dem Krieg eine stärkere Position hatten? Snyder erklärt dies mit den Praktiken der nationalsozialistischen Verwaltung in den besetzten Gebieten, die zu Differenzen bei der Ausführung der „Endlösung" in der Westukraine führte. Während Galizien dem sogenannten Generalgouvernement unterstellt war, war Wolhynien Teil des Reichskommissariat Ukraine. Entsprechend unterschiedlich waren die Mittel zur Vernichtung der Juden. In Galizien wurden sie meist an Orte wie Auschwitz deportiert, in Wolhynien dagegen auf der Stelle erschossen. Die meisten wolhynischen Juden wurden 1942 vernichtet. Die direkten Ausführenden der Erschießungen waren, wie bereits erwähnt, Deutsche, Mitglieder der Einsatzgruppen. An den vorbereitenden Maßnahmen aber war die aus einheimischen Ukrainern bestehende Hilfspolizei beteiligt, bei der Umzingelung, der Ansiedlung, beim Herbeilocken von Juden unter falschem Vorwand an den Hinrichtungsort und so weiter. Die Führer beider OUNs ermutigten aktiv die Mitglieder ihrer Organisationen, die von den Nazis geschaffenen Marionettstrukturen zu infiltrieren. Als die OUN Anfang 1943 beschloss, die Ukrainische Aufständische Armee (UPA) zu gründen, floh fast die Hälfte der Polizei

---

146 E-Mail John-Paul Himkas an die Adresse des Autors vom 20. Mai 2014.

Wolhyniens in die Wälder. Sie bildeten das Rückgrat der UPA. Fasst man die Forschungsergebnisse von Timothy Snyder und John-Paul Himka zusammen, so lässt sich argumentieren, dass die ehemaligen Nazi-Kollaborateure in Wolhynien den Polen 1943 das antaten, was sie 1942 mit und von den Nazis gelernt hatten.[147]

Timothy Snyder ist nicht nur ein anerkannter Historiker, sondern auch ein leidenschaftlicher Fürsprecher der Ukraine. Es gibt keinen Grund, ihm „Ukrainophobie" vorzuwerfen. Himka ist ein Amerikaner ukrainischer Abstammung, der der OUN-UPA zunächst unkritisch gegenüberstand. Er selbst versuchte, die Beteiligung ukrainischer Nationalisten an Kriegsverbrechen zu leugnen, und dies veranlasste ihn, sich mit dem Thema gründlicher zu beschäftigen. Seine bisherige Position als Ergebnis sorgfältiger, gewissenhafter Recherchen zu revidieren, fiel ihm sichtlich nicht leicht. „Die Lektüre der Originalquellen bescherte mir schreckliche Alpträume", gab er in seinen Erinnerungen zu.[148] Die Beschreibungen der Einzelheiten der ethnischen Säuberung in Wolhynien sind in der Tat nichts für schwache Nerven. Für mich selbst war die Bekanntschaft mit den Werken von Timothy Snyder, Marco Carynnyk, John-Paul Himka, Dieter Pohl und Kai Struve nicht einfach, obwohl ich mir damals keine Illusionen mehr über die ukrainischen „integralen" Nationalisten[149] der 1930er bis 1940er Jahre machte. Anders gesagt, ich kann den vorherrschenden Wunsch verstehen, die dunklen Seiten der Geschichte der ukrainischen Nationalbewegung zu leugnen (insbesondere vor dem Hintergrund der aggressiven antiukrainischen Kreml-Propaganda). Aber mir ist nicht

---

147 TIMOTHY SNYDER, *The Causes of Ukrainian-Polish Ethnic Cleansing 1943*, Past & Present 179 (May 2003): 197–234; TIMOTHY SNYDER, *"To Resolve the Ukrainian Problem Once and for All": The Ethnic Cleansing of Ukrainians in Poland, 1943–1947*, Journal of Cold War Studies 1, no. 1 (Spring 1999): 93–100; JOHN-PAUL HIMKA, *Collaboration and or Resistance: The OUN and UPA during the War*, Paper prepared for the Ukrainian Jewish Encounter Shared Narrative Series: Conference on Issues Relating to World War II, Potsdam 27–30 June 2011.

148 JOHN-PAUL HIMKA, *Interventions: Challenging the Myths of Twentieth-Century Ukrainian History*, The Convolutions of Historical Politics, eds. A. Miller and M. Lipman (Budapest: CEU Press, 2012), 227.

149 Der Begriff „Integraler Nationalismus" ist ein Ende der 1920er Jahre aufgekommener Begriff, der als Fremdbezeichnung auch für die Ideologie der OUN verwendet, von dieser aber nie geschätzt wurde. Anm. d. Übers.

weniger klar bewusst, dass eine solche Leugnung von einer äußerst infantilen, antirationalen Haltung zeugt. Ein verantwortlicher Ansatz wäre, zu akzeptieren, dass bestimmte historische Fakten unsere Erwartungen nicht erfüllen, und zu erkennen, dass dies keine irreparable Tragödie ist. Wir sind nicht mehr in der Lage, das Geschehene zu beheben. Aber wir sind in der Lage, unsere Einstellung zur Vergangenheit auf der Grundlage unserer eigenen ethischen Entscheidungen zu formen. Die wirklichen Probleme, die absolut keine Phantome sind, entstehen hier und jetzt, und weniger auf Grund der Geschichte an sich als vielmehr in Folge unserer Unfähigkeit, sie in ihrer ganzen Komplexität zu akzeptieren, die für uns unangenehmsten Ereignissen inbegriffen. Unsere Gesellschaft hat keine andere Wahl, als die Schale der süßen Mythen zu durchbrechen und den Prozess der Konfrontation mit der vollen historischen Realität zu durchlaufen.

Die gesetzliche Verankerung des hier kritisierten Modells des historischen Gedächtnisses bedeutet, die extreme Rechte zu legitimieren. Kein „Russia Today", geschweige denn irgendwelche marginale Fans von Aleksij Mozgovoy, werden dem Image der Ukraine im Westen mehr schaden als ein weiterer Fackelzug mit Porträts des Leiters einer Organisation, die die Ukraine als eine monoethnische Einparteien-Führerdiktatur herbeisehnte, Aufmärsche zu Ehren einer berüchtigten SS-Division oder weitere Angriffe der Rechtsradikalen auf Roma, Homosexuelle, eine Kunstausstellung, Teenager mit „nicht korrekt" gefärbten Haaren oder eben linke Aktivisten, deren Recht auf freie Meinungsäußerung das Gesetz ebenso schützen muss wie die Rechte aller anderen ukrainischen Bürger. Und das Problem ist nicht die Präsenz von Rechtsradikalen an sich (von denen es in Deutschland vielleicht nicht weniger gibt als in der Ukraine), sondern ihre Straflosigkeit, die Hilflosigkeit des Staates und die Bereitschaft auch des schwachen, aber in der ukrainischen Gesellschaft dennoch präsenten liberalen Segments, die extreme Rechte zu tolerieren, bei ihren Straftaten die Augen zu schließen oder sie bestenfalls als „Kreml-Provokationen" zu interpretieren. Die konsequente strafrechtliche Verfolgung rechtsextremer Straftäter könnte zur Verständigung zwischen der Ukraine und Deutschland wahrscheinlich ein Vielfaches mehr beitragen als ein Dutzend Bücher wie dieses.

Kapitel III
Die Abhängigkeit von der Tradition

Linkssein und Tradition?

Diejenigen, die auf die Unterschiede zwischen dem Nationalismus und der linken Bewegung als politische Kräfte hinweisen, verweisen oft auf die Theoriearmut des Nationalismus im Vergleich zur starken linken intellektuellen Tradition. Sie sagen, dass, obwohl der Nationalismus als umfassendes Phänomen entgegen einigen allzu optimistischen Prognosen nicht der Vergangenheit angehört und immer noch die Politik vieler Länder beeinflusst, es den Ideologen des Nationalismus nicht gelungen ist, zumindest einen respektablen Beitrag zur Entwicklung der Geisteswissenschaften zu leisten.
[150] Natürlich ist eine solche Interpretation aufgrund einer etwas engen Interpretation des Nationalismus anfällig für Kritik, sie schließt viele einflussreiche Denker aus, deren Position sich nicht auf die Rolle von Wortführern und Ideologen der politischen Rechten reduzieren lässt. Außerdem impliziert bereits die Unterscheidung zwischen „Wissenschaft" und „Ideologie" in einer solchen Interpretation eine übermäßige Vereinfachung. Tatsache ist, dass diese Konzepte auf zwei unterschiedliche Aspekte desselben Werks hinweisen können, oder mehr noch – ein und derselbe Autor kann sowohl der nationalistischen als auch der linken Tradition angehören. Eine solche Interpretation erfasst jedoch gleichzeitig wichtige Aspekte der westlichen akademischen Welt (zumindest nach dem Zweiten Weltkrieg) und hebt ein spezifisches Charakteristikum des Nationalismus hervor, seine scheinbar unüberwindliche theoretische Schwäche vor dem Hintergrund seines enormen Erfolgs als politische Bewegung.

Und auch wenn der Nationalismus als Theorie schwach bleibt, wird der für seine Vertreter grundlegende Begriff der Tradition zu

---

150 BENEDICT ANDERSON, *Erfundene Nationen: Zur Karriere eines erfolgreichen Konzepts* (Frankfurt u. a., Campus, 2., um ein Nachw. erw. Aufl. der Neuausg. 1996, 2005), 14–15, ukr.: БЕНЕДИКТ АНДЕРСОН, *Уявлені спільноти: Міркування про походження й поширення націоналізму* (Київ: Критика, 2001), 19–20.

Recht primär mit dem Nationalismus in Verbindung gebracht und gehört nicht zu den konzeptionellen Grundlagen linker Theorie. Auch der Einfluss poststrukturalistischer Ideen mit ihrer Betonung von „Identitäten" hat hier keine einschneidenden Veränderungen bewirkt. In den Texten linker Theoretiker taucht Tradition immer noch eher als Gegenstand der Kritik auf. Wie in vielen anderen Fällen ist es jedoch wichtig, Erklärungen von anderen Aspekten des Verhaltens zu unterscheiden. Hier können wir einen wichtigen performativen Widerspruch konstatieren, der für die linke Bewegung eine formierende Funktion erhält. Die Abhängigkeit von Tradition und davon abgeleiteten Identitätsfragen strukturieren, trotz des geringeren Stellenwerts dieser Konzepte auf der Theorieebene, die linke Bewegung auf der Ebene der politischen Praxis und sind für sie prägend. Linkssein kann von dieser Abhängigkeit nicht befreit werden, ohne ihre Bedeutung zu verlieren.

Gleichzeitig sei darauf hingewiesen, dass eine Bestätigung dieser These dazu anregen sollte, das etablierte Bild der Unterscheidung zwischen der linken und rechten Bewegung zu revidieren. Möglicherweise haben wir es hier mit einem der charakteristischsten blinden Flecken der modernen Geisteswissenschaften zu tun. Auch wenn Emile Durkheim vor mehr als hundert Jahren gelehrt hat, theoretische Konstruktionen nicht auf Begriffe aufzubauen, die der Praxis entlehnt sind,[151] so spiegelt sich doch womöglich solch ein Kategorienschmuggel in der allgemein akzeptierten Kartierung des politischen Raums zwischen dem linken und dem rechten Pol wider. Ein möglicher Grund ist, dass die Analyse, selbst wenn sie wissenschaftlich zu sein beansprucht, von den eigenen politischen Überzeugungen des Forschers beeinflusst wird. In manchen Fällen ist die Motivation der Analyse durch eigene politische Überzeugungen eine bewusste Entscheidung, die innerhalb der jeweiligen theoretischen Konstruktion reflektiert und begründet wird. Einige Gegenstände der Geisteswissenschaften eignen sich möglicherweise grundsätzlich nicht für eine neutrale Interpretation. Es ist

---

151 EMILE DURKHEIM, *Les Règles de la méthode sociologique* (Chicoutimi: Les Classiques des Sciences Sociales, 1967), 60–62, dt. Ausgabe: *Die Regeln der soziologischen Methode* (Frankfurt am Main: Suhrkamp, 1984), 138–140.]

sogar möglich, dass das eigentliche Ideal der wissenschaftlichen Neutralität nicht getrennt gedacht werden kann von einem breiteren System von Ansichten, welches eine bestimmte politische Vision impliziert. Das Problem des Einflusses der eigenen politischen Überzeugungen des Forschers auf die politische Analyse zu erkennen, bedeutet nicht, es zu beseitigen. Dies ist ein Dauerproblem, das wir bei der Analyse der Sphäre der Politik (unter Berücksichtigung der traditionellen Kartierung des politischen Raums usw.) immer wieder berücksichtigen müssen.

Die erste geopolitische Wende

Um die neuesten Tendenzen in den Kreisen der radikalen Linken zu betrachten, wurde im ersten Teil dieser Analyse der Begriff *geopolitische Wende* verwendet. Auch wenn diese Tendenz im Kontext der sogenannten „Ukraine-Krise" besonders ausgeprägt ist, ist sie nicht neu. Tatsächlich hat sie eine mehr als hundertjährige Geschichte mit ihren eigenen Objekten der Hingabe und des Hasses. Sie wurde durch die bolschewistische Revolution von 1917 eingeleitet, die sowohl der größte Sieg als auch die offensichtlichste historische Niederlage der radikalen Linken war.

Bis 1917 hat Russland nicht die Sympathie der westlichen radikalen Linken auf sich gezogen. Im Gegenteil: Aufgrund der entscheidenden Rolle des zaristischen Russlands bei der Durchsetzung des monarchisch-konservativen Systems in Europa nach dem Sieg über Napoleon und insbesondere aufgrund der Interventionen zur Unterdrückung der Revolutionen von 1848 wurde das Russische Reich für die westliche Linke zum „Gendarmen Europas" – zum Anführer der konterrevolutionären Kräfte und zum Feind des Fortschritts. Im Allgemeinen ist dies eine richtige Einschätzung, aber oft nahmen die kritischen Bemerkungen von Autoren der klassischen Linken eine ziemlich scharfe Form an, manchmal enthielten sie sogar offen abfällige Spekulationen über das Wesen des russischen Volkes.[152] Übrigens haben sich die Klassiker des Marxismus

---

152 KARL MARX, *Enthüllungen der diplomatischen Geschichte des 18. Jahrhunderts* (Frankfurt: Suhrkamp, 1981), 115, 126.

in ihrer Argumentation über andere slawische Volksgruppen auch nicht die Mühe gemacht, taktvoll zu sein. So sprach Friedrich Engels von den Serben nicht anders als von „Kopfabschneidern", und die vielleicht die erste Erwähnung von Ukrainern in den Zeitschriften der westlichen Linken charakterisierte sie als mit „Pistolen, Dolchen, ellenlangen Messern" bewaffnete Banditen.[153] Der heutige Leser wird von solchen Passagen nicht sonderlich amüsiert sein. Allerdings ist zu bedenken, dass sie aus der Blütezeit rassistischer Theorien stammen, vor deren Hintergrund die linken Autoren der zweiten Hälfte des 19. Jahrhunderts nicht allzu schlecht dastehen. Besonders bemerkenswert für unser Thema ist, dass zu jener Zeit die außenpolitischen Leitlinien der Linken in vielerlei Hinsicht fortschrittlicher waren als die vorherrschende öffentliche Meinung. So unterstützten beispielsweise die linken Kräfte die Unabhängigkeit Polens viel deutlicher als der Mainstream. Wenn wir berücksichtigen, dass die Verwirklichung des Projekts eines unabhängigen Polen die gleichzeitige Abtrennung von Gebieten in Preußen, Österreich-Ungarn und Russland bedeutete, so war dies eine Unterstützung für eine ziemlich radikale Idee. Wenn wir nach einem ungefähren Gegenstück zur künftigen geopolitischen Fixierung der radikalen Linken suchen, dann kann in der zweiten Hälfte des 19. Jahrhunderts allenfalls die polnische Nationalbewegung eine solche Rolle beanspruchen (entsprechend kann das zaristische Russland als größter Feind der polnischen Bewegung die Rolle des Hauptvorläufers der negativen Fixierung für sich beanspruchen). Wie dem auch sei, es sollte noch einmal betont werden, dass die westliche Linke bis 1917 keine wirklich positiven Gefühle gegenüber Russland hegte.

Und es war das Schicksal Polens, das die erste wirkliche geopolitische Wende der westlichen radikalen Linken verursachte. Nach der Februarrevolution erlangte Polen schließlich seine Unabhängigkeit, die jedoch gegen bolschewistische Interventionen

---

[153] ROMAN ROSDOLSKY, *Engels and the "Nonhistoric" Peoples: The National Question in the Revolution of 1848* (Glasgow: Critique Books, 1986), 47–48, 72, dt. Ausgabe: *Zur nationalen Frage: Friedrich Engels und das Problem der „geschichtslosen" Völker* (Berlin: Olle & Wolter, 1979 = Nachdruck aus: Archiv für Sozialgeschichte, Bd. 4, 1964), 58 Anm. 20.

verteidigt werden musste. Die Situation war so, dass die Soldaten der Roten Armee, die versuchten, die Unabhängigkeit Polens zu unterdrücken, überwiegend Russen waren. Schon 1920 zeichnete sich für die westliche radikale Linke eine Konstellation ab, in der die selbsternannten Befreier der Menschheit einen Teil der Menschheit eindeutig gegen ihren Willen „befreien", und die chauvinistische Komponente im Handeln der „Befreier" war ganz offensichtlich.

Wie ist der Krieg zwischen Polen und dem bolschewistischen Russland einzuschätzen? War er eine reaktionäre imperiale Aggression unter dem Deckmantel des Internationalismus oder eine verlorene Schlacht der Weltrevolution aufgrund von fehlendem Klassenbewusstsein im polnischen Proletariat? Warum hat die polnische Arbeiterklasse die Bolschewiki nicht unterstützt? Auf jeden Fall mussten die westlichen Sympathisanten der „Russischen Revolution" eine Wahl treffen, und viele von ihnen trafen sie zugunsten Russlands. Diese Wahl war nicht immer auf schlechte Informiertheit oder moralische Unehrlichkeit zurückzuführen. Rosa Luxemburg zum Beispiel war mit den Besonderheiten der polnischen Situation sehr gut vertraut. Sie verstand auch die autoritären Tendenzen unter den russischen „Sozialdemokraten" (eine Selbstbezeichnung, die noch zu Beginn des 20. Jahrhunderts häufiger verwendet wurde als „Kommunisten"). Außerdem hatte Luxemburg den Autoritarismus der Bolschewiki schon lange vor ihrer Machtübernahme öffentlich kritisiert.[154] Aber ebenso lange vor der Oktoberrevolution lehnte sie die Bildung eines eigenen polnischen Staates ab. Obwohl Rosa Luxemburg die Zuspitzung des polnisch-bolschewistischen Konflikts nicht mehr erlebte, begrüßte sie die „Russische Revolution" und vertrat trotz offen formulierter Vorbehalte generell eine pro-bolschewistische Position.[155] Der Fall Luxemburg

---

[154] ROSA LUXEMBURG, *Organisationsfragen der russischen Sozialdemokratie* (1904), in: Dies., Gesammelte Werke, Bd. 1, 2 (Berlin: Dietz, 1979), 422–446, ukr.: РОЗА ЛЮКСЕМБУРГ, *Організаційні питання російської соціал-демократії* (частина 1), http://livasprava.info/content/view/4021; *Організаційні питання російської соціал-демократії* (частина 2), http://livasprava.info/content/view/4025.

[155] ROSA LUXEMBURG, *Die russische Revolution*, Politische Schriften, Bd. 3 (Frankfurt am Main: Europäische Verlagsanstalt, 1968), 106–141. Ebenfalls in Gesammelte Werke, Bd. 4, (Berlin: Dietz, 2000), 332–365.

könnte ein Modell für das zukünftige Phänomen der „kritischen Solidarität" sein, das für westliche Linksintellektuelle typisch ist. Das Vorhandensein von außergewöhnlicher Intelligenz und hoher Bildung, das Bemühen um moralische Aufrichtigkeit und das Bewusstsein, dass das Ziel des Engagements alles andere als ideal ist, hinderte sie nicht daran, Solidarität jedem nächsten antidemokratischen, repressiven Regimen (der UdSSR, dem maoistischen China, Kuba, Kambodschas Roten Khmer, dem Regime Baschar Assads, Hamas usw.) zu zeigen. Die „kritische Solidarität" gründet auf der Akzeptanz bestimmter unbestreitbar negativer Phänomene als *Begleiterscheinungen* auf dem Weg zu einem so wichtigen Ziel, dass zu dessen Erreichung alle „Neben"-Eigenschaften in Kauf genommen werden können. Man muss nur glauben, dass die politischen Regime, mit denen man solidarisch ist, Vorstufen des größten Emanzipationsversuchs in der Geschichte der Menschheit sind. Bereits in der Zeit zwischen den beiden Weltkriegen wurden Verleugnung und Relativierung zu wichtigen Bestandteilen der „kritischen Solidarität" westlicher Linksintellektueller.

Der Fall Polens war klar und drastisch, aber er stand nicht allein da im Kontext der „Russischen Revolution". Im Vergleich zu Polen war die ukrainische Nationalbewegung schwächer, unentschlossen und zersplittert. Den Bolschewiki gelang es jedoch erst nach mehreren Versuchen einer bewaffneten Intervention, die Kontrolle über die Ukraine zu erlangen, und der bewaffnete Widerstand hielt an bis in die zweite Hälfte der 1920er Jahre. Wie im Fall des polnisch-bolschewistischen Konflikts bestand die Rote Armee hauptsächlich aus Russen, und bis zur zweiten Hälfte der 1920er Jahre bildeten ethnische Ukrainer in der Kommunistischen Partei der Ukraine eine Minderheit.[156] Die Unkenntnis der ukrainischen Sprache unter hochrangigen Beamten der damaligen bolschewistischen Regierung der Ukraine scheint eher die Regel als die Ausnahme gewesen zu sein. Es ist bemerkenswert, dass die Rote Armee, als sie im Februar 1918 die Straßen von Kyjiw räumte, die ukrainischsprachigen Bolschewiki Wolodymyr Zatonskyj und

---

156 BOHDAN KRAWCHENKO, *Social Change and National Consciousness in Twentieth-Century Ukraine* (London: Macmillian Press, 1985), 98–104.

Mykola Skrypnyk gerade wegen ihrer ukrainischen Sprache versehentlich fast erschoss. Im Gegensatz zu vielen ukrainisch sprechenden intelligent aussehenden Kyjiwern wurden sie durch von Lenin unterzeichnete Ausweise gerettet.[157]

Der Fall der Ukraine ist ebenso kein Einzelfall – wir können noch die kurze Zeit der Unabhängigkeit Georgiens erwähnen. Dabei gilt es weniger auf die historischen Details der Etablierung der Sowjetmacht im ehemaligen Russischen Reich einzugehen als vielmehr auf die Besonderheiten der westlichen Rezeption der „Russischen Revolution". Die ukrainische und georgische Nationalbewegung verfügten im Gegensatz zur polnischen nicht über ein gut etabliertes Umfeld und keine einflussreichen Verteidiger im Westen, sodass sie keine überzeugenden intellektuellen Gründe zur Unterstützung ihrer Sache bieten konnten. Aufgrund dieser Umstände sind die Fälle Ukraine und Georgien im Gegensatz zu Polen im Westen kaum wahrgenommen worden, und die Folgen dieses „Nichtwahrnehmens" sind bis heute zu spüren. Das zeigt sich sogar in der gemeinhin übernommenen Terminologie in der westlichen Geschichtsschreibung: Der etablierte Begriff für den damaligen polnisch-bolschewistischen Konflikt ist „polnisch-sowjetischer Krieg" (engl. Polish-Soviet War, franz. guerre soviéto-polonaise), während die Fälle Ukraine und Georgien in die Kategorie „Russische Revolution" und „Russischer Bürgerkrieg" fallen. Und das, obwohl Georgien später als Polen Teil des Russischen Reiches wurde, obwohl der Anteil ethnischer Russen im damaligen Georgien noch geringer war als in Polen und Georgien geografisch und sprachlich weiter von Russland entfernt ist als Polen.

Die Sowjetunion und die Probleme linker Interpretation

Natürlich beschränkt sich die Nationalitätenpolitik der Bolschewiki nicht auf die Auswüchse des russischen Chauvinismus während

---

157 ROMAN SOLCHANYK, «Language politics in the Ukraine», Sociolinguistic perspectives on Soviet national languages: Their past, present, and future, ed. Isabelle T. Kreindler (Berlin: De Gruyter,1985), 64–65.

des Bürgerkriegs oder die späteren stalinistischen Repressionen. Obwohl in heutigen Studien ukrainischer Historiker oft behauptet wird, die Bolschewiki hätten gerade deshalb zur Politik der „Ukrainisierung" greifen müssen, weil sie während des Bürgerkriegs auf Widerstand stießen, sei darauf hingewiesen, dass Lenin bereits in seinen Artikeln am Vorabend des Ersten Weltkriegs den russischen Chauvinismus scharf kritisiert und schon damals seine prinzipielle Bereitschaft zur Anerkennung der Unabhängigkeit der Ukraine (ganz zu schweigen von der Unabhängigkeit Polens und Finnlands) erklärte.[158] Stalin betrachtete den russischen Chauvinismus bis in die zweite Hälfte der 1920er Jahre als ein gefährlicheres Phänomen als die Nationalismen der „unterdrückten Völker" und bewegte sich erst in der ersten Hälfte der 1930er Jahre allmählich zu auf imperiale Positionen.[159] Um die Radikalität der sowjetischen Politik der „Korenisazija" (Einwurzelung) der 1920er Jahre zu verstehen, müssen wir uns daran erinnern, dass der Grundschulunterricht in ukrainischer Sprache bis vor kurzem verboten war und im frühen zwanzigsten Jahrhundert im ukrainischen Dorf Misstrauen gegenüber den „jungen Herren" herrschte, die Bücher in ukrainischer Sprache verteilten: Die Bauern vermuteten, dass die „jungen Herren" sie auf diese Weise verspotten wollten.[160] Der Widerstand gegen die bolschewistische Ukrainisierung war stärker als in den 1990er Jahren, das Tempo des Wandels aber war viel höher. Wenn wir den Begriff „gewalttätig" auf die Ukrainisierung anwenden dürfen, dann passt er eher auf die Zeit der 1920er Jahre als auf die der 1990er Jahre. Obwohl die stalinistischen Repressionen der 1930er Jahre die Blüte der ukrainischen Intelligenz auslöschten und obwohl die künstliche Hungersnot von 1932–1933 zumindest

---

158 W. I. LENIN, *Über das Selbstbestimmungsrecht der Nationen.* Werke Bd. 20 (Berlin: Dietz, 1961), 395–461, hier: 426; ukr.: В. І. ЛЕНІН, *Про право націй на самовизначення*, Повне зібрання творів, т. 25 (Київ: Політвидав України, 1972), 263; *Über den Nationalstolz der Grossrussen*, Werke, Bd. 21 (Berlin: Dietz, 1971), 91–95, ukr.: *Про національну гордість великоросів*, там само, т. 26, 97–101.
159 TERRY MARTIN, *The Affirmative Action Empire: Nations and Nationalism in the Soviet Union, 1923–1939* (Ithaca and London: Cornell University Press, 2001), 6–8, 451–460.
160 BOHDAN KRAWCHENKO, *Social Change and National Consciousness in Twentieth-Century Ukraine*, 28.

teilweise durch antiukrainische Vorurteile motiviert war, war der Prozentsatz der ukrainischsprachigen Grundschulen in den Jahren 1935–1955 höher als während der Präsidentschaft des „Nationalisten" Viktor Juschtschenko (tatsächlich begann dieser Prozentsatz erst nach Stalins Tod zu sinken).[161]

Im Allgemeinen ist die Geschichte der Sowjetunion eine Geschichte eines komplexen Kompromisses zwischen dem russischen Nationalismus und den Nationalismen der „kleinen Nationen", sie kann nicht auf das Bild einer „Modifikation des Russischen Imperiums" reduziert werden. Die Politik der „positiven Diskriminierung" wurde nie wirklich aufgegeben. In den 1980er Jahren war es für ethnische Ukrainer einfacher, Universitäten der Ukrainischen SSR zu besuchen als für Bürger der Republik, bei denen „jüdische Nationalität" in den Pässen eingetragen war, und der Anteil derer, in dessen Pass „Ukrainer" stand, an der Führung der Republik war höher als der Anteil der Ukrainer in der UdSSR. Es ist klar, dass die Loyalität gegenüber dem Sowjetstaat ein entscheidendes Kriterium für den Aufstieg in der Partei- oder Beamtenlaufbahn war, und die im Pass angegebene Nationalität hieß überhaupt nicht, dass eine Person während ihrer Amtstätigkeit oder bei offiziellen Anlässen die ukrainische Sprache verwendete – von ihrem Gebrauch im Alltag ganz zu schweigen. Andererseits sind die legitimierenden Wirkungen solcher Praktiken bei der Schaffung neuer unabhängiger Staaten auf der Grundlage der ehemaligen Unionsrepubliken nicht zu vernachlässigen. Diese Art der „positiven Diskriminierung" bei der Auswahl von Führungspersönlichkeiten hielt an bis zum Ende der Perestroika und wurde in allen Republiken mit Ausnahme der Russischen Sozialistischen Föderativen Sowjetrepublik beobachtet, zu der viele autonome Republiken gehörten, in denen wiederum eine Praxis der „positiven Diskriminierung" lokaler „Titularnationalitäten" praktiziert wurde, selbst wenn diese unter den lokalen ethnischen Russen eine Minderheit waren.[162]

---

161 ROMAN SOLCHANYK, *Language politics in the Ukraine*, 73–77.
162 VICTOR ZASLAVSKY, *Das russische Imperium unter Gorbatschow* (Berlin: Wagenbach, 1991), 15–19.

Die unbestreitbaren Exzesse des russischen Nationalismus in der Geschichte der UdSSR eignen sich bestens für eine Interpretation der Geschichte der Ukraine als Opfer. Das Problem einer solchen Konstruktion, auch auf der inhaltlichen Ebene, besteht darin, dass sie ganze Schichten des Erbes der sowjetischen Geschichte ausblendet, die *auch* dazu dienten, die Entstehung eines unabhängigen ukrainischen Staates zu legitimieren. Darüber hinaus ermöglichte die komplexe Geschichte der Regulierung der interethnischen Beziehungen während der Sowjetzeit, die russische Volksgruppe als die am meisten diskriminierte in der Sowjetunion zu interpretieren. Diese Interpretation lieferte dem russischen Nationalismus separatistischer Prägung Munition, der am Ende der Perestroika aktiv wurde und sich, wenn auch nur für kurze Zeit, gegen den imperialen Nationalismus durchsetzte und so einen der wichtigsten Beiträge zum Zerfall der UdSSR leistete.[163]

Die Regulierung der interethnischen Beziehungen in der Sowjetunion ist nicht das Hauptthema dieser Analyse. Erwähnt sei sie einerseits als Warnung gegen vereinfachende „Opfer"-Interpretationen, andererseits um eventuelle „Leerstellen" zu füllen, die als Argument in einer darauf aufbauenden besonderen Art von „kritischer Analyse" verwendet werden können nach dem Prinzip „was der Autor wirklich sagen wollte." Die sowjetische Nationalpolitik war komplex und einzigartig und wurde von Victor Zaslavsky, Rogers Brubaker und Terry Martin (um nur einige der qualifiziertesten Forscher zu nennen) gründlich analysiert.[164] In diesem Zusammenhang lohnt es sich, auf das Thema der Identifikation der Sowjetunion mit Russland zurückzukommen. Es ist symptomatisch, dass eine solche Interpretation die einheimischen ukrainischen Nationalisten und die westliche regressive Linke eint. Mögen sie auch zu gegensätzlichen Schlussfolgerungen kommen, Ausgangspunkt ist diese Idee, die vielleicht zu den grundlegenden ideologischen Grundlagen gehört. In beiden Fällen handelt es sich um einen

---

163 Ibid., 61–69.
164 TERRY MARTIN, *The Affirmative Action Empire*; VICTOR ZASLAVSKY, *Das russische Imperium unter Gorbatschow*; ROGERS BRUBAKER, *Nationalism reframed: Nationhood and the national question in the New Europe* (New York: Cambridge University Press, 1996), 107–147.

äußerst selektiven Umgang mit der Faktenlage, einer der verbreitetsten Spielarten säkularer Scheinheiligkeit, bei der der Rückgriff auf die Geschichte auf eine Funktion moralischer Erpressung reduziert wird. Es fällt sowohl ukrainischen Nationalisten als auch westlichen regressiven Linken schwer, den modernen ukrainischen Staat *unter anderem* als legitimen Nachfolger der ehemaligen Sowjetrepublik anzuerkennen, der mit weitgehend nominellen, aber immer noch bestehenden staatlichen Institutionen wie Parlament und Regierung, anerkannten Grenzen und dem in der sowjetischen Verfassung verbrieftem Recht auf Austritt aus der UdSSR ausgestattet ist. Die Kehrseite einer solchen grundlegenden Identifizierung ist die Vernachlässigung des russischen Separatismus als einem der wichtigsten Faktoren, die zum Zerfall der Sowjetunion geführt haben (zumindest weitaus mächtiger als der ukrainische Separatismus).[165]

Mit allen notwendigen Vorbehalten, aber uns völlig bewusst, dass keiner von ihnen vor sachlich unzutreffenden, aber „ideologisch richtigen" Interpretationen, sei es von links oder rechts, bewahren wird, kehren wir zurück zu den problematischen Aspekten der sowjetischen Geschichte und den Hauptwegen der Interpretation, die sich in den Milieus der westlichen radikalen Linken in der Zeit zwischen den beiden Weltkriegen etabliert haben.

* * *

Die bereits erwähnten Manifestationen des russischen Chauvinismus während des Bürgerkriegs erwiesen sich als brutaler im Vergleich zu denen des späten Russischen Reiches. Zur obersten Führung der einheimischen Bolschewiki in den frühen 1920er Jahren gehörten Leute wie Dmitrij Lebed, der ein ganzes Werk über den „Kampf zweier Kulturen" schrieb, der höheren proletarischen russischsprachigen mit der niedrigeren bäuerlichen ukrainischsprachigen, die durch die unerbittlichen Gesetze der Geschichte zum

---

[165] КИРИЛО ТКАЧЕНКО, *Липневі грози в місті роз: Шахтарські протести 1989-1991 років у контексті Перебудови*, Кінаревізія Донбасу 2, ред. Станіслав Мензелевський (Київ: Національний центр Олександра Довженка, 2017), 272-275.

Aussterben verurteilt sei.[166] Schon zu Lebzeiten Lenins griffen die Bolschewiki zu den ersten Massenrepressionen aus ethnischen Gründen: Sie deportierten die Don- und Kuban-Kosaken, ganze Siedlungen mit oft mehr als zehntausend Einwohnern. In den späten 1920er Jahren wurde die polnische Abstammung zum Grund für Repressionen. Angenommen, der Hauptgrund dafür war nicht der russische Chauvinismus. Aber selbst in diesem Fall könnte man sich fragen, ob es zulässig ist, eine Sache zu unterstützen, die von Anfang an Maßnahmen erforderte, die nicht nur der erklärten „internationalistischen" Ideologie direkt widersprachen, sondern sich als noch brutaler erwiesen als diejenigen, die noch bis vor kurzem das den westlichen Linken verhasste zaristische „Völkergefängnis" praktizierte.

Die Gewohnheit, vor diesen Aspekten der Umsetzung des kommunistischen Projekts auf dem Gebiet des ehemaligen Russischen Reiches die Augen zu verschließen, ist zu einem konstanten und unveränderlichen Element geworden, das bis heute die Weltsicht der westlichen radikalen Linken beherrscht. Und da die Repression ethnischer Gruppen bereits in der frühen UdSSR begann, machte eine solche Haltung die „kritische Solidarität" der westlichen radikalen Linken von Anfang an nicht nur problematisch, sondern widersprach ihren eigenen moralischen Grundlagen. Es ging nicht nur um „konterrevolutionäre" Kosaken oder Polen. Es sei erinnert, dass bereits 1926 Pläne zur Deportation von Koreanern aus dem russischen Fernen Osten konzipiert wurden. Aus irgendeinem Grund begann diese ethnische Gemeinschaft in den Augen der sowjetischen Führung als unzuverlässig zu erscheinen, sodass ihre Präsenz in der Grenzregion als Bedrohung empfunden wurde, die beseitigt werden musste.[167]

Die Debatte darüber, ob der Holodomor von 1932–1933 ein Akt des Ethnozids war, geht weiter. Unabhängig von der Antwort gibt es eine Reihe grundlegender Umstände, die im Lichte des verfügbaren historischen Wissens nicht geleugnet werden können.

---

166 ДМИТРИЙ ЛЕБЕДЬ, *Советская Украина и национальный вопрос за пять лет* (Харьков: Пролетарий, 1923).
167 TERRY MARTIN, *The Affirmative Action Empire*, 317–319, 323–325, 333–335.

Infolge von Entscheidungen auf sowjetischer Führungsebene starben mehr als 3,8 Millionen Ukrainer. Die Getreidequoten für die Ukraine wurden nochmal erhöht, als bereits bekannt war, dass die ukrainischen Bauern Hunger litten. Angenommen, es ist unmöglich festzustellen, inwieweit diese Entscheidungen durch chauvinistische Vorurteile motiviert waren. Schließlich ist die Frage nach den Kriterien, nach denen Kriminelle ein Opfer auswählen, von einem grundsätzlich universellen Standpunkt aus gesehen nicht entscheidend. Doch unabhängig davon, ob sie in den Opfern „nur" Bauern oder in erster Linie Vertreter der ukrainischen Volksgruppe gesehen haben, es ist das gleiche schreckliche Verbrechen.

Bereits 1932–1933 versuchten westliche Sympathisanten der Sowjetunion, den Holodomor zu verschweigen, zu relativieren oder gar zu rechtfertigen (oft alles zugleich). Ihre Versuche waren ziemlich erfolgreich. Der Fall von Walter Duranty zeigt besonders deutlich den Zusammenhang zwischen der Stärke der Motivation und der Bereitschaft, für eine „große Sache" auch das Inakzeptabelste zu akzeptieren. Dieser Fall zeigt auch die typischen rhetorischen Figuren, die die Sympathisanten des untergegangenen Sowjetstaates bis heute verwenden. Duranty war ein einflussreicher Moskau-Korrespondent der „New York Times" und erhielt 1932 den renommierten Pulitzer-Preis, vor allem für seine begeisterten Berichte über Industrialisierung und Kollektivierung. Duranty war sich bewusst, dass diese Kampagne ganze Regionen der UdSSR in den Hungertod trieb. In seinen Artikeln leugnete er jedoch die Hungersnot und schrieb, dass es nur einige „Ernährungsprobleme" gebe und dass die „Gerüchte" über die Hungersnot übertrieben seien. Vor allem nutzte Duranty seinen Einfluss, um die Berichte westlicher Journalisten über den Holodomor lächerlich zu machen und als Fiktion abzutun. Ein charakteristisches rhetorisches Mittel, das aus der linksradikalen Tradition nicht mehr wegzudenken ist, ist die implizite Rechtfertigung dessen, was gleichzeitig quasi geleugnet wurde. „Um es gelinde auszudrücken, man kann kein Omelett machen, ohne Eier zu zerschlagen", formulierte Duranty über die Folgen der Kollektivierung. Noch 1935 verglich Duranty, als er über die Repression gegen die Bauern schrieb, die staatliche Gewalt mit Vivisektion und argumentierte, dass „in beiden Fällen das Leiden für eine edle Sache erfolgt". Möglicherweise hat er nicht einmal bemerkt, dass seine „edle" Metapher die Bauern mit Tieren identifiziert.[168]

Das „Goldene Zeitalter" der Links-Rechts-Allianzen

1937 kann in vielerlei Hinsicht als Höhepunkt des sowjetischen Einflusses auf die westliche radikale Linke angesehen werden. Es war eine Zeit der Entstehung antifaschistischer „Volksfronten" und einer blinden, unkritischen Haltung gegenüber der UdSSR. Selbst für viele herausragende Köpfe im linken Lager stellte sich die bloße Alternative: *Hitler oder Stalin*. Im selben Jahr erlebten die stalinistischen Repressionen ihren Höhepunkt. Es ist wichtig, sich daran zu erinnern, dass der Große Terror eine ethnische Dimension hatte. Mehr als ein Drittel der Erschossenen gehörte ethnischen Minderheiten an, die definiert wurden von der sowjetischen Führung, und war größtenteils polnischer Herkunft. Gleichzeitig proklamierte kein anderes Land der Welt die Werte „Internationalismus" und „Antifaschismus" so leidenschaftlich wie die UdSSR. Die Realität dieses „Antifaschismus" war, dass ein erheblicher Teil der Erschossenen als „Faschisten" eingestuft wurde. Unter den 1937-1938 Hingerichteten befand sich eine unverhältnismäßig große Zahl von Menschen litauischer, lettischer, estnischer und finnischer Herkunft. Dass es in absoluten Zahlen unter ihnen weniger Opfer als unter den Polen gab, erklärt sich vor allem dadurch, dass die betreffenden Minderheiten in der Bevölkerung der damaligen UdSSR noch weniger vertreten waren als die Polen.[169] Bemerkenswert ist auch die Tatsache, dass es um Vertreter der ethnischen Gruppen jener Länder handelte, die nach dem Zusammenbruch des

---

168 ANNE APPLEBAUM, *Red Famine: Stalin's War on Ukraine* (New York: Penguin, 2017), 189-208, dt.: *Roter Hunger. Stalins Krieg gegen die Ukraine*. Aus dem Englischen von Martin Richter (München: Siedler, 2019), 239-262, ukr.: Червоний голод. Війна Сталіна проти України. Übers. aus dem Engl. von D. Mattingli und O. Kysil (Kyjiw: Nash Format), 2019, 193-210.
169 TERRY MARTIN, *The Affirmative Action Empire*, 336-341; TIMOTHY SNYDER, *Bloodlands. Europa zwischen Hitler und Stalin* (München: C. H. Beck 2011) 115-125, ukr.: ТИМОТІ СНАЙДЕР, *Криваві землі: Європа поміж Гітлером та Сталіним* (Київ: Грані-Т, 2011), 102-115.

zaristischen Russlands ihre Unabhängigkeit erlangten. In nur wenigen Jahren sollte die „antifaschistische" UdSSR sie mit Nazi-Deutschland teilen.

Im Westen blieben die Einzelheiten der Repressionskampagne von 1937–1938 lange Zeit unbekannt. Die Schauprozesse in Moskau im gleichen Zeitraum erregten jedoch die Aufmerksamkeit der dortigen Öffentlichkeit, insbesondere der linken. Nochmals, trotz der offensichtlichen Absurdität der Prozesse und der Tatsache, dass sich einige Sympathisanten der UdSSR veranlasst sahen, das Konstrukt der „kritischen Solidarität" zu überdenken, ist es keine Übertreibung zu sagen, dass die westliche Linke Stalins Narrativ weitgehend „geschluckt" hat. Darüber hinaus hatte die westliche Linke zu diesem Zeitpunkt den Begriff „Faschismus" bereits aktiv in einem leeren und missbräuchlichen Sinne verwendet und bezog ihn unter anderem auf trotzkistische Flüchtlinge aus der Sowjetunion, auf spanische Anarchisten und sogar auf die deutschen Sozialdemokraten.[170] Das heißt, der Begriff „Faschist" bedeutete genauso wie im stalinistischen Narrativ einfach der schlimmste Feind, unabhängig davon, was er denkt. Ein Indikator für die Angemessenheit eines solchen Wortgebrauchs ist vielleicht die Bezeichnung „faschistischer Staat", die Stalin auf Polen anwandte, um seine gemeinsamen Bemühungen mit dem Dritten Reich zu rechtfertigen, das Land zu zerstückeln.[171]

Tatsächlich lag der wichtigste Unterschied zwischen der westlichen radikalen Linken und der stalinistischen UdSSR nicht so sehr im Inhalt ihrer Rhetorik, sondern darin, dass erstere ihren Kampf „für den Frieden" und „gegen den Faschismus" nicht beginnen konnten, da sie keine Machthebel besaßen. Die Komintern und die Führung der westlichen kommunistischen Parteien unterstützten den sowjetischen Angriff auf Finnland im Jahr 1939 und bezeichneten ihn in ihren Proklamationen nichts anderes als „Befreiung".[172]

---

170 TIMOTHY SNYDER, *Bloodlands. Europa zwischen Hitler und Stalin* (München: C. H. Beck 2011) 87, 93, ukr.: ТІМОТІ СНАЙДЕР, *Криваві землі*, 75, 81.
171 GEORGI DIMITROFF, *Tagebücher 1933–1943*, Bd. I (Berlin: Aufbau Verlag, 2001), 273–274.
172 Ein Sympathisant der Komintern wie Eric Hobsbawm (damals noch Student) schrieb auf Wunsch seiner älteren Kameraden sogar eine Broschüre, in der er

Die französischen Kommunisten gingen im Kampf „für den Frieden" so weit, dass sie mit einer Sabotagekampagne versuchten, den Eintritt Frankreichs in den Krieg gegen Hitlerdeutschland zu verhindern, also gegen die Einhaltung der Verpflichtungen ihres Landes gegenüber Polen, die eines der wichtigsten Elemente des Sicherheitssystems im Europa der Zwischenkriegszeit darstellten. Tatsächlich war diese im Grunde ebenso pro-sowjetische wie pro-Hitler-Kampagne der Hauptgrund für das Verbot der Kommunistischen Partei in Frankreich im Jahr 1939.[173] Erwähnenswert ist, dass selbst nach der Besetzung Belgiens durch die Nazis lokale kommunistische Publikationen die neue Regierung für die Legalisierung der kommunistischen Presse lobten und versicherten, dies würde das Proletariat dazu veranlassen, die Produktivität zu steigern (sic!).[174] Solche Episoden sind natürlich aus dem kollektiven Gedächtnis der linken Bewegung gelöscht: die glorifizierende Version ihrer Geschichte, insbesondere die ständige Betonung der Rolle der Kommunisten in der Widerstandsbewegung usw., überwiegt gegenüber der kritischen Auseinandersetzung mit der eigenen Tradition.[175]

Angesichts des Ausmaßes der durch den Molotow-Ribbentrop-Pakt verursachten Katastrophe können wir sagen, dass die späten 1930er Jahre sowohl von der erfolgreichsten rot-braunen Allianz in der europäischen Geschichte als auch von der größten geopolitischen Blindheit der westlichen radikalen Linken geprägt

---

die sowjetische Aggression gegen Finnland rechtfertigte. Vgl.: MALCOLM L. G. SPENCER, *Stalinism and the Soviet-Finnish War, 1939–40*: Crisis Management, Censorship and Control (Cham: Palgrave Macmillian, 2018), 11–12.

173 MAXWELL ADERETH, *The French Communist Party: A Critical History (1920–1984), from Comintern to the „Colours of France"* (Manchester: Manchester University Press, 1984), 91–107.
174 BERNHARD B. BAYERLEIN, *Deutscher Kommunismus und transnationaler Stalinismus – Komintern, KPD, und Sowjetunion 1929–1943, Deutschland, Russland, Komintern: Überblicke, Analysen, Diskussionen*, hrsg. von Bernhard B. Bayerlein, Gleb Albert (Berlin: de Gruyter, 2014), 387–388.
175 Ein Beispiel für eine solche Reproduktion des Verherrlichungsnarrativs im heimischen ukrainischen Kontext: Андрій Репа, *Крик гальського півня: революція і ліва політика у Франції*, Ліва Європа, ред. Альона Ляшева (Київ: Фамільна друкарня huss, 2017), 11–52. – Repa, der in Kyjiw an der Mohyla-Universität studiert hat, ist Übersetzer unter anderem mehrerer Werke des weiter unten erwähnten Philosophen Badiou ins Ukrainische. Anm. d. Übers.

waren. Die heutigen Entsprechungen zu diesen Phänomenen – der Missbrauch des Begriffs „Frieden" zur Rechtfertigung offener Aggression, die Behauptung, der Aggressor sei „provoziert" worden und müsse sich „verteidigen", die Brandmarkung von Opfern der Aggression als „Faschisten" usw. – wirken dagegen vor dem Hintergrund des historischen Originals einfach blass. Darüber hinaus gibt es noch zwei weitere Aspekte, die näher betrachtet zu werden verdienen. Der erste betrifft das Verhältnis zur eigenen Tradition innerhalb der modernen linken Bewegung, der zweite die Notwendigkeit, die etablierte Unterscheidung zwischen links und rechts zu überdenken.

„Das Goldene Zeitalter" und das Problem der Kontinuitäten

Heutige Sympathisanten der radikalen Linken werden behaupten, dass der Stalinismus ein abgeschlossenes Kapitel in der Geschichte der linken Bewegung ist, dass die Linke aus dieser Zeit gelernt und sich längst von dieser historischen Last befreit hat. Die karikaturhaften Grüppchen von Stalinisten werden innerhalb der Bewegung selbst angeblich an den Rand gedrängt und isoliert zu sein. Ein heutiger Trotzkist würde sicherlich hinzufügen, dass die Trotzkisten eines der Hauptziele der stalinistischen Repression waren und dass man keinen konsequenteren und kompromissloseren Kritiker des Stalinismus als Trotzki finden kann. Schließlich würde man darauf hinweisen, dass die Erwähnung der Verbrechen des Stalinismus ein zu unfaires Mittel ist, um die heutige linke Bewegung zu diskreditieren...

Natürlich wäre es falsch, den Begriff „Stalinismus" auf die Mehrheit der radikalen Linken im Westen anzuwenden. Und sie selbst werden wahrscheinlich ihren eigenen Antistalinismus ganz aufrichtig beteuern. Letztlich sind solche emotional aufgeladenen Begriffe wirklich mit äußerster Vorsicht zu behandeln, zumindest wenn man nach Verständigung und weiterer rationaler Diskussion sucht. Diejenigen aber, die immer noch zweifeln, dass es bei den westlichen radikalen Linken keinen Fortschritt gibt, sollten den ersten Teil dieser Analyse noch einmal aufmerksam lesen. Vergleicht man das ursprüngliche „Goldene Zeitalter" der rot-braunen Allianzen mit seinem heutigen Gegenstück, das nicht ganz ohne Elemente der Farce ist, so muss man leider vielfach noch mehr von Rückschritt als von Fortschritt sprechen. Das liegt nicht nur daran, dass das Hauptobjekt der aktuellen geopolitischen Fixierung das ultrakapitalistische Putin-Russland ist. Dasselbe gilt für die negativen Helden des heutigen Links-Rechts-Weltbildes. So kann man etwa die heutige Ukraine für vielerlei kritisieren, das unbestreitbare Erstarken nationalistischer Tendenzen wird aber womöglich nicht der erste auf der Liste möglicher Vorwürfe sein. Doch den Sympathisanten des modernen Russlands, ob links oder rechts, geht es überhaupt nicht um die Ukraine: Ihr Hauptziel ist es, die russische Aggression zu rechtfertigen. Besonders problematisch wird diese Agenda im Vergleich zum „Goldenen Zeitalter" des rot-braunen Bündnisses. Nahezu alle auf den Ruinen der Habsburger- und Romanow-Reiche entstandenen Staaten waren keine idealen repräsentativen Demokratien und betrieben „nationalisierende" Politik, die auch nicht vor der Unterdrückung nationaler Minderheiten zurückschreckte. Selbst der demokratischste der neuen Staaten zwischen Berlin und Moskau, die Tschechoslowakei, machte hier keine Ausnahme. So wurde der Arbeitsmarkt durch Gesetze geregelt, die teilweise nicht nur diskriminierend, sondern einfach absurd waren – bis hin zur Verpflichtung für Lokale in einer 100 % deutschsprachigen Stadt, eine tschechischsprachige Speisekarte zu haben, und sogar eine Garderobiere musste Tschechisch sprechen. Die deutschsprachige Minderheit in der Tschechoslowakei hatte gute Gründe unzufrieden zu sein, und die Behörden lösten inzwischen Demonstrationen deutschsprachiger Bürger unter Einsatz von Schusswaffen mit Todesfolge auf.[176] Neben Vorwürfen der Verletzung der Rechte der deutschsprachigen Minderheit hatte Deutschland 1938 stärkere historische und demografische Gründe für den Besitz des Sudetenlandes als die, die die Russische Föderation 2014 zur Rechtfertigung ihres Übergriffs auf die Krym anführte.[177] Natürlich war

---

176 CAROL S. LEFF, *National Conflict in Czechoslovakia: The Making and Remaking of a State, 1918–1987* (Princeton: Princeton University Press, 1988), 45–85.
177 АНДРЕЙ ИЛЛАРИОНОВ, *Крым и Судеты: Общее и различия*, https://aillarionov.livejournal.com/669156.html.

die „Menschenrechts"-Rhetorik der Sprecher des Landes, in dem bereits seit einigen Jahren die Nürnberger Rassengesetze galten und von der Regierung initiierte antijüdische Pogrome mit Hunderten von Opfern veranlasst worden waren, nur Teil einer dreisten, aber überraschend effektiven Propagandakampagne an die Adresse der „Internationalen Gemeinschaft". Auch die Grenzen des jetzigen Europas sind weder aus demografischer noch historischer Sicht „ideal". Da sie es prinzipiell nicht sein können – Demografien und Identitäten können sich ändern und für ein und dasselbe Stück Land widersprüchliche historische Argumente vorgebracht werden – gibt es, nicht zuletzt auf der Grundlage der Erfahrungen der beiden Weltkriege, den Konsens im Europa der Nachkriegszeit sowohl hinsichtlich der Unverletzlichkeit der Grenzen als auch des Schutzes der Rechte ethnischer Minderheiten. Ersteres wurde bis 2014 vollständig eingehalten, über die Absicherung des zweiten kann debattiert werden, selbst wenn man einige der jetzigen Mitgliedstaaten der Europäischen Union betrachtet. In jedem Fall handelt es sich um ein allgemein akzeptiertes normatives Ideal, nicht um leere Schlagworte.

In der Interpretation vieler westlicher radikaler Linker sieht die Geschichte etwas anders aus. So wird die Wiedervereinigung Deutschlands 1990 immer wieder als „Annexion" der DDR durch die verhasste „BRD" interpretiert.[178] Die NATO-Operation von 1999, die darauf abzielte, das Regime von Slobodan Milošević zu zwingen, die ethnische Säuberung der Kosovo-Albaner zu beenden, wurde als Akt militärischer Aggression angesehen, der zur Eroberung neuer Gebiete durch NATO-Streitkräfte führte. In der Tat hat die Intervention der Allianz die Unabhängigkeit des Kosovo ermöglicht. Es gibt jedoch immer noch Artikel in den linken Medien, in denen behauptet wird, der Kosovo sei zu einer „US-Militärbasis"

---

178 Z. B.: HEINZ KALLABIS, *Annexion der DDR*, Junge Welt, 05.10.1999, https://www.jungewelt.de/loginFailed.php?ref=/artikel/12976.annexion-der-ddr.html; FREIE DEUTSCHE JUGEND, *Die Annexion der DDR*, https://www.fdj.de/rtf/annexion.rtf; Spiegel Online, *So sprach die Betonkommunistin*, 14.04.2011, http://www.spiegel.de/fotostrecke/sahra-wagenknecht-so-sprach-die-betonkommunistin-fotostrecke-66874.html.

oder einer „Kolonie des Westens" geworden.[179] Manche westliche radikale Linke gehen so weit, die NATO-Osterweiterung oder sogar den Abschluss eines Assoziierungsabkommens zwischen der Ukraine und der Europäischen Union als einen Akt der Aggression gegen Russland oder sogar als Wiedererstehen des Dritten Reiches zu betrachten. Diese These wird gestützt durch „Argumente", dass „Euromaidan-Führer" Vitali Klitschko angeblich eine „Marionette der Konrad-Adenauer-Stiftung" ist und so weiter.[180] (Die Klitschko-Brüder sind die wohl berühmtesten Ukrainer in Deutschland; so galten Fotos von der Maidan-Bühne, kombiniert mit Berichten über Klitschkos Teilnahme an einigen Veranstaltungen der Adenauer-Stiftung, als „unwiderlegbare Beweise" für das, was man glauben wollte – so entsteht die frappierende Tiefe der linken Analyse der Lage in der Ukraine.)

Die Besonderheit der Argumentation des mit der derzeitigen Führung der Russischen Föderation solidarischen Links-Rechts-Segments der westlichen Öffentlichkeit zeigt sich an einem Standardansatz wie dem Vergleich der Krym-Annexion mit dem NATO-Militäreinsatz auf dem Balkan 1999. Im Grunde ist dies ein weiterer Versuch, die Verantwortung auf den Westen abzuwälzen – als wäre 1999 ein Präzedenzfall geschaffen worden, von dem her sich das russische Annexionsrecht von 2014 ergibt. Gleichzeitig hat die westliche Linke eine solche Virtuosität im Umgang mit Fakten und im Ziehen von Analogien bewiesen, dass selbst die raffiniertesten Propagandisten des staatlichen Ostankino-Fernsehens sich

---

[179] Z. B.: TAMARA SAMJATINA, *USA verwandeln Kosovo in Militärstützpunkt*, AG Friedensforschung, 26.03.2008, http://www.ag-friedensforschung.de/regionen/Serbien/kosovo-us.html; JÜRGEN WAGNER, *Besetzt, geplündert, aufgeteilt: Die NATO in Kosovo*, Informationsstelle Militarisierung E.V., 20.06.2016, http://www.imi-online.de/2016/06/20/besetzt-gepluendert-aufgeteilt-die-nato-im-kosovo/; HANNES HOFBAUER, *Ein scheiterndes Experiment*, Junge Welt, 16.02.2018, https://www.jungewelt.de/loginFailed.php?ref=/artikel/327396.ein-scheiterndes-experiment.html.

[180] Z. B.: ANNELIESE FIKENTSCHER, ANDREAS NEUMANN, *In der Tradition des Faschismus*, Neue Rheinische Zeitung, 29.04.2015, http://www.nrhz.de/flyer/beitrag.php?id=21554; WERNER PIRKER, *Klitschkos Coach»* Junge Welt, 10.12.2013, https://www.jungewelt.de/login-Failed.php?ref=/artikel/211909.klitschkoscoach.html; ULRICH GELLERMANN, *Steinmeiers Ukraine-Direktive*, antikrieg.com, 20.02.2015, http://www.antikrieg.com/aktuell/2015_02_20_steinmeiers.htm.

nur die Lippen lecken können, wenn sie über die scheinbaren Erfolge der eifrigen Studenten von gestern nachdenken. Die schlimmste Links-Rechts-Manipulation basiert wohl auf der Gleichsetzung der Situation der Minderheiten im Kosovo und auf der Krym. Bis Anfang 1999 waren mehrere tausend Zivilisten Opfer außergerichtlicher Hinrichtungen durch serbische Polizei- und Armeeeinheiten im Kosovo geworden.[181] Auf der Krym hingegen wurden seit 2014 keine Diskriminierungen ethnischer Russen verzeichnet, Russisch wurde in fast allen Schulen unterrichtet, von Abgeordneten des lokalen Parlaments verwendet, in Zeitschriften gedruckt und so weiter. Außerdem ist überhaupt nicht klar, warum die Ukraine, die ungefähr das gleiche Verhältnis zu den Vereinigten Staaten oder zur NATO hat wie der Kosovo zur Russischen Föderation, für die angebliche amerikanische „Annexion" des Kosovo verantwortlich gemacht werden und leiden soll.

Ein Konsenspunkt, der sich im Westen nach dem Zweiten Weltkrieg herausgebildet hat, ist, dass ethnische Säuberungen in einem Land keine innere Angelegenheit sind und dass jede Souveränität dort endet, wo Verbrechen gegen die Menschlichkeit beginnen. Angesichts der Tatsache, dass serbische Nationalisten zuvor bereits in anderen Regionen des ehemaligen Jugoslawiens ethnische Säuberungen durchgeführt hatten, ist die NATO aus humanitärer Sicht nicht dafür zu kritisieren, dass sie interveniert hat, sondern weil sie es zu spät tat. Gleichzeitig kann man der Post-Maidan-Ukraine vorwerfen, dass Regierung und Gesellschaft rechtsextreme Kräfte geduldet haben, eine fragwürdige Erinnerungspolitik betrieben, einschließlich des Verbots kritischer Äußerungen über die „integralen" Nationalisten der 1930er und 1940er oder das Verbot des Verkaufs von Büchern auf Russisch in den Regionen Lwiw und Schytomyr, keinesfalls aber ethnische Säuberungen oder außergerichtliche massenhafte Hinrichtungen aus sprachlichen, religiösen oder anderen Gründen.

In die gleiche Kerbe schlägt, der Ukraine „Faschismus" vorzuwerfen, um so vorzutäuschen, dass die Russische Föderation mit

---

[181] HUMAN RIGHTS WATCH, *Under Orders: War Crimes in Kosovo*, 2001, https://www.hrw.org/reports/2001/kosovo/.

dem Krieg gegen die Ukraine begonnen habe, gerade diesen zu bekämpfen. Die Beteiligung der extremen Rechten am Euromaidan und am Krieg im Donbas sowie die Zusammenarbeit einiger Neonazi-Organisationen mit den Sicherheitsorganen in der „Festland"-Ukraine zu leugnen, ist ebenso absurd, wie den Euromaidan als „faschistischen Staatsstreich" zu bezeichnen, die Bildung der sogenannten Volksrepubliken in der Ostukraine aber als „antifaschistischen Aufstand". Das Ausmaß der Manipulationen, die die entsprechenden rot-braunen Interpretationen implizieren, wird deutlich, wenn wir uns die Haltung Russlands genauer ansehen. Russland ist ein Land, in dem Neonazis in den 2000er Jahren wahrscheinlich mehr Menschen getötet haben als in allen europäischen Ländern (einschließlich der Ukraine) zusammen.[182] Es ist ein Land, das im Vergleich zu allen anderen Ländern in Europa den höchsten Prozentsatz des Bruttoinlandsprodukts für die Streitkräfte ausgibt und Kriege gegen schwächere Nachbarn führt. Schließlich kann man dem ukrainischen Präsidenten Petro Poroschenko vieles vorwerfen, nicht aber den Versuch, in seinem Land einen Führungskult zu etablieren. Dies ist weit mehr in der Russischen Föderation der Fall, und die militärische Aggression gegen die Ukraine hat diese Tendenz nur verstärkt. Kurzum, wenn wir die in der Forschungsliteratur genannten Charakteristika als Anzeichen von Faschismus betrachten: aggressiven Nationalismus, Militarismus, Führerkult, staatliche Kontrolle über Massenmedien, manipulierte Wahlen usw.[183] und das Vorliegen dieser zur Rechtfertigung einer militärischen Intervention nehmen, dann wird der erste Anwärter darauf auf dem europäischen Kontinent nicht die Ukraine sein.

---

[182] Виктор Шнирельман, *Расовая война на городских улицах*, Скепсис, https://scepsis.net/library/id_2732.html.
[183] Vgl. z. B. die häufig zitierten Merkmale von Faschismus nach Laurence Britt und Umberto Eco: Laurence Britt, *Fascism anyone?*, Free Inquiry Magazine 23, no. 2 (2003), 20–22; Umberto Eco, *Ur-Fascism*, The New York Review of Books, 22.06.1995, https://www.nybooks.com/articles/1995/06/22/ur-fascism/.

Faschismus vs. Kommunismus: Kriterien der Unterscheidung

Wenn wir die 1930er Jahre als *klassische Periode* betrachten, dann wäre der aktuelle Zustand der linksradikalen Bewegung am treffendsten als *Spätrokoko* zu bezeichnen. Ganz gleich, wie dreist, absurd oder zynisch Hitlers Ansprüche auf die Tschechoslowakei oder Stalins Ansprüche auf Polen waren, sie standen dennoch auf einem festeren Grund als die hypertrophierten Derivate des heutigen Links-Rechts-Denkens. Das Problem ist nicht, dass die gegenwärtige radikale Linke das Erbe des Stalinismus nicht zufriedenstellend aufgearbeitet oder sich nicht hinreichend von den furchtbarsten Gruppen innerhalb der Bewegung distanziert hat. Das Problem ist, dass im Zentrum der linken Bewegung immer noch die Kategorien und Argumentationsweisen der 1930er Jahre dominieren, die so sehr mit der linken Identität verschmolzen sind, dass sie einfach nicht voneinander zu trennen sind. Dies gilt insbesondere für den Begriff des Faschismus, der von der stalinistischen Propaganda verwendet wurde, lange bevor die deutschen Nationalsozialisten die Macht übernahmen (so wurde beispielsweise der ukrainische Bolschewik Schumskyj Ende der 1920er Jahre als *Faschist* gebrandmarkt).[184] Die heutigen radikalen Linken messen diesem Begriff weitgehend die gleiche Bedeutung bei wie ihre Vorgänger. Diese „Theorie" spiegelte sich am deutlichsten in den Artikeln und Reden von Georgi Dimitroff (Anführungszeichen sind hier angebracht, da es sich eher um eine Kodifizierung einer Reihe von Ideen handelte, die bereits in der Propagandapraxis verwendet wurden).[185] Nach Dimitroff ist der Faschismus angesichts der unvermeidlichen *kommunistischen Revolution* für das *Finanzkapital* (dessen Dominanz für die *Endphase des Kapitalismus* charakteristisch ist) das letzte Aufgebot. Daher ist es unmöglich, den Faschismus zu besiegen, ohne den Kapitalismus zu überwinden, im Grunde ist es eine Art letzte Schlacht, nach deren Ausgang die Welt entweder in einen

---

184 TERRY MARTIN, *The Affirmative Action Empire*, 212–228.
185 GEORGI DIMITROFF, *Arbeiterklasse gegen Faschismus* (München: Das Freie Buch, 1991).

schwarzen Abgrund stürzen oder sich auf den Weg in eine strahlende kommunistische Zukunft machen wird. Die Vorstellung, dass ein konsequenter Antifaschismus antikapitalistisch sein muss und der Faschismus ein Instrument der Kapitalisten (und entsprechend der Staaten, die deren Interessen vertreten) ist, wird von der westlichen radikalen Linken immer noch geteilt. Dasselbe gilt für die damit verbundenen Vorstellungen von der „Macht des Finanzkapitals" als allgemeinem Sterbebett des Kapitalismus und vom „Imperialismus" als einer seiner letzten Todeskrämpfe. Die Interpretation, dass in der Ukraine ein von den USA und der EU inspirierter faschistischer Putsch stattgefunden habe, fand in den Herzen der westlichen Linken nicht nur wegen der Effizienz der russischen Propaganda, sondern auch, weil sie perfekt zu den bestehenden Vorstellungen passte, eine solche Resonanz, und vor allem, weil sie deren stärkste eschatologische Schicht berührte.

Und hier taucht der zweite Aspekt auf, der in diesem Zusammenhang zu berücksichtigen ist, die Notwendigkeit, das etablierte Modell der Beziehung zwischen linken und rechten Bewegungen zu revidieren. Es scheint, dass selbst wissenschaftliche Versuche, das entsprechende Konzept auf ein sehr spezifisches historisches Phänomen- bestimmte diktatorische Regime und Bewegungen der 1930er bis 1940er Jahre - anzuwenden, nicht als völlig zufriedenstellend angesehen werden können. Die in der Forschungsliteratur in unterschiedlichen Kombinationen zitierten Charakteristika des Faschismus lassen sich, auch wenn sie nur auf diesen Zeitraum begrenzt werden, nicht gleichmäßig anwenden. Der Klerikalismus war nicht bestimmend für die deutschen Nationalsozialisten, und der Antisemitismus war nicht bestimmend für die italienischen Faschisten.[186] Francos Spanien und Salazars Portugal führten keine Angriffskriege, Todeslager existierten nur in den vom Dritten Reich besetzten Gebieten. Tatsächlich ist der Fall Deutschland eher eine Ausnahme im Vergleich zu anderen rechtskonservativen Diktaturen im damaligen Europa.

---

186 ISTVAN DEAK, *Essays on Hitler's Europe* (Lincoln and London: University of Nebraska Press, 2001), 137–142.

Diese Überlegungen sollen nicht den Begriff „Faschismus" in Bezug auf ein bestimmtes historisches Phänomen untergraben. Die Unmöglichkeit, eine umfassende Definition für ein Phänomen zu finden, ist noch kein Argument dafür, den Begriff, der es bezeichnet, aufzugeben. So ist beispielsweise jede der verschiedenen Aktivitäten wie Schach, Fußball, Solitaire oder das regellose Spielen eines Kindes mit einer Puppe eine Art Spiel. Den meisten Spielen sind bestimmte „Familienähnlichkeiten" eigen, aber nicht jedes von ihnen wird eine bestimmte Art von Spiel charakterisieren, und der Versuch, einen umfassenden Begriff zu konstruieren, wird entweder zahlreiche Ausnahmen enthalten, oder zu einem Konzept führen, das so abstrakt ist, dass seine Anwendung in der Praxis irrelevant sein wird.[187]

Der Faschismus war natürlich ein reaktionäres Phänomen. In einem sehr wichtigen Punkt war er jedoch recht modern, und zwar nicht nur auf der Ebene bestimmter expliziter ideologischer Werte, Rituale oder Propagandapraktiken, sondern in allen konkreten Fällen der Umsetzung politischer Macht. Während das Legitimationsprinzip des klassischen Monarchismus die dynastische Vererbung durch Bezugnahme auf „Gottes Willen" war, wurde die Legitimität faschistischer Regime gewissermaßen als „Wille des Volkes" konstruiert. In einem grundlegenden Aspekt erkannte der Faschismus also die tektonische Verschiebung an, die als Folge der Französischen Revolution entstanden war. Eine charakteristische „Familienähnlichkeit" des Faschismus selbst (und zugleich sein grundlegender Unterschied zur repräsentativen Demokratie) war, dass ein solcher „Volkswille" vom antiliberalen Diktaturregime zum Ausdruck gebracht wurde und seine Produktion zu einer permanenten Aufgabe der Legitimations- und Propagandamaschinerie des Regimes wurde. Das Ziel dieser Nachahmung war weniger die gute alte Monarchie als vielmehr die repräsentative Demokratie, die zur Zeit des Aufstiegs der faschistischen Bewegungen auf dem europäischen Kontinent ein neues und instabiles Phänomen war. Der

---

187 LUDWIG WITTGENSTEIN, *Philosophische Untersuchungen*. Werkausgabe Bd. 1 (Frankfurt: Suhrkamp, 1984), 276–283 (Teil I Nr. 64 ff.), engl.: *Philosophical Investigations* (Oxford: Basil Blackwell, 1986), 31–36.

Faschismus war daher weniger eine Reaktion auf linke Massenbewegungen als vielmehr auf die repräsentative Demokratie. Natürlich kann man der linken Kritik am Faschismus, dass er in gewisser Weise die linken Bewegungen nachahmte, grundsätzlich zustimmen. Allerdings müssen wir etwas andere unterschiedliche Schlussfolgerungen ziehen.

Tatsache ist, dass die faschistischen Bewegungen nicht der erste erfolgreiche Fall einer modernen Diktatur waren, die sich grundlegend von der klassischen Monarchie unterschied. Der erste derartige Fall in der Geschichte des modernen Europas war das bolschewistische Russland: ein antiliberales Einparteien-Regime, angeführt von einem Führer, der den „Willen des Volkes" zum Ausdruck brachte. Es war keineswegs ein Zufall, dass sich die Bolschewiki nach dem Verlust der ersten (und für lange Zeit letzten) freien Wahlen zu einem Militärputsch entschlossen. Lenin kritisierte die parlamentarische Demokratie bereits, als es keine Anzeichen dafür gab, dass der Zar jemals abdanken und das weitere Geschick des Landes von einem repräsentativen Organ entschieden werden würde, das durch allgemeine, direkte Wahlen in geheimer Abstimmung gewählt wurde: Sogar Frauen erhielten das Recht zu wählen, es wurde auf die damals niedrigste Altersgrenze festgelegt (20 Jahre). Alle anderen Voraussetzungen, wählen zu dürfen, wie Eigentum, Bildung, Religion oder ethnische Zugehörigkeit wurden abgeschafft.[188] Gleichzeitig formulierte Lenin die Theorie, dass das Organ des „Willens des Proletariats" die hierarchisch organisierte Partei werden sollte, die auf der Grundlage unbedingter Disziplin und Forderung nach Opfern beruht, an deren Spitze ein nur sich selbst verantwortliches Zentralkomitee steht.[189] Auf dieser

---

188 Vgl.: LEV PROTASOV, *The All-Russian Constituent Assembly and the Democratic Alternative: Two Views of the Problem*, Revolutionary Russia: New Approaches to the Russian Revolution of 1917, ed. Rex A. Wade (New York and London: Routledge, 2004), 243–265; ЛЕВ ПРОТАСОВ, *Всероссийское учредительное собрание: история рождения и гибели* (Москва: РОССПЭН, 1997), 68–77.
189 Vgl. vor allem: W. I. LENIN, *Was tun?* Werke Bd. 5 (Berlin: Dietz, 1985), 355–549, ukr.: В. І. ЛЕНІН, *Що робити?*, Повне зібрання творів, т. 6 (Київ: Політвидав України, 1969), 1–180, und außerdem zahllose Aufsätze und Ansprachen 1902–1903 am Vorabend des 2. Parteitags der Sozialdemokratischen Arbeiterpartei Russlands.

Grundlage wurde die Bolschewistische Partei lange vor der Revolution von 1917 aufgebaut, und gerade darauf zielte die Kritik Rosa Luxemburgs. So sehr ihre Vision, zumindest in mancher Hinsicht, schöner war als das autoritäre Programm des künftigen „Führers des Weltproletariats", in der Auseinandersetzung zwischen ihnen muss man doch Lenin den Vorrang einräumen, einem Mann, der zu ziemlich banalen, aber völlig logischen Schlussfolgerungen gelangte, die auf einer Reihe romantischer Grundlagen basieren, die dem linksradikalen Weltbild zugrunde liegen (worauf wir noch zurückkommen werden).

Natürlich können manche der von den Forschern herausgearbeiteten Merkmale, wie etwa die „staatliche Kontrolle über die Presse", als zwar spezifische, aber keineswegs außergewöhnliche, und gleichzeitig weniger typische „Familienähnlichkeiten" des Faschismus angesehen werden, verglichen mit solchen wie der „auf Mythen und Ritualen gründenden irrationalen Ersatz-Religion" oder der „korporativen hierarchischen Wirtschaftsorganisation".[190] Die Unterscheidung zwischen Faschismus und Kommunismus anhand solcher Merkmale dürfte nur dann unproblematisch sein, wenn man die kommunistische Ideologie als „wissenschaftlich" ansieht, ihre eschatologischen Motive ignoriert und die Rolle rein „ersatzreligiöser" Rituale im Leben kommunistischer Gesellschaften vernachlässigt. Es scheint, dass die Unterscheidung weiterhin an ideologisch motivierten Gründen ins Stolpern gerät, die, wenn auch nicht immer bewusst, von vielen Forschern geteilt werden. Nicht weniger hinderlich für sie sind die geringen Kenntnisse des sozioökonomischen Systems der Sowjetunion, der ethnischen Dimension der stalinistischen Repressionen und der diskriminierenden, auch antisemitisch motivierten Praktiken, die sich durch die gesamte sowjetische Geschichte bis einschließlich der Perestroika-Zeit hindurchziehen.

Um ein zentrales Argument dieses Gedankengangs einzuführen, bedarf es eines kleinen Gedankenexperiments. Stellen wir uns vor, der Holocaust hätte mitsamt allen historischen Details

---

190 EMILIO GENTILE, *Der Faschismus: Eine Definition zur Orientierung*, Mittelweg 16, 1 (2007): 81–99.

stattgefunden – derselben Anzahl von Opfern, die nach denselben Kriterien ausgewählt wurden, derselben Täter und Orte der Massenmorde und so weiter. Für unser Experiment führen wir nur ein neues Element ein: die gesamte Wirtschaft des Dritten Reiches ist ausnahmslos in Staatsbesitz. Zu welchen Schlussfolgerungen müsste ein solches Modell führen? Inwieweit müsste der Begriff „Nationalsozialismus" seine Bedeutung ändern? Müsste das NS-Regime nicht als „Kommunismus" eingestuft werden? Denken wir daran, dass die Abkürzung NSDAP National*sozialistische* Deutsche *Arbeiterpartei* bedeutet. Die negative Konnotation, die der Begriff „Nationalsozialismus" erhalten hat, ergibt sich weniger aus der Semantik des Begriffs an sich als vielmehr aus Assoziationen mit dem Regime, das 1933–1945 in Deutschland herrschte. Und das ist ein weiterer Beweis dafür, dass für *die wissenschaftliche Einordnung eines bestimmten Regimes die Art der Repression ein wichtigeres Kriterium ist als die Form des Eigentums an den Produktionsmitteln*. Wenn wir schließlich von dem Gedankenexperiment zur sehr konkreten, nicht fiktiven historischen Realität zurückkehren, können wir die Metapher der „Todesfabriken" klären, indem wir feststellen, dass diese „Fabriken" gerade „staatlich" waren.

Ein politisches Regime, das den staatlichen Besitz der Produktionsmittel etablierte und massenhafte Repression praktizierte, die weitgehend geleitet war von ethnischen Kriterien, existierte freilich, und zwar nicht in einem Gedankenexperiment, sondern in der Realität. Selbst auf dem Höhepunkt des Kampfes gegen Nazi-Deutschland wurden in der Sowjetunion ganze ethnische Gruppen deportiert. Dasselbe Schicksal hätte auch die Ukrainer treffen können – Nikita Chruschtschow, ein sehr sachkundiger Zeitzeuge, erinnerte daran, dass Stalin am Ende des Zweiten Weltkriegs sehr ernsthaft hierüber nachdachte. Hindernis für die Umsetzung dieses Plans war offenbar vor allem die Tatsache, dass es sich um eine zu große ethnische Gruppe handelte. Außerdem waren die chauvinistischen Vorurteile gegenüber den Ukrainern schwächer als gegenüber den muslimischen Völkern des Kaukasus und der Krym, die seit dem späten 18. Jahrhundert traditionelle Objekte der Deportation und genozidaler Praktiken des Russischen Reiches waren.

Ebenso entsprachen die sozioökonomischen und administrativen Praktiken der UdSSR noch mehr dem Ideal einer hierarchisch organisierten Ständegesellschaft als jene, die im nationalsozialistischen Deutschland oder im faschistischen Italien vorherrschten. Die Hungersnot von 1932–1933 stand in direktem Zusammenhang mit der „Passreform", der Einführung des Meldewesens und den sogenannten „geschlossenen Städten". Infolge dieser Reform erhielten die Dorfbewohner, die in die Kategorie der „Kolchosbauern" fielen, überhaupt keine Pässe, sodass sie die Kollektivwirtschaft nicht mehr ohne besondere Erlaubnis verlassen durften.[191] Das heißt, einer großen Bevölkerungsgruppe – noch Ende der 1950er Jahre gehörte die Mehrheit der ethnischen Ukrainer in der UdSSR zur Kategorie der Kolchosbauern[192] – wurde von den Behörden die Bewegungsfreiheit entzogen. 1940 trat ein Dekret des Präsidiums des Obersten Sowjets der UdSSR „Über den Übergang zu einem Achtstundentag, zur Siebentagewoche und zum Verbot für Arbeiter und Angestellte, unerlaubt Betriebe und Einrichtungen zu verlassen" in Kraft, das es den Arbeitnehmern untersagte, ohne Zustimmung ihrer Vorgesetzten zu kündigen, d. h. ihnen das Recht entzog, einen Arbeitsplatz selbst zu wählen.[193] Betriebsleiter konnten Arbeitnehmer ohne deren Zustimmung entlassen und versetzen, eine selbständige Kündigung aber wurde mit zwei bis vier Monaten Gefängnis bestraft. Obwohl dieses Dekret in der zweiten Hälfte der 1950er Jahre aufgehoben wurde und Chruschtschows Reformen die materielle Lage der Bauern in den 1960er Jahren erheblich verbesserten, konnten Kolchosbauern erst in den 1970er Jahren Pässe erhalten, und das System der „geschlossenen Städte" überlebte bis zum Zusammenbruch der UdSSR.[194] Die Sowjetunion errichtete daher überhaupt keine „klassenlose Gesellschaft",

---

191 ВАЛЕРИЙ ПОПОВ, *Паспортная система советского крепостничества*, Новый мир 6 (1996): http://magazines.russ.ru/novyi_mi/1996/6/popov-pr.html.
192 BOHDAN KRAWCHENKO, *Social Change and National Consciousness in Twentieth-Century Ukraine*, 204.
193 VICTOR ZASLAVSKY, *The Neo-Stalinist State: Class, Ethnicity, and Consensus in Soviet Society* (Armonk: Sharpe, 1994), 46–48.
194 КИРИЛО ТКАЧЕНКО, *Історія однієї дивної перемоги, або Хто виграв внаслідок ринкових перетворень?*, 20 років капіталізму в Україні: історія однієї ілюзії, ред. Кирило Ткаченко (Київ: Арт Книга, 2015), 94–97.

sondern eine soziale Organisation, die deutlich Merkmale einer korporatistischen und Ständegesellschaft aufwies.[195]

Die Unzulänglichkeit sozioökonomischer Kriterien zur Klärung des Wesens faschistischer und kommunistischer Regime lässt sich auch aus anderer Perspektive aufzeigen. Die Absage an Wirtschaftsliberalismus und freien Welthandel war die programmatische Position der NSDAP schon vor ihrer Machtübernahme: Ihr Programm von 1920, das die Nationalsozialisten weiterhin als „unveränderlich" bezeichneten, war vor allem sozialökonomischer Natur. Es sah die Verstaatlichung der Industrie, das Verbot „arbeits- und mühelosen Einkommens", von Bodenspekulation, Kriegsgewinnen usw. vor und verkündete als wirtschaftliche Hauptaufgabe die Absicht der „Brechung der Zinsknechtschaft".[196] Dies war keine leere Parole, es ging um das grundlegende Ziel der NS-Wirtschaftspolitik: den Aufbau einer autarken, vom Weltmarkt abgekoppelten Wirtschaftsordnung.[197] Eine gründliche und überzeugende fachliche Untersuchung der NS-Wirtschaftspolitik, die die Deutsche Mark zu einer nicht konvertierbaren Währung machte und zu Einstellung ausländischer Direktinvestitionen und zu einer akuten Devisen- und Goldknappheit führte, zeigt, in welchem Ausmaß die Angriffskriege des Dritten Reiches durch diesen Druck bedingt waren.[198] Schon 1933 stellte Hitlers Regierung mehr als drei Milliarden Reichsmark zur Bekämpfung der Arbeitslosigkeit bereit,[199] die Militärausgaben Nazi-Deutschlands sollten diese Summe nur wenige Jahre später erreichen.[200] Die Preise im nationalsozialistischen

---

195 WOLFGANG TECKENBERG, *Gegenwartsgesellschaften: UdSSR* (Stuttgart: Teubner, 1983), 52–54, 434–438.
196 Der originale Text des Programms ist zugänglich unter der Adresse: http://www.documentarchiv.de/wr/1920/nsdap-programm.html.
197 Vgl.: ASSA BRIGGS, *The World Economy: Interdependence and Planning*, The Shifting Balance of World Forces, ed. C. L. Mowat (London and New York: Cambridge University Press, 1968), 74–75.
198 Vgl.: GÖTZ ALY, *Hitlers Volksstaat: Raub, Rassenkrieg und nationaler Sozialismus* (Frankfurt: S. Fischer, 2003), engl. *Hitler's Beneficiaries: Plunder, Racial War, and the Nazi Welfare State* (New York: Metropolitan Books, 2006).
199 Als detaillierte Beschreibung der NS-Politik bezüglich der Arbeitslosigkeit vgl.: TIMOTHY W. MASON, *Sozialpolitik im Dritten Reich: Arbeiterklasse und Volksgemeinschaft* (Opladen: Westdeutscher Verlag, 1977), 124–147.
200 WERNER ABELSHAUSER, *Germany: Guns, butter, and economic miracles*, The economics of World War II: Six great powers in international comparison, ed. Mark

Deutschland wurden vom Reichskommissariat für die Preisbildung reguliert, Verstöße gegen die Preisregelung wurden strafrechtlich verfolgt.[201] In Anlehnung an den sowjetischen Fünfjahresplan führte das Dritte Reich 1936 den „Vierjahresplan" ein,[202] und bis Ende der 1930er Jahre waren praktisch alle wichtigen Wirtschaftszweige in staatlich kontrollierte Kartelle zusammengefasst.[203] Zu Beginn des Krieges wurden Deutschlands Privatbanken de facto verstaatlicht, und wenn die Nazis die öffentlichen Finanzen nicht durch die Ausgabe von staatsgarantierten Wertpapieren saniert hätten, hätten sie wahrscheinlich alle Börsen geschlossen.[204] Das Adjektiv „sozialistisch" im Namen der NSDAP war also kein leeres Wort, und obwohl das Privateigentum an Produktionsmitteln durch das NS-Regime nicht abgeschafft wurde, kann man nur dann argumentieren, dass die Errichtung des 3. Reiches ein Triumph der Bankiers und Kapitalisten war, wenn man die historischen Tatsachen sorgfältig ignoriert.

Gibt das nun alles Anlass, die Unterscheidung zwischen Faschismus und Kommunismus aufzugeben? Auf keinen Fall. Beim unvermeidlichen Überdenken der Einschätzungen beider Ideologien muss sich der Forscher auch an ideologischen Kriterien orientieren, und ein solcher Ansatz offenbart zahlreiche grundlegende Unterschiede. Der vielleicht wichtigste von ihnen wird jedoch weniger von ideologischen Prinzipien als vielmehr vom Verhältnis zwischen der erklärten Ideologie und der politischen Praxis bestimmt. *Klassische kommunistische Regime weisen im Gegensatz zu faschistischen eine echte Kluft zwischen nominellen ideologischen Werten und ihrer praktischen Umsetzung auf.* Während die Nazis ihre

---

Harrison (Cambridge: Cambridge University Press, 1998), 138; ADAM J. TOOZE, *The Wages of Destruction: The Making and Breaking of the Nazi Economy* (London: Allen Lane, 2006), 63.

201 FRANZ NEUMANN, *Behemoth: The Structure and Practice of National Socialism, 1933-1944* (Chicago: Ivan R. Dee, 2009), 305-316.

202 DIETMAR PETZINA, *Autarkiepolitik im Dritten Reich: Der nationalsozialistische Vierjahresplan* (Stuttgart: Deutsche Verlagsanstalt, 1968), 57-115.

203 FRANZ NEUMANN, *Behemoth: The Structure and Practice of National Socialism, 1933-1944*, 265-268.

204 HAROLD JAMES, *The Deutsche Bank and the Nazi Economic War Against the Jews: The Expropriation of Jewish-Owned Property* (Cambridge: Cambridge University Press, 2004), 21-35.

Absichten weniger verheimlichten, behaupteten die Kommunisten, sie würden eine klassenlose Gesellschaft aufbauen, in der zwischen den Völkern Harmonie herrschen und Ausbeutung von Menschen verschwinden würde. Der Holodomor wurde von einer Flut von Propaganda begleitet, die das glückliche Leben der Kolchosbauern darstellte, und der Große Terror begann kurz nach der Verabschiedung einer der demokratischsten Verfassungen der Welt. Letztlich findet sich die eigentliche Theorie Lenins vom Staat nicht in seiner vorrevolutionären Arbeit „Der Staat und die Revolution" (worin er das Ziel der kommunistischen Revolution proklamierte, wenn auch erst nach einer vorübergehenden Periode der „Diktatur des Proletariats", die endgültige Abschaffung des Staates – bis hin zur Auflösung der Polizei und Schließung der Gefängnisse),[205] sondern in den hier erwähnten „technischen" Artikeln, die die Struktur der Parteiorganisation umreißen.

Zusammenfassend lässt sich sagen, dass im Lichte des verfügbaren historischen Wissens die Kluft in der Distanz zwischen der proklamierten Ideologie und den gegenwärtigen Praktiken vielleicht in der Tat der bedeutendste Unterschied zwischen den klassischen faschistischen und kommunistischen Regimen ist.

Die strahlende Vergangenheit lässt nicht los

Ein Vergleich der aktuellen Situation in den westlichen links- und rechtsradikalen Bewegungen zeigt, dass das hier beschriebene Missverhältnis nicht nur nicht verschwunden, sondern sogar noch ausgeprägter geworden ist. Die Linke ist noch tiefer in Scheinheiligkeit versunken und befindet sich trotz interner Reformströmungen und zahlreicher „Erneuerungswellen" in einer noch deutlicher karikaturhaften Position als im „Goldenen Zeitalter" rot-brauner Allianzen. Selbstverständlich klebt an den Händen der jetzigen radikalen Linken fast kein Blut mehr, aber nicht, weil sie humaner

---

205 W. I. LENIN, *Staat und Revolution: Die Lehre des Marxismus vom Staat und die Aufgaben des Proletariats in der Revolution*, Lenin, Werke Bd. 25 (Berlin: Dietz, 1974), 393–507, ukr.: В. І. Ленін, *Держава і революція: Вчення марксизму про державу і завдання пролетаріату в революції*, Повне зібрання творів, т. 33 (Київ: Політвидав України, 1973), 1–115.

geworden sind, sondern weil sie keinen Zugang zur Macht haben. In den 1920er und 1930er Jahren proklamierte die kommunistische Ideologie nicht weniger humane Werte. Schließlich ist nichts Neues daran, das die radikale Linke Menschenrechte und politische Freiheiten verteidigt (außer dann, wenn sie von einem kommunistischen oder einem anderen „antiwestlichen" Regime verletzt werden). All das wurde auch von Lenin voll unterstützt, bis die Bolschewiki die Macht ergriffen. Bevor Leo Trotzki scharfer Kritiker des Stalinismus geworden war, trug er einst sehr erfolgreich zum Aufbau der Terrormaschinerie bei. Neben der praktischen Entwicklung der Roten Armee, dem Hauptinstrument des bolschewistischen Terrors im Bürgerkrieg, befasste er sich auch mit der theoretischen Rechtfertigung autoritärer und terroristischer Praktiken. Trotzki hat ein ganzes Buch geschrieben, in dem er konsequent die repräsentative Demokratie ablehnt, zugunsten einer Wirtschaftspolitik auf der Grundlage von Arbeitspflicht und Requirierungen argumentiert und außergerichtliche Hinrichtungen sowie Geiselnahmen gutheißt.[206] Als er sich im Exil befand, argumentierte er für viele vernünftige Dinge, denen wir übrigens nicht widersprechen können (zum Beispiel das Recht der Ukraine auf Unabhängigkeit).[207] Als Trotzki noch eine ziemlich große Chance hatte, Stalin im parteiinternen Kampf zu besiegen, waren seine Ansichten beispielsweise zur Kollektivierung der Landwirtschaft noch radikaler als die seines Gegners, sodass Stalin ihm sogar Verachtung und Feindseligkeit gegenüber der Bauernschaft vorwarf.[208] Hätte Trotzki, ein glühender Kritiker von Stalins These vom „Sozialismus in einem Land", die Gelegenheit gehabt, seine Ideen in die Praxis

---

206 Vgl.: ЛЕВ ТРОЦКИЙ, *Тероризм и комунизм* (Петербург: Государственное издательство, 1920), 56–57, 91–92, 105–109, 125–129, dt.: LEO TROTZKI, *Terrorismus und Kommunismus. Anti-Kautsky* (Hamburg: Cahnbley, 1920; Nachdruck Berlin: Olle & Wolter, ca. 1974), 42–44, 76–78, 98–104, 110–113.
207 LEO TROTZKI, *Die Unabhängigkeit der Ukraine und die sektiererischen Wirrköpfe*. Schriften Bd. 1, 2 (Hamburg: Rasch und Röhring, 1988), 1238–1252, ukr., ЛЕВ ТРОЦЬКИЙ, *Незалежність України і сектантська плутанина*, Український Троцький, ред. Ліва Опозиція (Одеса: ВМВ видавництво-друкарня, 2013), 123–134.
208 Vgl.: JOSEF STALIN, *Die Oktoberrevolution und die Taktik der russischen Kommunisten*. Werke Bd. 6, (Berlin: Dietz, 1952), 188 f., russ. И. СТАЛИН, *Октябрьская революция и тактика русских коммунистов*, Сочинения, т. 6. (Москва: Государственное издательство политической литературы, 1950), 867.

umzusetzen,[209] hätten die Nachbarn der UdSSR mit ihm noch mehr Ärger gehabt als mit Stalin (natürlich nur, wenn man nicht denkt, dass alle Völker bloß davon träumten, von den sowjetischen „Exporteuren der Revolution" befreit zu werden).

Ein sehr symptomatisches Phänomen für einen bedeutenden Teil der westlichen radikalen Linken ist die Betonung eigener „trotzkistischen Positionen", was wohl die konsequente Überwindung der Folgen des Stalinismus bedeuten soll. Ebenso charakteristisch sind die ständigen Beteuerungen, der Begriff des Kommunismus könne von seinen historischen Konnotationen losgelöst werden. Gleichzeitig gibt es nur wenig, was die moderne radikale Linke so entrüsten könnte, wie etwa daran erinnert zu werden, dass die kommunistischen Regime mehr Menschen getötet haben als die faschistischen. Solche Vergleiche, so argumentieren sie, relativieren die Verbrechen des Nationalsozialismus und ignorieren den „humanistischen" Gehalt der kommunistischen Ideologie völlig. Tatsächlich ist eines der charakteristischen Merkmale des heutigen linksradikalen Diskurses die Verwendung des Begriffs „Antikommunismus", mit welchem ein imaginäres Bündel von Techniken bezeichnet wird, die darauf abzielen, die radikale Linke zu diskreditieren. Nach Ansicht der Autoren einer der populärsten zeitgenössischen linksradikalen Publikationen „zeigt die Geschichte, dass der Antikommunismus den Kräften der Tyrannei und der Reaktion diente, nicht der Demokratie und der Freiheit."[210] Der hundertste Jahrestag des bolschewistischen Staatsstreichs wurde von einer ganzen Flut westlicher linksradikaler Presse aufgegriffen, wenn auch nicht ohne den traurigen Hinweis auf „verpasste historische Gelegenheiten", waren es aber im Allgemeinen recht glorifizierende Artikel. Dieses Umfeld verbindet erfolgreich den „antistalinistischen" Konsens mit Nostalgie für die verlorene UdSSR und vervollständigt ihn so harmonisch mit der Verunglimpfung der

---

209 LEO TROTZKI, *Die permanente Revolution*. (Berlin-Wilmersdorf 1930: Die Aktion, 1930), 160–163 (Schlussbemerkungen im Epilog), verschiedene Nachdrucke und Neuausgaben, russ.: ЛЕВ ТРОЦКИЙ, *Перманентная революция* (Берлин: Грани, 1930), 167–170.

210 MARCEL LIEBMAN, RALPH MILIBAND, *Reflections on Anti-Communism*, Jacobin, 12.12.2017, https://www.jacobinmag.com/2017/12/anti-communism-sovietunion-united-states-miliband.

von ihnen abwertend bezeichneten „Theorien des Totalitarismus", was alle Versuche einschließt, gemeinsame Merkmale zu identifizieren, die sowohl dem Faschismus als auch dem Kommunismus innewohnen (auch wenn die kritisierten Autoren den Begriff „Totalitarismus" überhaupt nicht verwenden). Die Arbeiten von Timothy Snyder und Anne Applebaum beispielsweise werden als „Theorien des Totalitarismus" gebrandmarkt.[211] Wie in der Blütezeit der rot-braunen Allianzen, neigt die radikale Linke des Westens noch immer dazu, jeden Kritiker des Kommunismus als „Komplizen der Faschisten" abzustempeln und die repräsentative Demokratie und die faschistische Diktatur nur als zwei Spielarten der „Macht des Kapitals" zu traktieren. Wenn es in diesem Umfeld bemerkenswerte Fortschritte gibt, dann nur auf der Ebene der Rhetorik. Neben den rhetorischen Mitteln, die von der „antifaschistischen" Tradition der 1930er Jahre geprägt sind, muss die heutige westliche Linke zusätzlich auf etwas ausgefeiltere Konstruktionen zurückgreifen.

Wenn eine solche Rhetorik zu einem kognitiven Werkzeugkasten wird, dann macht sie es unmöglich zu erkennen, dass das erste erfolgreiche Beispiel einer modernen, programmatischen antidemokratischen Diktatur nicht 1922 in Rom, sondern 1917 in Petrograd eingeführt wurde. Vor dem Hintergrund des quantitativen Übergewichts von Opfern kommunistischer Regime kann der Verweis auf die „humanistische" Dimension der Ideologie, von der sie geleitet wurden, nicht nur keine Rechtfertigung für die historischen Versuche ihrer Durchsetzung sein, sondern sollte vielmehr im Gegenteil Ausgangspunkt werden für eine kritische Analyse der Ideologie selbst.

---

211 DANIEL LAZARE, *Timothy Snyder's Lies*, Jacobin, 09.09.2014, https://www.jacobinmag.com/2014/09/timothy-snyders-lies; AMELIE ZIMA, *Rideau de fer. L'Europe de l'Est écrasée, 1944–1956*, Le Monde Diplomatique, Avril 2016, https://www.monde-diplomatique.fr/2016/04/ZIMA/55255.

Kapitel IV
Linke Regression: Antisemitismus

Linker Terror im Nachkriegsdeutschland

Die Anhänger der radikalen Linken versichern gerne, dass der Stalinismus ein „abgeschlossenes Kapitel" in der Geschichte der linken Bewegung sei, und das Ziehen von Parallelen dazu ein schmutziger „antikommunistischer" Trick. Sie sagen, dass der Fortschritt in der linken Bewegung nach dem Zweiten Weltkrieg neue Ideen, neue Theorien, neue Strömungen hervorgebracht hat, so dass die „neue Linke" nicht für alte Fehler verantwortlich gemacht werden kann (allerdings vergessen die Fürsprecher dieser Neuerungen oft hinzuzufügen, dass sie nur außerhalb der Länder verwirklicht werden konnten, in denen kommunistische Regime herrschten). Im Kontext solcher Argumentationen taucht unweigerlich das Jahr 1968 als Meilenstein dieser Erneuerung auf, die immer noch meist als fortschrittlicher Wandel gesehen wird. Für die weitere Darstellung ist es daher notwendig, folgende dem ukrainischsprachigen Leser wenig bekannte Auswirkung von 1968, nämlich den Linksterrorismus in Westdeutschland, näher zu betrachten.

Für die linksradikale Bewegung sind die Erfahrungen der 1920er und 1930er Jahre noch weitgehend bestimmend, und diese Abhängigkeit von der eigenen Tradition ist im Prinzip untrennbar mit der Identität ihrer Anhänger verbunden. Die Probleme, die die linksradikale Bewegung begleiten, beschränken sich jedoch chronologisch nicht auf diese Zeit, beziehungsweise geografisch nur auf die Sowjetunion oder einige weit entfernte „Dritte-Welt"-Länder. Daher wäre es aus verschiedenen Gründen angebracht, sich auf einen anderen Zeitraum zu beziehen. Vor allem, wenn man sich bewusst ist, dass es um eine ungebrochene Kontinuität, um ein ganz frisches Erbe geht, teilweise sogar um unsere Zeitgenossen, heutige Mitglieder der deutschen radikalen Linken.

Ein Aspekt, der im Folgenden diskutiert werden soll, ist die antisemitische Motivation des linken Terrors im Nachkriegs-Westdeutschland. Sein erster Akt war der Versuch, 1969 ein jüdisches

Kulturzentrum in West-Berlin in Brand zu setzen. Die Bombe sollte während einer Veranstaltung zum Gedenken an den Jahrestag der Kristallnacht 1938 gezündet werden, einer Serie von Pogromen und Brandstiftungen, die über Deutschland hinwegfegte und Hunderten deutscher Juden das Leben kostete. Das Bekennerschreiben von 1969 trug den Titel „Schalom + Napalm".[212] Die letzte Tat deutscher Linksterroristen fand 1991 statt. Diesmal war die Bombe für einen Bus bestimmt, der jüdische Zuwanderer (sog. Kontingentflüchtlinge) aus der ehemaligen Sowjetunion zum Flughafen Budapest beförderte.[213] 1969 explodierte die Bombe nicht. Bei der Explosion von 1991 kam niemand ums Leben (es wurden „nur" zwei ungarische Polizisten verwundet), und in diesem Sinne können die erste und die letzte Aktion als erfolglos angesehen werden. Leider kann dies von einer Reihe „antizionistischer" Aktionen der jungen deutschen radikalen Linken zwischen 1969 und 1991 nicht gesagt werden.

Das abscheulichste antisemitisch motivierte Verbrechen in Nachkriegsdeutschland wurde nicht von SS-Veteranen, Neonazis oder Islamisten begangen, sondern von radikalen Linken. Am 13. Februar 1970 wurde das Altersheim der jüdischen Kultusgemeinde in München in Brand gesetzt. Sieben Menschen starben, 15 weitere wurden verletzt. Alle sieben Getöteten überlebten den Holocaust, zwei von ihnen gingen durch Konzentrationslager. Angesichts der Tatsache, dass der vielleicht typischste Einwand seitens der Linken gegen die Antisemitismus-Vorwürfe die Forderung bleibt, zwischen (bösem) Antisemitismus und (gutem) „Antizionismus" zu unterscheiden, ist es erwähnenswert, dass keines der Opfer dieser Brandstiftung die israelische Staatsbürgerschaft besaß.[214]

Die Brandstiftung war Teil einer Serie von Terroranschlägen in München im Februar 1970. Sie kosteten 55 Menschen das Leben.

---

212 WOLFGANG KRAUSHAAR, *Die Bombe im Jüdischen Gemeindehaus* (Hamburg: Hamburger Edition, 2005).
213 JAN-GEORG GERBER, *Die RAF und der Antisemitismus der militanten Linken: Fließende Grenzen*, Jungle World, 05.03.2015, https://jungle.world/artikel/2015/10/fliessende-grenzen.
214 WOLFGANG KRAUSHAAR, *Wann endlich beginnt bei Euch der Kampf gegen die heilige Kuh Israel?* München 1970: über die antisemitischen Wurzeln des deutschen Terrorismus (Hamburg: Rowohlt, 2013).

Am blutigsten war die Explosion in einem Flugzeug der Swiss Airlines auf dem Weg nach Tel Aviv (alle Passagiere und Besatzungsmitglieder, insgesamt 47 Personen, wurden getötet). Die Explosion ereignete sich bereits über der Schweiz, aber die Bombe wurde platziert, während das Flugzeug in München abgestellt war. Abgesehen von dem Brandanschlag auf das Altersheim wurden alle anderen Terroranschläge von Palästinensern begangen. Die jungen deutschen Revolutionäre leisteten „nur" logistische Unterstützung. Die Beziehungen zwischen palästinensischen Terroristen und der deutschen radikalen Linken hatten 1970 bereits eine Vorgeschichte. Die für den Brandanschlag 1969 in Berlin verantwortliche Gruppe war zuvor im Lager der Fatah in Jordanien ausgebildet worden (wo sie tatsächlich lernten, Bomben zu bauen).[215]

Dieselbe logistische Unterstützung leistete die radikale Linke im September 1972, als eine Gruppe Palästinenser während der Olympischen Spiele in München zunächst zwei israelische Athleten tötete und neun als Geiseln nahm, die später bei dem missglückten Befreiungsversuch umkamen. Die vielleicht bekannteste Gruppierung der vielen deutschen Linksterroristen, die RAF (Rote Armee Fraktion), lobte die Tat als „gleichzeitig antiimperialistisch, antifaschistisch und internationalistisch" und betonte sogar besonders ihre „Sensibilität für historische und politische Zusammenhänge",[216] was für den deutschen Leser eine völlig transparente, auf den Ort des Terroranschlags bezogene Anspielung war: München erschien in der NS-Propaganda als „Hauptstadt" der nationalsozialistischen Bewegung.

Laut dem Programmpapier der „Revolutionären Zellen" gehörten „Aktionen gegen die Komplizen des Zionismus" zu den drei wichtigsten „Bereichen" dieser größten und aktivsten Terrororganisation der deutschen radikalen Linken.[217] Was in ihrer Vision

---

215 THOMAS SKELTON-ROBINSON, *Im Netz verheddert: Die Beziehungen des bundesdeutschen Linksterrorismus zur Volksfront für die Befreiung Palästinas (1969–1980)*, Die RAF und der linke Terrorismus, Bd. 1, hrsg. von Wolfgang Kraushaar (Hamburg: Hamburger Edition, 2006), 853–854.
216 *Rote Armee Fraktion: Texte und Materialien zur Geschichte der RAF* (Berlin: ID-Verlag, 1997), 151.
217 *Die Früchte des Zorns: Texte und Materialien zur Geschichte der Revolutionären Zellen und der Roten Zora* (Berlin: ID-Verlag, 1993), 82.

„Zionismus" war, wird am besten durch die Praxis belegt. Im Juli 1976 entführte eine Gruppe von Terroristen ein Flugzeug, das von Tel Aviv nach Paris flog. Sie bestand aus zwei Palästinensern und zwei Deutschen der „Revolutionären Zellen", von denen einer zuvor den Palästinensern geholfen hatte, sich auf den Terroranschlag von 1972 in München vorzubereiten. Auf Initiative der Deutschen sonderten die Terroristen unter den Geiseln Juden aus (die Nichtjuden wurden freigelassen) und zwar nicht nur anhand der israelischen Pässe, sondern auch nach Kleidung und Frisuren, die die Zugehörigkeit zum Judentum bezeugten, und sogar nach Nachnamen, die „jüdisch" klangen (auch hier waren die Palästinenser einfach nicht sachkundig genug, um zu erkennen, welcher der beiden Nachnamen, zum Beispiel Sieger und Singer, „rein deutsch" und welcher „typisch jüdisch" war). Selbst wenn wir annehmen, dass die palästinensischen Mitglieder der Terrorgruppe einige persönliche traumatische Erfahrungen gemacht hatten, Verwandte, die durch israelische Soldaten getötet wurden, oder sonst etwas Schlimmes erlitten, so kann das von den deutschen Revolutionären nicht gesagt werden. Die befreiten Geiseln erwähnten derweil, dass die deutschen Terroristen sie besonders brutal behandelten und die älteren von ihnen erinnerte die von den Terroristen angewandte „Selektion" von Juden und Nichtjuden an Nazi-Praktiken.

Als israelische Spezialeinheiten die Geiseln erfolgreich befreiten, indem sie die Terroristen töteten, zitterte die deutsche radikale Linke vor Empörung. Die Zahl der pathetischen Artikel und Flugblätter ging in die Hunderte, und die Spenden an die Volksfront zur Befreiung Palästinas erreichten Rekordsummen. Einer der ehemaligen radikalen Linken Deutschlands erinnert sich an die damalige Atmosphäre: „Es passiert so gut wie nie, dass alle linken Gruppen, die am liebsten gegeneinander statt gegen den gemeinsamen Feind Imperialismus kämpfen, <...> dermaßen ein Herz und eine Seele sind. <...> Der gemeinsame Nenner, auf dem diese Solidaritätsübung exerziert werden konnte, war das allen gemeinsame antijüdische Ressentiment, das als amalgamierende Masse funktioniert hatte."[218] 1977 setzten die „Revolutionären Zellen" Kinos in Brand, die sich trotz Drohungen entschieden, Menachem Golans Film „Operation Thunderbolt" (mit dem brillanten Klaus Kinski in der Rolle eines deutschen Terroristen) zu zeigen. Im selben Jahr planten die „Revolutionären Zellen", die Vorsitzenden der jüdischen Gemeinden in Westberlin und Frankfurt zu ermorden, dies aber wurde von einem ehemaligen Mitglied der Organisation vereitelt, welches die Pläne verriet (er beschloss tatsächlich, sie zu verlassen, als er von diesem Plan erfuhr).[219]

Man kann weitere zahlreiche „Aktionen" gegen Vertreter israelischer Unternehmen oder Fabriken nennen, die den Linksterroristen zufolge „in zionistischem Besitz" waren.[220] Zu erinnern ist, dass der berühmteste deutsche Politiker, der durch die Hand von Linksterroristen ums Leben kam, gleichzeitig einer der wenigen Politiker jüdischer Herkunft war.[221] Es kann erwähnt werden, dass die Terroristen, die 1976 von einer israelischen Spezialeinheit getötet wurden, des Weiteren planten, den als „Nazi-Jäger" bekannten Simon Wiesenthal zu töten.[222] Kurz gesagt, der Linksterrorismus der Nachkriegszeit in Westdeutschland ist von Anfang bis Ende ein Trauerlied und an manchen Stellen geradezu idiotisch. Eine nähere Beschreibung der „antizionistischen" Aktivitäten der jungen „radikal fortschrittlichen" Vertreter der westdeutschen Nachkriegsgeneration würde viel mehr Platz benötigen, als ihr hier ohnehin gewidmet ist. Anstatt in sachliche Details einzutauchen, ist es wichtig, die ideologische Komponente zu betrachten.

---

218 HENRYK BRODER, *Der ewige Antisemit: Über Sinn und Funktion eines beständigen Gefühls* (Frankfurt am Main: Fischer, 1986), 64.
219 HANS-JOACHIM KLEIN, *Ich habe genug angestellt*, Spiegel Online, 09.05.1977, http://www.spiegel.de/spiegel/print/d-40915611.html.
220 *Die Früchte des Zorns*. 63. 82: „in zionistischem Besitz ist"
221 WOLFGANG KRAUSHAAR, *Im Schatten der RAF: Zur Entstehungsgeschichte der Revolutionären Zellen*, Ders., Die RAF und der linke Terrorismus, Bd. 1, 599–600.
222 HANS-JOACHIM KLEIN, *Rückkehr in die Menschlichkeit: Appel eines ausgestiegenen Terroristen* (Reinbek: Rowohlt, 1979), 79–80.

Antisemitische Motivation

Bei der Betrachtung dieses Komplexes sollten mehrere wichtige Aspekte hervorgehoben werden. Die deutschen Linksterroristen der Nachkriegszeit sahen sich keineswegs als loyale Agenten der UdSSR, als Stalinisten, Dogmatiker oder sonstige Leute, die mit den negativen Eigenschaften des „realen Sozialismus" im damaligen Osteuropa verbunden waren. Im Gegenteil, sie positionierten sich als Antidogmatiker und Antiautoritäre. Sie waren sich sehr wohl bewusst, dass das Proletariat der westlichen Sozialdemokraten seine „historische Mission" als „revolutionäres Subjekt" nicht mehr ausfüllen konnte. Sie ließen sich nicht nur von den Werken von Marx oder Lenin inspirieren, sondern auch von Texten, die in den Ländern des „sozialistischen Lagers" unzugänglich waren. Für die Verhältnisse der 1970er Jahre waren sie sehr empfänglich für Rassen-, Geschlechter- und Umweltprobleme. Auch ähnelte der äußerlich typische deutsche Linksterrorist eher einem Hippie als einem strengen NKWDler. Kurz gesagt, die Vertreter der RAF, der „Revolutionären Zellen" und anderer Terrorgruppen der westdeutschen radikalen Linken waren gewissermaßen die wahre „neue Linke".

Dass sich die Linksterroristen selbst nicht als Antisemiten betrachteten, sollte nicht verwundern. Im Gegenteil, sie betrachteten ihren „Antizionismus" ernstlich als Teil ihrer eigenen antifaschistischen Position. Wenige Wochen nach dem gescheiterten Brandanschlag auf das Jüdische Kulturzentrum in Berlin argumentierte einer der Hauptinitiatoren der Aktion, Dieter Kunzelmann: „Der wahre Antifaschismus ist die einfache und klare Solidarisierung mit den kämpfenden [palästinensischen] Fedajin."[223] In ihren Flugblättern behauptete die RAF, dass „das zionistische Regime die echteste und praktischste Fortsetzung des Nazismus ist".[224] Das Bekennerschreiben der „Revolutionären Zellen", in der sie die Verantwortung für die oben erwähnten Kinobrandstiftungen übernahmen, unterscheidet zwar zwischen Antisemitismus und „Antizionismus", setzt aber Zionismus mit Nazismus gleich. Die Verfasser

---

223 DIETER KUNZELMANN, *Brief aus Amman*, AGIT 883, 27.11.1969.
224 HANS-JÜRGEN WISCHNEWSKI, *Mit Leidenschaft und Augenmaß: In Mogadischu und anderswo* (München: Bertelsmann, 1989), 406.

des Schreibens ziehen Parallelen zwischen ihnen und kommen sogar zu dem Schluss, dass heute „die weltweiten Angriffe der amerikanisch-israelischen Herrenrasse' gegen die (ugandischen, vietnamesischen, palästinensischen u.a.) ‚Untermenschen' leidet."[225]

Dieses „usw." aus dem letzten Zitat verdient genauere Betrachtung. Der programmatische Antiamerikanismus der Linksradikalen erreichte ein solches Ausmaß, dass sie ihr eigenes Land als „Opfer des Imperialismus" betrachteten. Die „Revolutionären Zellen" bezeichneten die Deutschen in ihren Flugblättern „kolonialisiertes Volk", die RAF betonte den „kolonialen Status" Deutschlands und argumentierte, dass die Besatzungsmacht mit ihren „Umerziehungs"-Aktionen die deutsche Bevölkerung nicht anders behandelte als koloniale Eroberer die autochthone Bevölkerung von besetzten Ländern der Dritten Welt.[226] Die Fantasie der „Revolutionären Zellen" ging so weit, dass sie ernsthaft behaupteten, das deutsche Volk werde durch eine echte „militärisch-psychologische Kriegsführung" und „Konsumterror" manipuliert, um ihm „falsche Bedürfnisse" aufzuzwingen, und die Redaktionen der größten Zeitschriften Deutschlands erfüllten die Aufträge von Geheimdiensten.[227]

Die „Besatzungsmacht" waren in den Augen der linken Revolutionäre die Vereinigten Staaten. Sehr schnell wurden amerikanische Militärbasen in Westdeutschland zu den Hauptzielen des „antiimperialistischen Kampfes". Teilweise basierte diese Sichtweise auf objektiven Fakten. Die NS-Diktatur wurde durch ausländische Interventionen gestürzt, nicht durch die Deutschen selbst, von denen wiederum Millionen den alliierten Streitkräften erbitterten Widerstand leisteten, selbst als klar war, dass das Dritte Reich nur von kurzer Dauer sein würde. Mit anderen Worten, die Vorstellung, die repräsentative Demokratie sei Westdeutschland von der „Besatzungsmacht" aufgezwungen worden, ist gar nicht so abwegig.

---

225 *Die Früchte des Zorns*, 130.
226 *Rote Armee Fraktion: Texte und Materialien zur Geschichte der RAF* (Berlin: ID-Verlag, 1997), 211.
227 JAN-GEORG GERBER, *Sie waren die Guten: Waren die Revolutionären Zellen die bessere RAF?*, Bahamas, Nr. 54 (2008), https://redaktion-bahamas.org/hefte/54/Sie-waren-die-Guten.html.

Bezeichnend ist jedoch, dass vor Beginn des linken Nachkriegs-Terrors die Besonderheiten der Demokratisierung Deutschlands vor allem von ehemaligen Nazis beklagt wurden, die „ihren" Krieg verloren hatten. Nur dass die Nazi-Großväter, im Gegensatz zu den jungen Revolutionären der ersten Nachkriegsgeneration, „still dasaßen", nicht zu Terror griffen, und wenn sie auch ihre Meinung kundtaten, dann zumeist bei einem Glas Bier im Kreis von Freunden.

Tatsächlich ist das Maß an inhaltlichen Überschneidungen zwischen den Interpretationen der Autoren der Schreiben der RAF, der „Revolutionären Zellen" (und kleinerer ähnlicher Gruppen) mit der Agenda der rechtsextremen Revolutionäre beeindruckend. Symptomatisch ist folgende Geschichte. Anfang der 1980er Jahre fegte eine Serie von Terroranschlägen gegen amerikanische Truppen durch Westdeutschland. Die breite Öffentlichkeit schrieb diese Aktionen sofort Vertretern des linksradikalen Lagers zu. Darüber hinaus wurden diese Angriffe in vielen linksradikalen Publikationen allgemein begrüßt. Schnell wurde aber klar, dass die Anschläge von Mitgliedern einer rechtsradikalen Gruppierung verübt wurden. Als Reaktion darauf veröffentlichen die „Revolutionären Zellen" eine äußerst symptomatische Erklärung, in der sie versuchten, den (schlechten) „Antiamerikanismus" vom (guten) „Antiimperialismus" zu trennen.[228] Dieser Versuch war jedoch ungefähr so erfolgreich wie der frühere, zwischen Antisemitismus und „Antizionismus" zu unterscheiden. Die von den „Revolutionären Zellen" kritisierte Erklärung der rechtsradikalen Terroristen war relativ kurz und betonte unmissverständlich, dass sie ihren Kampf nicht nur als antiamerikanisch, sondern auch als antiimperialistisch ansahen.[229] Die Aktivitäten dieser Gruppe waren von der RAF inspiriert und unterschieden sich im Grunde kaum von ihr (Banküberfälle und Terroranschläge auf amerikanische Soldaten). Außerdem war der Anführer dieser Gruppe in gewissem Sinne sogar ein „Linker" – er kooperierte mit den Geheimdiensten der Deutschen

---

228 *Die Früchte des Zorns*, 364–369.
229 [ODFRIED HEPP, WALTER KEXEL], *Der Abschied vom Hitlerismus*, Die Tageszeitung, 11.04.1983.

Demokratischen Republik (wobei er die soziale Ordnung in letzterer ernstlich für weitaus besser hielt als die des durch Liberalismus und Konsumismus korrumpierten Westdeutschlands). Derselbe Mann stieg später in der Palästinensischen Befreiungsorganisation in eine hohe Position auf.[230]

Die folgende Geschichte zeigt mehr Tendenzen als Einzelfälle. So wurde beispielsweise die logistische Unterstützung für die palästinensischen Terroristen, die während der Olympischen Spiele 1972 in München israelische Sportler töteten, sowohl von Links- als auch von Rechtsradikalen geleistet.[231] Und als im Dezember 1980 im bayerischen Erlangen ein Antisemit der neonazistischen Wehrsportgruppe Hoffmann den Schriftsteller und Verleger Shlomo Lewin und seine Frau Frieda Poeschke erschoss, flüchtete er in den Libanon und erhielt dort von der Fatah Unterschlupf. Diese Organisation brachte den Linksterroristen bei, ihre ersten Bomben zu bauen und hörte nicht auf, mit ihnen zu kooperieren, als sie den Attentäter von Erlangen schützte. Die Wehrsportgruppe Hoffmann ist verantwortlich für den blutigsten Terroranschlag in der Geschichte Nachkriegsdeutschlands, das Bombenattentat im September 1980 in München während des Oktoberfestes (mit 13 Toten und mehr als 200 Verletzten). Ihre Mitglieder hatten in denselben Fatah-Lagern eine militärische Ausbildung erhalten, in denen zuvor RAF-Mitglieder ausgebildet worden waren. Die erwähnte rechtsradikale Gruppe, deren Aktionen die breitere Öffentlichkeit und die Linksradikalen anfangs linken Terroristen zuschrieben, gehörte ursprünglich zur Wehrsportgruppe Hoffmann, legte jedoch entweder durch ihre eigene ideologische Entwicklung oder durch die erfolgreiche Indoktrination durch Stasi-Offiziere ihre furchtbarsten Nazi-Ansichten ab.

Folgt daraus, dass es keinen Unterschied zwischen der extremen Rechten und der radikalen Linken gibt? Nein, natürlich nicht. Die Unterschiede (insbesondere auf der Ebene der Rhetorik) sind

---

230 ANDREAS FÖRSTER, *Zielobjekt Rechts: Wie die Stasi die westdeutsche Neonaziszene unterwanderte* (Berlin: Christoph Links Verlag, 2018), 197–204.
231 *München 1972: Deutsche Neonazis halfen Olympia-Attentätern*, Spiegel Online, 17.06.2012, http://www.spiegel.de/panorama/justiz/muenchen-1972-deutsche-neonazis-halfen-olympia-attentaetern-a-839309.html.

erheblich. Einer der wichtigsten ist, dass die linken Revolutionäre im Berichtszeitraum viel „erfolgreicher" waren als ihre rechtsextremen Gegenspieler. Dies bedeutete insbesondere eine größere Zahl von Menschen, die durch „antizionistische" Aktionen von Vertretern der linksradikalen Bewegung getötet wurden.

Warum endete der radikale Antifaschismus der ersten Nachkriegsgeneration mit dem, was – natürlich in unvergleichlich größerem Umfang – ihre Eltern zu verantworten hatten? Warum gingen junge Männer und Frauen, deren Eltern es noch zustande brachten, ihnen Namen zu geben, die mittlerweile selbst für deutsche Ohren etwas ungewohnt sind, als seien sie dem „Lied der Nibelungen" entsprungen (Gudrun, Günther, Irmgard, Sigurd, Siegfried etc.), nicht einen schwierigeren und unangenehmeren, aber zumindest nicht blutigen Weg, begannen sich nicht gerade mit der eigenen Familiengeschichte auseinanderzusetzen, mit dem, was die eigenen Eltern und Großeltern 1933–1945 getan haben? Denn warum war das Phänomen des linken Terrors im Westen der Nachkriegszeit nicht charakteristisch für Frankreich, Großbritannien oder die Vereinigten Staaten, sondern beschränkte sich in seinen blutigsten Erscheinungsformen ausschließlich auf Italien, Deutschland und Japan, also Länder, die zwanzig Jahre zuvor „auf der falschen Seite der Geschichte" standen?

Sicherlich gibt es hier eine äußerst wichtige psychologische Komponente. Terroranschläge auf Juden waren in den Augen der Angreifer selbst *die radikalste Manifestation eines Bruchs mit der NS-Vergangenheit*. Äußerst symptomatisch für Linksterroristen war die gleichzeitige Identifikation mit den „Opfern des Faschismus" und der Wunsch, das deutsche Volk von den Verbrechen des Dritten Reiches freizusprechen. Die Standardtechnik sowohl der inhaftierten RAF-Mitglieder als auch des Umfelds ihrer Unterstützer bestand darin, eine ganze Reihe von Metaphern zu verwenden, die sie selbst mit NS-Lagerhäftlingen gleichsetzten.[232] Charakteristischerweise hielten sie den Hamburger Psychologen jüdischer

---

[232] MARTIN JANDER, *Isolation: Zu den Haftbedingungen der RAF-Gefangenen*, Die RAF und der linke Terrorismus, Bd. 2, hrsg. von Wolfgang Kraushaar (Hamburg: Hamburger Edition, 2006), 974–980.

Abstammung Jan Gross, einen Mann, der wirklich von den Nazis gefoltert wurde (zur Zeit der Befreiung aus dem KZ wog er bei der Größe von 1,80 Meter 27 Kilogramm) für den größten Schurken als Entwickler neuer, raffinierterer Foltermethoden, die angeblich auf die inhaftierten linken Revolutionäre angewendet wurde.[233]

In diesem Zusammenhang lohnt es sich, ein längeres Zitat aus der Rede der RAF-Sprecherin der ersten Generation Ulrike Meinhof anzuführen, die sie vor Gericht zur Verteidigung von Horst Mahler, einem der Mitbegründer dieser Organisation, gehalten hat. Wie viele andere radikale Linke wechselte Mahler später von links nach rechts und zog sich eine weitere Gefängnisstrafe zu mit öffentlichem Hitlergruß, Holocaustleugnung, Gewaltandrohung und Flucht vor der Strafverfolgung. „Auschwitz bedeutet", sagte Meinhof 1972, „dass sechs Millionen Juden getötet und auf die Müllkippen Europas geschickt wurden als diejenigen, für die sie verraten wurden – Geldjuden. Der Antisemitismus war seinem Wesen nach antikapitalistisch. Mit der Vernichtung von 6 Millionen Juden wurde die Sehnsucht der Deutschen nach Freiheit von Geld und Ausbeutung selbst mit ermordet. <...> Solange wir das deutsche Volk nicht vom Faschismus freisprechen – weil die Menschen wirklich nicht wussten, was in den Konzentrationslagern vor sich ging – werden wir sie nicht für den revolutionären Kampf mobilisieren können."[234]

Es geht nicht nur um diese oder jene Aussagen von Ulrike Meinhof. In einer ihrer Erklärungen erwähnt die RAF unter Bezugnahme auf die „Verbrechen des amerikanischen Imperialismus" Dresden zusammen mit Auschwitz, was das Konzentrationslager der Nazis mit der Bombardierung des Dritten Reiches durch die Alliierten gleichsetzt.[235] Das längste und gründlichste Dokument, an dem fast die gesamte RAF-Führung mitgearbeitet hat,

---

233 GERD KOENEN, *Camera Silens: Das Phantasma der „Vernichtungshaft"*, Die RAF und der linke Terrorismus, Bd. 2, 996.
234 MICHAEL FISCHER, HORST MAHLER, *Biographische Studie zu Antisemitismus, Antiamerikanismus und Versuchen deutscher Schuldabwehr* (Karlsruhe: KIT, 2015), 248–249.
235 *Rote Armee Fraktion: Texte und Materialien zur Geschichte der RAF* (Berlin: ID-Verlag, 1997), 148.

versichert, dass bereits Nazi-Deutschland Gegenstand der Manipulation durch die Vereinigten Staaten war. Für den Angriff Deutschlands auf die Sowjetunion waren angeblich die Vereinigten Staaten verantwortlich, und die Bombardierung deutscher Städte durch alliierte Flugzeuge sollte dazu dienen, „die Deutschen insgesamt mit dem faschistischen Staat zu identifizieren", um den Widerstand gegen „die Pläne des amerikanischen Imperialismus" im Keim zu ersticken.[236] Darüber hinaus behaupten zahlreiche Äußerungen und Erklärungen der Linksterroristen, 1945 markiere weniger den Sieg über den Faschismus als vielmehr seine Vollendung, die Errichtung eines ebenso brutalen und noch heimtückischeren Systems unter dem Deckmantel der repräsentativen Demokratie.

Faktisch ist der Gebrauch des Begriffs „Faschismus" durch linke Terroristen der Nachkriegszeit in vielerlei Hinsicht noch absurder als selbst das stalinistische Narrativ. „Faschistisch" waren die Vereinigten Staaten, Israel, Westdeutschland. „Faschisten" waren Polizisten, Politiker, Lehrer und sogar Kontrolleure in öffentlichen Verkehrsmitteln – eigentlich alle anderen außer der radikalen Linken selbst. Noch immer hält sich im heutigen Deutschland der Mythos, dass die 68er-Generation trotz ihrer „Exzesse" einen demokratischen Durchbruch im Allgemeinen bewirkt und die Gesellschaft dazu veranlasst habe, ihr historisches Erbe auf schmerzhafte Weise zu überdenken. Wie der Historiker Götz Aly zeigt, hält dieser Mythos einer näheren Betrachtung schlicht nicht stand. Der eigentliche „Antifaschismus" der jungen Generation war bereits eine Art Nebenprodukt vorangegangener harter Bemühungen weniger der Gesellschaft als vielmehr des Staates. Die bedeutendsten Prozesse in der Geschichte des Nachkriegsdeutschlands gegen ehemalige NS-Verbrecher, die Reihe der sogenannten „Auschwitz-Prozesse", fanden in den Jahren 1963–1968 statt. Ab 1968 hatte die Zahl der strafrechtlichen Ermittlungen zu NS-Verbrechen ein solches Ausmaß erreicht, dass die Gesellschaft selbst dieser Auseinandersetzung mit ihrer Vergangenheit nicht mehr standhalten konnte. In diese Zeit fällt auch die Radikalisierung der Studentenbewegung. Wie Aly zeigt, geht der erstaunliche Verlust des Interesses an den

---

236 Ibid., 202.

Prozessen gegen ehemalige Nazis (über die in der linksradikalen Presse nicht mehr so viel geschrieben wird) einher mit der Inflationierung des Begriffs „Faschismus" und dem Auftauchen neuer Feinde der Linken, insbesondere in Form des Staates Israel. Bei der Kursänderung der linken Bewegung ging es weniger darum, die Gesellschaft zu zwingen, sich mit ihrer eigenen Geschichte auseinanderzusetzen, als vielmehr um einen der verzweifeltsten Versuche, ihr zu entkommen.[237] Und so sehr manche immer noch das Gegenteil glauben wollen: die demokratische Ordnung in Westdeutschland wurde dank 1945 etabliert, und solche „Nebenprodukte" von 1968 wie der Linksterrorismus können schlicht nicht als Durchbruch zur Freiheit bezeichnet werden.

Wie wir sehen, ist die psychologische Komponente der Motivation der Nachkriegsgeneration von Linksterroristen äußerst wichtig. Unabhängig davon, wie wir die entsprechenden psychologischen Mechanismen erklären, ist im Kontext dieser Analyse in erster Linie die ideologische Infrastruktur beachtenswert, auf die sie sich stützten. Als eine Geisel in dem 1976 entführten Flugzeug, die auf dem Arm eine in Auschwitz eintätowierte Nummer trug, ihn einem deutschen Terroristen zeigte, versicherte er ihr, er sei Marxist, bereite eine Weltrevolution vor und habe nichts mit den Nazis zu tun.[238] Dies war wahrscheinlich eine völlig aufrichtige Antwort, er hatte keine Zweifel an der moralischen Reinheit seines Handelns. Ebenso glaubten wahrscheinlich die meisten seiner Gefährten im revolutionären Kampf aufrichtig, dass sie für eine gerechte Sache kämpften. Als sie sich diesem Kampf anschlossen, legten sie ihre Freiheit und ihr Leben (ganz zu schweigen von der Ruhe und dem Wohlstand, die ein gesetzestreues Leben in der wohlhabenden Bundesrepublik der Nachkriegszeit garantiert) in die Waagschale. In ihren eigenen Augen waren sie sicherlich gute und sogar höchst moralische Menschen. Wie könnten sie denn

---

237 GÖTZ ALY, *Unser Kampf: 1968 – ein irritierter Blick zurück* (Frankfurt am Main: Fischer, 2008), 159–168.
238 Gruppe m.e.l.a.n.g.e., *We don't like your love song: Kritik des Antizionismus der Revolutionären Zellen – und anderer Linker heute* (Bremen: Gruppe m.e.l.a.n.g.e., 2000), 10.

Antisemiten sein, wenn sie konsequente linke Revolutionäre waren, die bereit sind, den Faschismus in jeder Form zu bekämpfen?

Das Phänomen des „Ouring"

Für die jungen deutschen Revolutionäre war ihre linke Überzeugung kein erfundenes Alibi, dessen Falschheit sie sich voll bewusst waren. Wenn es als „Alibi" bezeichnet werden kann, sollte klargestellt werden, dass es in gewissem Sinne „echt" war. Die Aufrichtigkeit ihrer linken Überzeugung verlieh ihnen gleichzeitig echte moralische Stärke und Blindheit in Bezug auf den vielleicht wichtigsten Aspekt ihrer Motivation. Dies ist nicht nur eine Tendenz im Nachkriegs-Westdeutschland, sondern auch ein äußerst wichtiger Bestandteil des Empfindens der zeitgenössischen westlichen radikalen Linken insgesamt und betrifft nicht nur den Antisemitismus, sondern auch die zugrundeliegende aufrichtige Überzeugung, dass die radikalen Linken nicht nur für die Abschaffung der repräsentativen Demokratie kämpfen, sondern dafür, dass etwas viel Besseres sie ersetzen wird (und nicht eine weitere Diktatur und Einschränkung grundlegender demokratischer Freiheiten). Auf theoretischer Ebene kann dies als eine der radikalsten Formen des *Ouring* bezeichnet werden, eines Zustands, der hier analog und im Gegensatz zum Begriff des *Othering* definiert wird. *Ouring* kann definiert werden als *ein Grad an Identifikation mit einem bestimmten politischen Ziel, bei dem die Möglichkeit einer kritischen Distanzierung zu einer Gruppe, die sich dieses Ziel gesetzt hat, ausgeschlossen ist.* Die Übernahme einer radikalen linken Ideologie ist in vielerlei Hinsicht eine der schlimmsten Manifestationen dieses Phänomens. Die Zugehörigkeit zu einer ethnischen Gruppe beispielsweise kann ein starkes Gemeinschaftsgefühl implizieren, ist aber meist weniger eine bewusste Entscheidung als im Vergleich zum Akzeptieren einer politischen Identität. Um die Ebene eines echten Ouring zu erreichen, muss die ethnische Zugehörigkeit selbst durch eine radikale Politisierung ergänzt werden (freilich durch Indoktrination, moralischen Druck des Umfeldes usw.). Im Gegensatz dazu garantiert das Annehmen einer linksradikalen Identität sofort die Beteiligung am moralischen Ziel des absoluten Wertes. Was auch immer um dieses

Ziels willen geschieht, es ist bereits im Rahmen des hermetischen Interpretationsmodells gerechtfertigt, in dem die Verwirklichung dieses Ziels der höchste Wert ist. *Und wirklich kann Ouring als Initiation in ein geschlossenes Kommunikationssystem beschrieben werden, von dessen zentralen Funktionen eine die wechselseitige Unterstützung des moralischen Überlegenheitsgefühls seiner Teilnehmer ist.*

Das Problem ist jedoch, dass dieses System nicht darauf beschränkt ist, die subjektiven Bedürfnisse seiner Mitglieder zu befriedigen, sondern es ihnen gleichzeitig ermöglicht, die Grenze zu überschreiten, wo die Freiheit der anderen beginnt. Ohne die Qualitäten eines hermetischen Systems zu verlieren, richtet es sich auch nach außen. Die Interaktion mit der Außenwelt kann zwar als „Kommunikation" bezeichnet werden, ist aber sehr einzigartig, nämlich radikal monologisch und auf Gewalt basierend. Der letzte Akt solch einer Kommunikation soll tatsächlich Gewalt sein, und es geht nicht um die Zuschreibung unbewusster Motive, sondern um die Selbstbestimmung der Grundzüge des jeweiligen Modells durch seine Teilnehmer. (Nach der „Revolution" soll diese monologische Kommunikation gipfeln in dem ausnahmslosen Aufschließen der ganzen Welt an die hermetisch abgeschlossene strahlende Zukunft.) Gleichzeitig kann der Verweis auf diese oder jene Ungerechtigkeit, die die Annahme des betreffenden Systems durch seine Teilnehmer begründet hat, durchaus gerechtfertigt sein. Das Problem ist jedoch, dass der, der zur linksradikalen Gemeinschaft gehört, so wie der Protagonist von Shakespeares Drama ein Gefühl der moralischen Überlegenheit behält, sogar wenn er selbst Verbrechen begeht, die schlimmer sind als die Ungerechtigkeit, die ihn ursprünglich veranlasst hat, seine linke Identität anzunehmen.

Eine der traurigsten Schlussfolgerungen, die in diesem Zusammenhang gezogen werden können, ist, dass das Engagement in einer linksradikalen Gemeinschaft nicht auf intellektuellen Einschränkungen oder mangelndem Mitgefühl beruht. Im Gegenteil: während nur ein Prozent der westdeutschen Studenten als Hochbegabte staatlich geförderte Stipendien erhielt, erreichte der Anteil der ehemaligen Stipendiaten unter den RAF-Anführern der ersten Generation fast 75 Prozent (einige erhielten auch nach ihrem

Eintritt in die Organisation weiterhin Stipendien).[239] Brigitte Kuhlmann, die 1976 bei einer Flugzeugentführung den Geiseln die Kipas vom Kopf schlug, wurde von Menschen, die sie vor ihrer Radikalisierung kannten, als eine sensible junge Frau beschrieben, die Gedichte schrieb und Menschen mit Behinderungen half.[240] Der Weg zur Radikalisierung einer der zentralen Figuren der zweiten RAF-Generation, Christian Klar, begann mit der Flucht vor der Einberufung zur Bundeswehr. Klar begründete dies mit einer „zutiefst lebensbejahenden Haltung", die es ihm nicht erlaubte, „einen Menschen zu töten oder zu verletzen".[241] Nach seinem Eintritt in die RAF lernte Klar jedoch nicht nur, Bomben herzustellen, mit Maschinengewehren und Granatwerfern zu schießen, sondern setzte sie auch erfolgreich gegen alle möglichen „Feinde der Revolution" ein. In den vergangenen 150 Jahren führte der Weg zur Radikalisierung unzähliger Menschen, die so oft in den abscheulichsten Verbrechen gipfelte, gerade über gründliche intellektuelle Arbeit, einschließlich einer erhöhten Sensibilität für menschliches Leid und Ungerechtigkeit. Dies gilt natürlich nicht ausnahmslos für alle Biografien – nicht für alle sowjetischen Tschekisten, nicht für alle Roten Khmer, nicht für alle Revolutionäre, die ein nächstes Land mit einer weiteren strahlenden Zukunft beglückt haben. Aber selbst, wenn wir uns auf die Fälle echter Idealisten beschränken, bleibt die Kluft zwischen dem Anfang und dem Ende eines solchen Weges öfters überraschend groß. Um auf den „humanistischen" Inhalt der kommunistischen Ideologie und die Kriterien zur Unterscheidung zwischen Kommunismus und Faschismus zurückzukommen, können wir sagen, dass angesichts der größeren Distanz zwischen nominellen ideologischen Werten und Praktiken die linksradikale Bewegung in diesem Aspekt eine noch größere Bedrohung darstellt als der Faschismus.

---

239 OLIVER TOMLEIN, *Die RAF – ein Bildungsmärchen*, Jungle World, 30.03.2017, https://jungle.world/artikel/2017/13/die-raf-ein-bildungsmaerchen.
240 *Kontakt mit Kadern*, Spiegel Online, 05.01.1976, http://www.spiegel.de/spiegel/print/d-41330837.html.
241 WILLI WINKLER, *Ein Kriegsdienstverweigerer, der zum Krieger wurde*, Süddeutsche Zeitung, 19.05.2010, https://www.sueddeutsche.de/politik/christian-klar-ein-kriegsdienstver-weigerer-der-zum-krieger-wurde-1.883562.

Linker Terror und „Aktualität der Kontinuitäten"

Wie beim Stalinismus könnte ein Anhänger der radikalen Linken argumentieren, dass antisemitisch motivierter Terror eine „abgeschlossenes Kapitel" in der Geschichte der linken Bewegung sei. Tatsächlich fand der Linksterrorismus in Deutschland 1991 ein abruptes Ende (charakteristischerweise fast unmittelbar nach dem Fall der Berliner Mauer und mit dem Zusammenbruch der UdSSR). Im selben Jahr veröffentlichten die „Revolutionären Zellen" ein langes Pamphlet, das zwar in verschiedener Hinsicht kritisiert werden könnte, aber zumindest ziemlich gründliche Reflexionen über vergangene Fehler enthält, bis hin zur Anerkennung des antisemitischen Charakters ihrer früheren Aktionen.[242] Der Prozess des kritischen Umdenkens war 1987 ausgelöst durch das Verschwinden eines Mitglieds der Organisation in Palästina. Gerd Albartus, der wegen des Versuchs, in der Zeit der der Eskalation des Kampfes der „Revolutionären Zellen" gegen den Film „Operation Thunderbolt" ein Kino in Brand zu setzen, verurteilt wurde, verbüßte seine Haftstrafe, ging danach in den Untergrund und landete schließlich in Palästina. Eigentlich vermuteten die „Revolutionären Zellen" schon damals, dass Albartus von den Palästinensern selbst hingerichtet worden war. Doch selbst in der festen Überzeugung, dass er von einem palästinensischen „Ehrengericht" zum Tode verurteilt worden war, verweigerten die „Revolutionären Zellen" nicht die Zusammenarbeit mit den Palästinensern. Das „selbstkritische" Pamphlet von 1991 erwähnt weder den Grund für die Hinrichtung von Albartus, seine Homosexualität, noch die Tatsache, dass er von den Palästinensern selbst verurteilt wurde. (Ganz zu schweigen von einer annähernden Schätzung der Zahl der von „Ehrengerichten" verurteilten Palästinenser oder auch nur einer Erwähnung der Tausenden von Fatah-, Hamas- und anderen Mudschaheddin-Kameraden, die von verschiedenen revolutionären Militärtribunalen hingerichtet wurden - wiederum meist palästinensische Zivilisten). Trotz kritischer Reflexion der eigenen Vergangenheit gaben die „Revolutionären Zellen" die „Solidarität mit Palästina", die

---

242 *Die Früchte des Zorns*, 20-34.

eigentlich die Hauptlegitimation aller bisherigen „antizionistischen" Aktionen war, nicht auf.

Zugleich mit dem Fall der Berliner Mauer und dem Niedergang des bewaffneten „antiimperialistischen" Kampfes in Deutschland ist jedoch eine neue mächtige Strömung innerhalb der radikalen Linken entstanden, die sogenannten Antideutschen, für die eines der bestimmenden Merkmale die Kritik des Antisemitismus ist, auch innerhalb der Linken selbst. Seither ist die Unterstützung eines naiven, unreflektierten „Antizionismus" keine unproblematische Parole mehr, und die Erkenntnis, dass das antisemitische Ressentiment nicht auf die extreme Rechte beschränkt ist, hat sogar den linksradikalen Mainstream erreicht.

Aber ist das wirklich ein „abgeschlossenes Kapitel"? Dies ist, wie im Fall des Comebacks von Links-Rechts-Allianzen, nicht annähernd der Fall. Außerdem handelt es sich in vielen Fällen um ungebrochene Kontinuitäten. Viele Verbrechen von Linksterroristen, wie der Brandanschlag auf das Altersheim im Jahr 1970, sind bis heute ungeklärt. Die Täter leben wahrscheinlich zum größten Teil noch; und ihre Straffreiheit verdanken sie in erster Linie den solidarischen Netzwerken der radikalen Linken, die immer noch die „Ihren" decken.

Neben der Partei DIE LINKE ist die einflussreichste Organisation der radikalen Linken im heutigen Deutschland die Rote Hilfe. Ihr Hauptziel ist es, radikalen Linken, die vom Gesetz verfolgt werden, rechtlichen Beistand zu bieten. Die Organisation ist „überparteilich" und hat fast zehntausend Mitglieder, die Beiträge zahlen, und zehntausende Sympathisanten. Ihre Büros sind in mehr als vierzig Städten in allen Bundesländern geöffnet. Ohne rechtliche Unterstützung der Roten Hilfe verläuft vermutlich keine bedeutende linke Aktion im gegenwärtigen Deutschland. Zu Beginn der Demonstration wird den Teilnehmern über einen Lautsprecher die Telefonnummer der Hotline mitgeteilt, die sie sich am besten auf den Unterarm notieren und im Falle einer Festnahme anrufen sollen. Die Hotline wird von der Roten Hilfe ausgerichtet. Nur wenige linke Organisationen im gegenwärtigen Deutschland genießen einen so hohen Respekt innerhalb der gesamten radikalen Linken.

Das Problem der Roten Hilfe ist, dass sie in den 1970er Jahren gegründet wurde und ihr anfängliches symbolisches Kapital durch die Verteidigung von Linksterroristen erwarb. Sie unterstützt immer noch viele von ihnen. Darüber hinaus wurde diese Organisation fast sofort zum Lieferanten von Kadern für die nächste Generation linker Revolutionäre. Einer der Gründer der Roten Hilfe war auch einer der Gründer der „Revolutionären Zentren".[243] Einige Mitglieder der Roten Hilfe absolvierten eine militärische Ausbildung in Palästinenserlagern, andere wurden wegen der Planung von Terroranschlägen inhaftiert.[244] Außerdem war einer der Terroristen, die das Flugzeug 1976 entführten, kurz zuvor einer ihrer Aktivisten gewesen, und ein anderer Deutscher war 1977 an der Geiselnahme auf einer OPEC-Konferenz in Wien beteiligt.[245] Es gab auch eine umgekehrte Symbiose: Der Hauptinitiator des versuchten Brandanschlags auf das Jüdische Kulturzentrum in Berlin im Jahr 1969, Dieter Kunzelmann, wurde nach Verbüßung seiner Haftstrafe zu einem einflussreichen Aktivisten der Roten Hilfe.

Wie aus dem Sonderheft der Zeitschrift „Rote Hilfe" 2017 hervorgeht, dass dem Höhepunkt des Linksterrorismus in Westdeutschland 1977 gewidmet war, ist diese Organisation noch weit davon entfernt, ihre Vergangenheit kritisch aufzuarbeiten.[246] Seit 2014 spielt die Rote Hilfe eine wichtige Rolle bei verschiedenen Solidaritätsaktionen mit den „Antifaschisten des Donbass". Sie war es, die Ruslan Kotsaba zum im linken Milieu berühmtesten „pazifistischen" Aktivisten aus der Ukraine machte. Einige werden natürlich argumentieren, dass dies nicht wegen seiner antisemitischen Ansichten geschah. Und dass Aleksij Mozgovoy für viele deutsche Linksradikale zu einer Art Reinkarnation von Che Guevara wurde, liege auch nicht an seinem Antisemitismus. Aber wenn wir die beständige Flut von „Zufällen" vor Augen haben, die

---

243 WOLFGANG KRAUSHAAR, *Im Schatten der RAF: Zur Entstehungsgeschichte der Revolutionären Zellen*, 584–588.
244 THOMAS SKELTON-ROBINSON, *Im Netz verheddert: Die Beziehungen des bundesdeutschen Linksterrorismus zur Volksfront für die Befreiung Palästinas (1969–1980)*, 882.
245 THOMAS KIRN, *Für die Sympathisanten ein Verräter*, Frankfurter Allgemeine, 08.02.2013, https://www.faz.net/aktuell/rhein-main/opec-attentaeter-hans-joachim-klein-fuer-die-sympathisanten-ein-verraeter-12056560.html.
246 Rote Hilfe Zeitung, Nr. 4 (2017).

außerdem begleitet ist von einem überraschend würdigen Mangel an kritischer Reflexion, wäre es fairer zuzugeben, dass dies eine sehr klare Tendenz ist, eine ungebrochene Kontinuität von 1969 bis auf den heutigen Tag.

Vor ähnlichen Problemen stehen wir, wenn wir uns der Partei DIE LINKE zuwenden. Eine der Schlüsselfiguren der zweiten Generation der RAF, Christian Klar (dessen Weg zur Radikalisierung auch über den „Menschenrechtsflügel" der radikalen Linken führte), ist heute Mitarbeiter des Abgeordneten der Partei DIE LINKE Diether Dehm. In dieser Funktion hat er legalen Zugang zum Bundestag.[247] Natürlich kann man anmerken, dass Klar seine Strafe bereits verbüßt hat und ihm kein Gesetz verbietet, für Dehm oder einen anderen Abgeordneten der Partei DIE LINKE zu arbeiten. Es geht jedoch um einen wichtigen ethischen Aspekt und überhaupt die Glaubwürdigkeit der Beteuerungen der Partei DIE LINKE, mit der autoritär-terroristischen Vergangenheit längst nichts mehr zu tun zu haben. Die Sache ist, dass Christian Klar beschuldigt wurde, neun Menschen getötet sowie versucht zu haben, elf weitere zu töten. Und obwohl ihm das Gericht 1985 „nur" wenige Morde und Mordversuche nachweisen konnte, führte die Begnadigung und Freilassung des damals zu fünf lebenslänglichen Freiheitsstrafen verurteilten Klar im Jahr 2008 zu einer heftigen öffentlichen Debatte.[248] Das Problem ist, dass Klar nie wirklich bereut und immer noch keine Hinweise zur Aufklärung anderer schwerer Verbrechen vorgelegt hat, die von ihm und seinen Genossen zur Last gelegt werden. Schließlich wirken Dehms Beteuerungen, dass Klars Biografie nichts mit seiner Funktion als Mitarbeiter des Abgeordneten zu tun habe, besonders pikant vor dem Hintergrund von Dehms eigener Biografie, der Stasi-Agent wurde, obwohl er in

---

247 *Bundestag: Linken-Abgeordneter beschäftigt Ex-RAF-Terroristen Klar*, Spiegel Online, 19.02.2016, http://www.spiegel.de/politik/deutschland/christian-klar-bei-linken-poltiiker-diether-dehm-beschaeftigt-a-1078213.html. Dehm hat 2021 seinen Abgeordnetensitz verloren, führt auf seinen Seiten jedoch seine Polemik gegen die Ukraine eifrig fort. Anm. d. Übers.
248 WOLFGANG JANISCH, *Ex-Terrorist Klar: Der Gnadenlose wird entlassen*, Der Tagesspiegel, 19.12.2008, https://www.tagesspiegel.de/politik/ex-terrorist-klar-der-gnadenlose-wird-entlassen/1380016.html.

Westdeutschland geboren wurde und dort sein ganzes Leben lebte.²⁴⁹

Vor dem Einzug der rechtspopulistischen AfD in den Bundestag nach der Bundestagswahl vom September 2017 war keine andere im Bundestag vertretene Partei in so viele antisemitische Skandale verwickelt wie die Partei DIE LINKE. Zu ihren Äußerungen zum palästinensisch-israelischen Konflikt gehört eine offizielle Erklärung der Parteiführung zum sogenannten „Marsch der Rückkehr" – einer Reihe von seitens der Hamas organisierten Demonstrationen, bei denen versucht wurde, die Grenze zwischen Gaza und Israel zu durchbrechen. In einer Stellungnahme verurteilte die Partei DIE LINKE nicht die Hamas, sondern Israel.²⁵⁰ Der „Marsch der Rückkehr", zu dessen inoffiziellem Teil der nächtliche Raketenbeschuss israelischen Territoriums und Scharfschützenfeuer unter dem Schutz von Demonstranten gehörte, wurde in der Erklärung als „überwiegend friedlich" beschrieben. Trotz des Abzugs der israelischen Truppen aus Gaza im Jahr 2005 fordert die Partei DIE LINKE Israel auf, das „Massaker" und die „Besatzung" zu beenden. Israel müsse auch die „Blockade" beenden (deren Hauptzweck darin besteht, den Schmuggel von Waffen und Rohstoffen für die Herstellung von Raketen in Gaza zu unterbinden). Laut der Veröffentlichung des Debattenprotokolls wurden die stärksten „antizionistisch" Formulierungen während der Diskussion abgelehnt, aber das gleiche Ergebnis des Kompromisses zwischen „guten" und „schlechten" Vertretern der Parteiführung war die Ablehnung der Verurteilung des Raketenbeschusses auf Israel aus dem Gazastreifen.²⁵¹

Besonders symptomatisch war der Skandal um das Berliner Kino „Babylon" im Dezember 2017. Hier kehren wir zurück zum Thema der pro-russischen sogenannten „Friedensdemonstra-

---

249 *Treu und einsatzbereit*, Spiegel Online, 29.04.1996, http://www.spiegel.de/spiegel/print/d-8917100.html.
250 *Für ein Ende der Besatzung und der Blockade von Gaza!: Beschluss des Parteivorstandes vom 1. Juli 2018*, DIE LINKE, https://www.die-linke.de/partei/parteistruktur/partei-vorstand/2016-2018/beschluesse/detail/news/fuer-ein-ende-der-besatzung-und-der-blockade-von-gaza/.
251 MARTIN REEH, *Kritik oder Nicht-Kritik an Hamas: Die Linkspartei streitet über Israel*, Die Tageszeitung, 08.08.2018, http://www.taz.de/!5524158/.

tionen" deutscher Linker im Jahr 2014 im Zusammenhang mit der „Ukraine-Krise". Diese Bewegung war der wichtigste Vorläufer der PEGIDA-Bewegung in den Jahren 2015–2016, einer Serie der größten fremdenfeindlichen Demonstrationen im Nachkriegsdeutschland. PEGIDA wiederum mobilisierte die Wählerschaft der AfD, eine nicht weniger kremlfreundliche politische Kraft als die Partei DIE LINKE und gleichzeitig die erste rechtspopulistische Partei, die seit 1945 in den Bundestag gewählt wurde.

Welche Art von „Friedensdemonstrationen" das waren, war jedoch bereits 2014 klar. Einer der Initiatoren dieser Bewegung war Ken Jebsen, ein „alternativer Journalist", der Theorien verbreitet wie die, dass der Terroranschlag vom 9. September 2001 in New York von den Amerikanern selbst organisiert worden sei.[252] Laut Jebsen sind es „radikale Zionisten, die uns über die US-Regierung in Kriege führen".[253] Außerdem glaubt er, dass die „Israel-Lobby" in den heutigen Vereinigten Staaten einen immensen Einfluss auf die Politik sowie die Mainstream-Medien und Hollywood ausübt.[254] Jebsen geht in seinen Enthüllungen sogar so weit, zu behaupten, er wisse, „wer den Holocaust als PR erfunden hat".[255] Seiner Meinung nach unterscheidet sich „Zionismus" in seinen wesentlichen Zügen kaum von der Ideologie der Nationalsozialisten, und was Israel in Palästina anstrebe, sei nichts anderes als „Endlösung".[256] Es brauchte eine starke ideologische Motivation, um zu

---

[252] CAMILLA KOHRS, *Das Böse ist immer und überall*, correctiv, 30. Dezember 2016, https://correctiv.org/aktuelles/neue-rechte/2016/12/30/das-boese-ist-imer-und-ueberall/.

[253] KEN JEBSEN, *Die Terrorlüge wird 10 Jahre alt*, https://www.youtube.com/watch?v=hTG5F5vHna8&t=215s..

[254] KEN JEBSEN, *Zionistischer Rassismus*, https://archive.org/details/KenfmZionistischerRassismusOpferGuenter-Grass. Eine seiner Behauptungen ist: *Es sind radikale Zionisten, die uns über die US-Regierung in Kriege führen*, DAME.VON.WELT, *KenFM: „Rassistischer Zionismus"*, https://www.freitag.de/autoren/dame-von-welt/kenfm-rassistischer-zionismus. – Jebsen hat seine Aufnahmen, die damals erhebliches kritisches Echo in den Tageszeitungen und weiteren Analysen hervorriefen, später um die antijüdischen Passagen gekürzt.

[255] CAMILLA KOHRS, *Das Böse ist immer und überall*, Correctiv, 30.12.2016, https://correctiv.org/aktuelles/neue-rechte/2016/12/30/das-boese-ist-immer-und-ueberall.

[256] FRIEDENSDEMO-WATCH, *Antisemitismus made by Ken Jebsen*, https://www.friedensdemowatch.com/2017/09/02/antisemitismus-made-by-ken-jebsen/ und

ignorieren, wer Ken Jebsen bereits vor der „Friedensbewegung" war, die er zusammen mit einigen anderen Verschwörungstheoretikern gründete. 2017 wurde Jebsen für einen Preis für „engagierte Publizistik" nominiert. Diese von einer kleinen Links-Rechts-Gruppe geschaffene Auszeichnung hätte ignoriert werden können, wäre nicht ein kleiner Umstand gewesen. Die Preisverleihung sollte im „Babylon" stattfinden, einem linken Kino in der Nähe der Zentrale der Partei DIE LINKE und anderer linker Einrichtungen rund um den Rosa-Luxemburg-Platz in Berlin. Das Kino wird aus dem Haushalt der Stadt finanziert, das Kulturamt der Stadt wird von Klaus Lederer von der Partei DIE LINKE geleitet. Innerhalb der Partei gehört er zur Fraktion der relativ „guten Jungs", das heißt, obwohl zahlreiche kremlfreundliche Veranstaltungen im selben „Babylon" bei ihm keine Beschwerden auflaufen ließen, verstand Lederer zumindest, dass mit der Veranstaltung der „Preisverleihung" an Jebsen das von der Stadt geförderte Kino bereits deutlich zu weit ging. Er äußerte sich entsprechend kritisch.[257] Das Problem ist jedoch nicht nur, dass die Preisverleihung dennoch stattfand, sondern auch, dass Lederer selbst während des Kampfs der Jebsen-Anhänger um die Verleihung zur Zielscheibe von Angriffen von Schwergewichten aus der eigenen Partei wurde. Wolfgang Gehrcke, ehemaliger Stellvertreter der Fraktionsführung im Bundestag, behauptete, dies sei nichts weiter als ein Versuch der „Zensur". In derselben Erklärung charakterisierte sich Gehrcke als einen Mann, der daran arbeitet, „wie man gegen die dramatische Rechtsentwicklung in unserem Land und in Europa einen breiten antifaschistischen Widerstand aufbauen und stärken kann".[258] In einer weiteren ausführlichen Erklärung zur Befürwortung der Preisverleihung nennt Vorstandsmitglied der Partei DIE LINKE Andrej Hunko sogar so herausragende Figuren wie Voltaire und Rosa

---

DAME.VON.WELT, *KenFM: „Rassistischer Zionismus",* https://www.freitag.de/autoren/dame-von-welt/kenfm-rassistischer-zionismus.
257 https://www.facebook.com/DrKlausLederer/posts/wie-ich-heute-erfahrenhabe-soll-im-dezember-im-kino-babylon-die-verleihung-eine/1627515903967481/ [Eintrag Klaus Lederers auf seiner persönlichen Facebook-Seite, 13.11.2017].
258 WOLFGANG GEHRCKE, CHRISTIANE REYMANN, *Unsere Antwort,* 05.12.2017, https://www.wolfgang-gehrcke.de/de/article/1943.offener-brief.html.

Luxemburg und behauptet, gegen Jebsen würden Methoden des „Stalinismus und McCarthy-Methoden" angewandt. Hunko zufolge werden Begriffe wie „Querfront" und „Verschwörungstheoretiker" verwendet, um „politische Gegner" zu diffamieren.[259] Die Erklärung des Mitbegründers der Partei DIE LINKE (und Ehemann von Sahra Wagenknecht) Oskar Lafontaine zielt in die gleiche Richtung. Lafontaine verteidigt Jebsens Recht auf Meinungsfreiheit (das niemand wirklich einzuschränken versucht hat) und argumentiert, „Begriffe wie ‚Verschwörungstheoretiker' und ‚Querfront' stammen aus dem Arsenal der Geheimdienste."[260] Ein weiterer einflussreicher Politiker der Partei DIE LINKE, Diether Dehm, war Mitverfasser einer Erklärung, die „gemeinsame und konzentrierte Aktionen"[261] zur Unterstützung der Preisverleihung forderte (und Hunderte von kleineren linken Aktivisten folgten tatsächlich diesem Aufruf).[262]

Wenn man sich den Fall des Kinos „Babylon" genauer ansieht, darf nicht übersehen werden, dass solche Skandale immer wieder vorkommen. In den letzten zwanzig Jahren gab es mehrere dutzend davon, worin sogar die oberste Parteispitze involviert war. Die Linke hat, wie Dutzende andere, weniger repräsentative Organisationen, viel vom linken Terrorismus in den 1970er und 1980er Jahren geerbt. Am bezeichnendsten ist vielleicht der erstaunliche Grad von Ouring. Nicht weniger als die persönlichen Kontinuitäten, wie im Fall des Mitarbeiters von Diether Dehm, verkörpert dies die Äußerung einer Abgeordneten der Bundestagsfraktion der

---

259 ANDREJ HUNKO, *Persönliche Erklärung zum Parteivorstandsbeschluss der LINKEN*, 05.12.2017, https://andrej-hunko.de/start/aktuell/3848-persoenliche-erklaerung-zum-parteivorstandbeschluss-der-linken-klare-kante-gegen-querfront.
260 https://www.facebook.com/oskarlafontaine/photos/a.198567656871376.47953.188971457830996/1629779007083560/?type=3&theater [Eintrag Oskar Lafontaines auf seiner persönlichen Facebook-Seite, 13.11.2017]. Lafontaine trat am 17. März 2022 aus der Partei DIE LINKE aus. Zuvor hatte er Ende 2022 seine Amerikakritik in Buchform vorgelegt: *Ami, it's time to go. Plädoyer für die Selbstbehauptung Europas* (Frankfurt am Main: Westend Verlag, 2022). Anm. d. Übers.
261 DIETHER DEHM ET AL., *Bitte helft, Zensur zurückzuweisen*, 17.11.2017, http://www.wolfgang-gehrcke.de/de/article/1939.bitte-helft-zensur-zurueckzuweisen.html und https://apolut.net/bitte-helft-zensur-zurueckzuweisen/.
262 LENZ JACOBSEN, *Links und rechts der Front*, ZEIT Online, 14.12.2017, https://www.zeit.de/politik/deutschland/2017-12/linke-demonstrationen-parteizentrale-querfront-debatte/komplettansicht.

Partei DIE LINKE, Heike Hänsel. Auf die Kritik an ihrer Teilnahme an einer Solidaritätskundgebung mit der Hamas antwortete sie ganz im Geiste einer deutschen Terroristin an Bord des 1976 entführten Flugzeugs: wie könne man sie des Antisemitismus beschuldigen, wenn sie linke Ansichten vertrete?

Linker Antisemitismus außerhalb des deutschen Kontextes

Dabei geht es aber nicht nur um spezifisch deutsche Realitäten. „Antizionismus" ist bis heute ein Problem der westlichen Linken. So nahm beispielsweise der derzeitige Vorsitzende der britischen „erneuerten" Labour Party, Jeremy Corbyn, 2014 an einer Zeremonie der Blumenniederlegung am Grab palästinensischer Terroristen teil, die für die Ermordung israelischer Sportler im Jahr 1972 verantwortlich waren.[263] Ein weiterer Labour-Skandal entstand, weil sie mit der Definition von Antisemitismus nicht einverstanden war, die den Vergleich Israels mit dem Dritten Reich als eines seiner typischsten zeitgenössischen Beispiele anführte[264] (was nicht überrascht, Corbyn hat selbst, neben anderen führenden Labour-Mitgliedern, auf eine solche Technik zurückgegriffen).[265] Ein weiterer „Hoffnungsträger" der heutigen radikalen Linken, der Vorsitzende der französischen Linksfront, Jean-Luc Mélenchon, ist ein konsequenter „Freund der palästinensischen Sache" und empört sich über die bloße Erwähnung der französischen Kollaboration

---

263 ADAM FORREST, *Did Corbyn really honour terrorists behind the Munich massacre?*, The Independent, 13.08.2018, https://www.independent.co.uk/infact/Jeremy-corbyn-munich-massacre-terrorists-anti-semitism-labour-palestinian-cemetery-a8489456.html.
264 DENIS MACSHANE, *Labour has rejected the EU's definition of antisemitism. This is morally wrong – and politically foolish*, Independent, 18.07.2018, https://www.independent.co.uk/voices/labour-antisemitism-eu-definition-jeremy-corbyn-margaret-hodge-woodcock-a8452436.html.
265 https://www.youtube.com/watch?v=-HvwPSNvMwo [Rede Jeremy Corbyns 2010]. Corbyn legte im Frühjahr 2020 den Parteivorsitz nieder. Gemeinsam mit elf weiteren Labour-Abgeordneten unterzeichnete er am 18. Februar 2022 die „Stop the War" Erklärung der Europäischen Linken. Am 2. August forderte er in einem Interview eines prorussischen arabischen Senders in Beirut, die Waffenlieferung an die Ukraine einzustellen. Anm. d. Übers.

während des Holocausts, nicht weniger als seine Gegenspielerin vom rechten Spektrum, Marine Le Pen.[266] Weder das Bildungsniveau noch die bemerkenswerte Klugheit sorgen für Abhilfe. Judith Butler schlägt vor, Hamas und Hisbollah als Teil der globalen linken Bewegung zu betrachten.[267] Einer der „klügsten Köpfe" der gegenwärtigen westlichen Linken, Alain Badiou, schafft es, in ein kleines Büchlein einen ganzen Haufen antisemitischen Unfugs über den Zionismus als „Anti-Ereignis" (das schlimmste Attribut in seiner „Ontologie") zu stopfen: dass die authentische Fortsetzung des antiken Judentums das Christentum sei, aber keinesfalls das jetzige Judentum, dass Israel ein „Kolonialstaat" ist, in dem die Palästinenser „Sklaven" sind und der die Idee hegt, sie zu vernichten, und der deshalb beseitigt werden müsse, und so weiter.[268] Die Tiefe des Problems wird heute durch die Ausbreitung der BDS-Bewegung (Boycott, Divestment, and Sanctions) anschaulich, die darauf abzielt, den Staat Israel zu beseitigen. Unter ihren Anhängern in verschiedenen westlichen Ländern hat sie viele Prominente, und nicht nur aus dem linken Spektrum.

Dies ist eine relativ neue Tendenz, die in diesem Ausmaß auch während des „Goldenen Zeitalters" der rot-braunen Koalitionen unbekannt war. Ein Anhänger der radikalen Linken wird argumentieren, dass der programmatische Antizionismus der „neuen Linken" hauptsächlich durch die Entstehung des Staates Israel und israelische Kriegsverbrechen verursacht wurde. Hervorzuheben ist hier, dass ein Unterschied zwischen dem Westen der Nachkriegszeit und der Zeit der 1920er bis 1930er Jahre in der Neuorientierung der radikalen Linken besteht: sie haben erfasst, dass das lokale Proletariat bereits nicht mehr zur Weltrevolution herangezogen werden kann. Daher die „antiimperialistische" Wendung. In der Vorstellung der radikalen Linken der Nachkriegszeit im Westen hat sich das Subjekt des revolutionären Kampfes in die „Dritte Welt"

---

266 ALBERT HERSZKOWICZ, *Rafle du Vel d'Hiv': la très lourde faute de Jean-Luc Mélenchon*, Mediapart, 26.07.2017, https://blogs.mediapart.fr/albert-herszkowicz/blog/180717/rafle-du-vel-dhiv-la-tres-lourde-faute-de-jean-luc-melenchon.
267 https://www.youtube.com/watch?v=amJNIcSNPco [Auftritt Judith Butlers 2006].
268 ALAIN BADIOU, *Circonstances, 3: Portées du mot „juif"* (Paris: Léo Scheer, 2005).

verlagert; mit ihm solidarisierten sie sich jetzt vor allem. Zu den „Imperialisten" und „Kolonisatoren" wurde nun auch Israel gerechnet. Eigentlich war es eine regelrechte obsessive Fixierung, die weder etwas mit der realen Situation der Palästinenser zu tun hat noch mit den realen Verbrechen, die israelische Soldaten seit der Gründung des Staates Israel bis heute begangen haben. Ein Beispiel ist die sowjetische Intervention in Afghanistan, die zeitlich mit dem Linksterrorismus zusammenfiel, aber weder die RAF noch die „Revolutionären Zellen" zu Aktionen ermutigte (sowjetische Militärstützpunkte waren ihnen in der DDR, wo sie sich oft versteckten, gut zugänglich). Während des zehnjährigen Krieges töteten sowjetische Truppen zwischen einer und anderthalb Millionen Afghanen, eine unglaubliche Zahl, wenn man bedenkt, dass das Land zu Beginn der Okkupation 15 Millionen Einwohner hatte. Man kann sich die wütende Reaktion der westlichen Linken nur vorstellen, wenn an Stelle der sowjetischen Soldaten Amerikaner gewesen wären. Und wenn es die Israelis gewesen wären, hätten die westlichen Linken die Welt vielleicht längst auf den Kopf gestellt und zehn Weltrevolutionen veranstaltet. Eigentlich muss man nicht lange nach Beispielen suchen. Dass die linken „Friedensaktivisten" nicht die Palästinenser selbst im Sinn haben, lässt sich gut am Beispiel Jarmuk ablesen. So heißt der Vorort von Damaskus, dessen Bevölkerung überwiegend palästinensisch war. Nach mehreren Machtwechseln, Belagerungen, Rückzügen und Offensiven verwandelten Assads Flugzeuge und Artillerie Jarmuk im Frühjahr 2018 schließlich in ein lokales Aleppo. Dies führte zu keinem nennenswerten Wimpernzucken der linken Freunde der „palästinensischen Sache" (was angesichts der Pro-Assad-Positionen vieler von ihnen nicht überrascht). Die Palästinenser sind für die westliche radikale Linke in erster Linie vor allem dann interessant, wenn sie durch die Hände der Israelis sterben. Ob sie wirklich wollen, dass das eines Tages aufhört – vor dem Hintergrund dessen, was wir über die radikale Linke wissen, können wir nicht ganz sicher sein...

Die antisemitische Fixierung der Nachkriegszeit ist ein weiterer Beweis dafür, dass wir es innerhalb der radikalen Linken mit permanenten regressiven Tendenzen zu tun haben, selbst dort, wo die Akteure linksradikaler Politik Fortschritte und radikalen

Durchbruch sehen. Jenseits des spezifisch deutschen Kontexts erklären wir diese Fixierung vor allem als eine Weise für die Linke selbst, zu erkennen, dass das linksradikale Projekt im Westen gescheitert ist, dass das Proletariat Deutschlands, Frankreichs oder der Vereinigten Staaten, sofern es gesunden Menschenverstand besitzt, keine Revolution machen wird. Egal wie überzeugt die heutige westliche radikale Linke ist, egal wie aufrichtig sie an die Unausweichlichkeit des Zusammenbruchs des kapitalistischen Systems glaubt, egal wie naiv sie ist, am Ende wird zumindest ein Teil ihres Verstandes erkennen, dass eine Revolution nie stattfinden wird. Andererseits können Erklärungen unter Zuhilfenahme von Verschwörungstheorien selbst den klügsten und gebildetsten Menschen in die Irre führen – und er beginnt zu glauben, dass das Kapital das Proletariat durch die Medien manipuliert, dass Mitglieder der Parlamente entwickelter Demokratien nur Marionetten von Finanzoligarchen sind. Oder in den „Farbrevolutionen" die Hand des CIA im Spiel zu sehen. Oder den Krieg im Donbas mit dem Interesse amerikanischer Konzerne an Schiefergasvorkommen bei Slowjansk zu erklären. Die Neigung zu Verschwörungstheorien im modernen westlichen linken Milieu deutet auf Frustration hin, die sich aus der Erkenntnis resultieren, dass die Revolution nicht möglich ist. Unter dem Gesichtspunkt psychischer Ökonomie kann dies ein nachvollziehbarer Weg sein, mit diesem Wissen umzugehen. Ein integratives Element verschiedener Verschwörungstheorien ist der Antisemitismus (tatsächlich lassen sich sogar die wildesten unter ihnen, bis hin zum Glauben an die Illuminaten und Reptiloide, darauf reduzieren). Überrascht sein, dass eine so grundlegend humanistische und fortschrittliche Bewegung in solch regressive Abgründe wie den Antisemitismus abgleiten kann, kann möglicherweise nur ein Mensch, der glaubt, dass das Konzept „Kommunismus" gerettet werden müsse, trotz all seiner historischen Inkarnationen, die insgesamt nur „abwegig" waren.

Kapitel V
Abhängigkeit vom Wunschbild der Zukunft

Das Unüberwindbare bleibt unüberwunden

Der Antisemitismus, der der linken Bewegung eigen ist, war eine genauere Betrachtung wert: Es ist nützlich zu sehen, dass starke regressive Tendenzen nicht nur ein Zeichen für „umgeschlagene" Seiten der Geschichte sind, sondern auch für die heutigen „neuen" linksradikalen Bewegungen in den entwickelten westlichen Ländern. Versuche „radikaler Brüche" werden immer wieder zum Ausgangspunkt für eine weitere linksradikale Regression, was durch weitere anschauliche Beispiele bestätigt wird. So verbreitete sich der Maoismus unter der deutschen radikalen Linken in der Folge des „progressiven Durchbruchs" von 1968, nicht zuletzt durch die „Revision" des bisherigen unkritischen Bekenntnisses zur UdSSR. Die Solidarität mit Regimen, die nicht besser sind als die Sowjetunion, wie das maoistische China und Pol Pots Kambodscha, war ein erstaunliches Element dieses oft programmatischen, „kritischen" Ansatzes. Dies ist nicht weit zurückliegender Zeitabschnitt, die 1970er und 1980er Jahre. Selbst unter unseren Zeitgenossen, den oft bekannten Linksintellektuellen der älteren Generation, erinnern sich einige noch gerne an die Lehren des „großen Führers Mao", andere vergessen fleißig die Inbrunst, mit der sie seinerzeit die Nachrichten über die Verbrechen der Roten Khmer abtaten als „antikommunistische Propaganda".

Im Rahmen dieser Analyse könnte man unter der deutschen radikalen Linken eine noch immer weit verbreitete Strömung wie die Antideutsche erwähnen. Einer der wichtigsten Impulse für die Formierung dieser Strömung war eine kritische Revision der ehemaligen antisemitischen Haltung deutscher Linksterroristen. Man hätte denken können, es handle sich hierbei um eine recht progressive Revision. Die schleichenden Regressionspfade, die die Antideutschen von Anfang an eingeschlagen haben, haben sie jedoch zu Positionen geführt, die oft deutlich „rechts" von der imaginären „Mitte" liegen. Man denke nur an die negative Bewertung der deutschen Wiedervereinigung oder die Unterstützung für das Milošević-Regime oder die manchmal widerliche Islamophobie, die in ihren Proklamationen zur Unterstützung serbischer Nationalisten sich bereits vollends offenbart.

Eigentlich ging es in dieser Analyse um drei große Regressionen in der Geschichte der linksradikalen Bewegung. Dazu gehören nicht nur das „Goldene Zeitalter" der Links-Rechts-Koalitionen und der linksradikale Terrorismus der Nachkriegszeit, sondern auch der derzeitige, gelinde gesagt wenig kontrollierte Zustand des Verbreitens von hanebüchenem Unsinn, aus dem die radikale Linke bereits seit fünf Jahren nicht herauskommen kann. Kurz gesagt, es ist unmöglich, alles zu diskutieren, und wen die drei detaillierten Skizzierungen nicht überzeugen, den wird auch eine vierte nicht überzeugen. Denn die wichtigste Aufgabe dieser Analyse ist weniger die detaillierte Beschreibung der Sachverhalte als vielmehr ein Verständnis.

Nach der hier vorgeschlagenen Interpretation der linksradikalen Bewegung ist sie nicht in der Lage, ihre Abhängigkeit von den negativen Aspekten ihrer Tradition zu überwinden, und die unvermeidliche Reproduktion ihrer inhärenten regressiven Tendenzen ist ihrer eigenen Zukunftsvision geschuldet. Keine Reform, keine Revision, kein radikaler Bruch mit der Vergangenheit wird je in der Lage sein, die Mängel zu beheben, die durch die vagen Vorstellungen bestimmt wurden, dass ein „besseres" System die repräsentative Demokratie ersetzen sollte, und dies trotz der völligen Ungewissheit über die konkreten Umrisse dieses zukünftigen Systems. Es geht hier um eben jene Vision, für deren Verwirklichung all jene autoritären Praktiken eingesetzt wurden, mit denen die „neue Linke" angeblich gebrochen hat. *Die radikale Linke wird ihre identitätsstiftende Abhängigkeit von der „eigenen" Vergangenheit nicht verlieren, solange sie sich zu einem identischen Zukunftsbild bekennt.* Mit anderen Worten, die radikale Linke ist nicht imstande, sich prinzipiell zu reformieren und die Wiederholung von Regressionen, die Verteidigung ehemaliger kommunistischer Regime und die Solidarität mit aktuellen Diktaturen werden auch weiterhin eines ihrer bestimmenden Merkmale sein. Angesichts der Problematisierung der konventionellen Unterscheidung zwischen der radikalen Linken und den extremen Rechten bedeutet dies, dass die Linke weiterhin Zeichen setzen wird, die sie „rechts" von der angenommenen „Mitte" des akzeptierten politischen Raums positionieren wird.

Seit 150 Jahren ist die Idee der Revolution als Mittel zum Sturz der repräsentativen Demokratie zwecks Errichtung einer besseren politischen Ordnung die Grundlage für die ungebrochene Kontinuität der linken Tradition und das verbindende Element verschiedener Versionen der radikalen Linke. Die Verwirklichung einer solchen Idee bedeutet nach Ansicht der radikalen Linken nicht die Abschaffung der vom „bürgerlichen" System garantierten Rechte und Freiheiten, sondern im Gegenteil deren Ausweitung. Allerdings enthält diese Idee selbst eine gewisse „Leerstelle", der ihr (in den Köpfen ihrer Anhänger) utopische Kraft verleiht, und (im Fall der praktischen Anwendung) die damit einhergehenden Regressionen strukturiert. Was soll die repräsentative Demokratie ersetzen? Wenn die linksradikale Bewegung seit anderthalb Jahrhunderten in gewisser Weise stabil geblieben ist, dann vor allem in der Ungewissheit der Antwort auf diese Frage. Statt eines klaren, konkreten Programms haben wir es nach wie vor mit poetischen Beschreibungen und hochtrabenden Metaphern zu tun. Die radikale Linke hat nach wie vor auch kein konkretes Rezept, was nach dem Sturz der repräsentativen Demokratie als Organisation der politischen Macht kommen soll. Wohlgemerkt, es geht nicht um ökonomische Forderungen, wie etwa die Einführung des Staatseigentums an den Produktionsmitteln oder ähnliches – es ist theoretisch möglich, sie auch mit den Instrumenten der repräsentativen Demokratie zu erfüllen. Es geht um die politische Organisation nach der Revolution, der Revolution als einziges Mittel, um das sozioökonomische System in die gewünschte Richtung zu verändern. Der Grundgedanke der linksradikalen Weltanschauung ist eben, dass schlicht keine „reformistischen" und „parlamentarischen" Anstrengungen zu einer solch radikalen Veränderung fähig sind.

Es sei darauf hingewiesen, dass die autoritärsten Strömungen der radikalen Linken (Stalinisten, Maoisten usw.) zwar auch auf vage Metaphern zurückgreifen, jedoch die realistischste Version des Zukunftsbildes haben (eine andere Frage ist, wie akzeptabel diese Realität ist). Anarchisten, nominell der am wenigsten autoritäre Teil der radikalen Linken, werden argumentieren, dass die Problematisierung des Zukunftsbildes, was wir ansprechen, sie überhaupt nicht betrifft, weil Anarchisten nicht nach neuen Wegen suchen, politische Macht zu organisieren, sondern danach streben, Macht als solche abzuschaffen. „Keine Macht für niemand" – das ist das Hauptziel des Anarchismus. Wir sehen jedoch, dass in den real existierenden und auf freiwilliger Basis gegründeten anarchistischen Kollektiven das Problem der Machtverhältnisse nicht nur nicht verschwunden ist, sondern sich im Gegenteil tendenziell in spezifischer Weise verschärft. In diesen Kollektiven gibt es keine institutionalisierten Führungspersonen, aber in dem Maß, wie die verschiedenen Mechanismen komplexer werden, wird das *subkulturelle Kapital* wichtiger, ist die Rolle eines spezifischen Habitus (dessen Aneignung schwierig und nicht für alle zugänglich ist) von Gewicht. In der radikalen Linken haben die Anarchisten nicht ohne Grund den Ruf, die Gruppe zu sein, die am anfälligsten für Spaltungen, Skandale und Ausschlüsse aus ihren Reihen ist, wovor selbst die eifrigsten Aktivisten nicht sicher sind. Anarchistische Kollektive erklären die programmatische Offenheit ihrer Gruppen und sind in Wirklichkeit vielleicht der geschlossenste und elitärste Teil der radikalen Linken.

Wir gehen deshalb so ausführlich auf den Anarchismus ein, weil die Realität anarchistischer Kollektive eine Art Experimentierfeld ist, auf dem die Machtverhältnisse in der antiautoritärsten (und poetischsten) Version des Zukunftsbildes der Linksradikalen modelliert werden. Es gibt ein für die radikale Linke allgemein typisches Argument, dass für die chronischen Probleme anarchistischer Gruppen eigentlich „Kapitalismus", „Polizeistaat", „patriarchalische Strukturen" und so weiter schuld seien. Es ist erwähnenswert, dass das grundlegende Postulat des Anarchismus (und zugleich eine implizite Voraussetzung für das Erreichen seines Hauptziels) der Glaube an die gute Natur des Menschen ist. Der Mensch ist an sich gut, und wenn nur die verschiedenen repressiven Strukturen „da draußen" um ihn herum abgeschafft werden, wird das Böse in der Welt fallen und der Mensch wird in der Lage sein, seine gute Natur in vollem Umfang zu verwirklichen. Wenn wir uns der Realität des Anarchismus zuwenden, müssen wir jedoch zugeben, dass für die Mitglieder anarchistischer Gruppen das Vorhandensein externer Strukturen eigentlich ein positiver Umstand ist. Bestünde die Menschenwelt ausschließlich aus anarchistischen Gruppen, wäre der Ausschluss aus ihrer Reihe eine viel schrecklichere Strafe. Gäbe es keinen „Polizeistaat", gäbe es keine Beschränkungen für die Strafanwendung innerhalb des Kollektivs selbst bzw. bei der Anwendung von Gewalt außerhalb. Obwohl der Mensch von Natur aus auch kein böses Wesen ist (tatsächlich ist er „von der Natur" überhaupt nicht mit moralischen Dispositionen ausgestattet), gibt es in einer Situation unbegrenzter Freiheit anarchistischer Gruppen keine Garantie dafür, dass nicht die autoritärsten Führer siegen werden. Genauso wenig eine Garantie, dass im Falle eines Konflikts zwischen Gruppen nicht diejenigen, die am besten auf eine uneingeschränkte Eskalation der Gewalt vorbereitet sind, sich gegenüber den am wenigsten militarisierten Gruppen durchsetzen.

Abgesehen von Stalinisten und Anarchisten ist eine der heute am weitesten verbreiteten Positionen die verallgemeinerte Behauptung innerhalb der der radikalen Linken, dass es eine Alternative zur repräsentativen Demokratie gibt. Diese Position beschränkt sich auf abstrakte Zusicherungen, dass „eine andere Welt möglich ist", auf die Behauptung der Notwendigkeit eines „radikalen Wandels" und den Wunsch, „den Kapitalismus in Geschichte zu verwandeln". Nach einer konkreten Vision der „postkapitalistischen" Zukunft sollte man jedoch auch nicht in den Werken so bekannter und hochgebildeter Vertreter des heutigen linken Denkens wie Alain Badiou, Jacques Rancière oder Slavoj Žižek suchen. Außerdem werden Linksintellektuelle nicht erklären können, warum es unmöglich ist, den „Kapitalismus" innerhalb einer repräsentativen Demokratie abzuschaffen. Wo rational argumentiert werden sollte, dominiert stattdessen das eschatologische Bild der Revolution. Von der Revolution als einem Ereignis, das unumgängliche Folgen hat und eine Rückkehr in die alte, korrupte Welt unmöglich macht. Wie der Keim einer zukünftigen wundervollen Blume, der unter der Frühlingssonne aus der schwarzen Erde hervorbricht, so müsse sich eine neue bessere Welt, befruchtet durch ein revolutionäres Ereignis, unabhängig und spontan entfalten. Es sei schwierig, ihre genauen Umrisse im Voraus zu prognostizieren. Man kann nur mit Sicherheit sagen, dass es eine Fortsetzung der Revolution sein wird, und welche Formen sie auch immer annehmen wird, sie wird ihre authentischen Eigenschaften behalten. Kurz gesagt, die neue Welt wird eine Art endlose Projektion des revolutionären Ereignisses in die Zukunft sein.

Die Geschichte linker Revolutionen – von der bolschewistischen Revolution von 1917 bis zur Etablierung der Maduro-Diktatur 2017 – zeigt jedoch, dass sie bürgerliche und politische Freiheiten nicht erweitern oder Repression abbauen, sondern im Gegenteil eine deutlich regressive Tendenz haben. Die „Leerstelle" der revolutionären Idee wird bei der Umsetzung immer auf eine ganz bestimmte prosaische Weise ausgefüllt. Die Neigung zu regressiven Tendenzen zeigt sich auch in der Geschichte der linksradikalen Bewegung in jenen Ländern, die keine kommunistische Herrschaft erlebt haben.

Die anhaltende Abhängigkeit vom Wunschbild der Zukunft ist nicht nur ein unüberwindbares Hindernis, mit dem negativen Erbe der linken Tradition zu brechen, sie beseitigt auch jeden Anlass zur Hoffnung, dass die radikalen Linken irgendwie anders handeln könnten, wenn sich bei ihnen die nächste Chance zur Verwirklichung revolutionärer Ideen einstellt. Es scheint, dass die „Leerstelle" der revolutionären Idee prinzipiell nicht mit rationalen und theoretischen Mitteln gefüllt werden kann. Es geht im Grunde um ein eschatologisches Ereignis, einen kollektiven mystischen Akt, der mit rationalen Mitteln nicht erfasst werden kann. Das Problem ist jedoch, dass die radikalen Linken keine Gemeinschaft toleranter Gläubiger ist, die wie die Zeugen Jehovas Passanten unauffällig ihre hübsch gedruckten Heftchen anbieten. Sie sind Menschen, die an die Notwendigkeit glauben, das „Reich Gottes" mit Methoden der Gewalt herbeiführen zu müssen. Der Wille der Mehrheit und andere „Schimären des bürgerlichen Liberalismus" sind innerhalb dieser Glaubensrichtung so unbedeutende Kleinigkeiten, dass sie, um durch sie ein revolutionäres Ziel zu erreichen, nicht nur möglicherweise, sondern notwendigerweise übersprungen werden müssen. Um darauf zurückzukommen, was im ersten Teil dieser Analyse diskutiert wurde, muss betont werden, dass das antiliberale Ressentiment, das im Zusammenhang mit der „Ukraine-Krise" besonders ausgeprägt ist, für die radikale Linke keineswegs zufällig ist. Im Gegenteil, ihre Schadenfreude ist nicht nur dem historischen Trauma des Sturzes kommunistischer Regime geschuldet, sondern entspricht völlig den grundlegendsten Elementen der linksradikalen Weltanschauung.

Ist wirklich alles so einfach? Lässt sich die radikale Linke ausschließlich auf ihre antidemokratischen Tendenzen reduzieren? Gibt es wirklich keine Alternative zur repräsentativen Demokratie, geschweige denn zu bestehenden Wirtschaftsbeziehungen? Ein Anhänger der radikalen Linken wird argumentieren, dass das Hauptziel der Revolution die Abschaffung des Kapitalismus ist, und wird (ganz zu Recht) auf die Unvereinbarkeit der bestehenden sozioökonomischen Verhältnisse mit den Idealen der Demokratie hinweisen. Aber das Problem verschwindet dadurch nicht. *Die antidemokratischen Tendenzen der radikalen Linken sind weniger von der Idee veränderter Eigentumsstrukturen als vielmehr von den zu ihrer Umsetzung vorgesehenen Mitteln bedingt.* Diese Mittel sollen die repräsentative Demokratie durch irgendein unbekanntes System ersetzen, das viel besser sein soll als sie. Unter Berücksichtigung der historischen Erfahrung müssen wir betonen, dass dies ein starker irrationaler Glaube ist (eigentlich ein so spezifischer Bestandteil des linksradikalen Weltbildes wie der Glaube an Wunder). Die Anhänger der radikalen Linken leben auf keinem anderen Planeten und sind sich wohl bewusst, dass die Suche nach diesem Unbekannten in den meisten konkreten historischen Fällen zu einer weniger demokratischen politischen Ordnung geführt hat als der, die sie ersetzte.

Angenommen, es gibt einen besseren Ersatz für die bestehende sozioökonomische Ordnung. Warum lässt er sich nicht mittels repräsentativer Demokratie einführen? Abgesehen von dem Fehlen einer dauerhaften Garantie, dass die Menschen immer für die radikale Linke stimmen werden, gibt es keine anderen Hindernisse. Mit anderen Worten: bereits eines der Hauptmerkmale der revolutionären Idee, nämlich die Unausweichlichkeit ihrer Folgen, birgt ein starkes antidemokratisches Potenzial. Die Idee der antikapitalistischen Revolution impliziert auch die Tendenz der radikalen

Linken zu Verschwörungstheorien und Manichäismus, das heißt, darauf, alles Böse der Welt auf den Faktor „Kapitalismus" zu reduzieren. Die Kritik an der repräsentativen Demokratie im Rahmen des linksradikalen Weltbildes reduziert sich letztlich auf die These, dass unter ihren Bedingungen die Menschen manipuliert werden, insbesondere durch die Diener des Kapitals wie Politiker, Journalisten und Geheimdienstagenten. Ohne die Machenschaften dieser Schurken hätten die Menschen längst ihre „wahren Interessen" erkannt, von denen in der gegenwärtigen, verderbten Lage nur die Gerechten – die linken Intellektuellen – eine klare Vorstellung haben. Jedenfalls ist es für einen linken Intellektuellen einfacher, die wildeste Verschwörungstheorie aufzustellen, als anzunehmen, dass Menschen ihre eigenen Gründe haben könnten, die Linken nicht zu wählen. Genauso wie die Möglichkeit einer Situation anzunehmen, dass ein authentisches, nichtmanipuliertes Bewusstsein eigener Interessen von der „richtigen" Version abweicht, die den linken Intellektuellen seit langem bekannt ist.

Faktisch handelten die kommunistischen Regime bei der Errichtung ihrer autoritären Herrschaft nicht entgegen dem „humanistischen Potenzial" ihrer eigenen Ideologie, sondern setzten im Gegenteil die revolutionären Ideale ziemlich konsequent um (wenn auch in Wirklichkeit nicht so poetische wie in der Vorstellung manch begeisterter Idealisten). Die den kommunistischen Regimen innewohnenden Tendenzen, wie die Neigung zur einstimmigen Zustimmung, die Ausrottung des Pluralismus und die Verfolgung von Minderheiten, sind weniger „Pervertierungen" der großen Idee des Kommunismus als vielmehr erwartete Mittel zur Projektion eines revolutionären Ereignisses in die Zukunft. Das ist absolut natürlich in einer Gesellschaft, deren Bewusstsein den hohen Idealen anscheinend nicht entspricht. Die Revolution soll ein mystischer kollektiver Akt sein, der schließlich die Befreiung aller Beteiligten einbeziehen wird. Daher sollte die Tendenz kommunistischer Regime, die Opposition auszuschalten, nicht als „Perversion" betrachtet werden, sondern als eine der authentischsten Möglichkeiten, den revolutionären Idealen treu zu bleiben. Am Ende lautet die Antwort auf die Beteuerung, dass die historischen Präzedenzfälle des Kommunismus „falsch" waren, der nächste aber definitiv der richtige sein wird, wie folgt: Heute sind die konsequentesten Träger des linksradikalen Weltbildes nicht hochgebildete, oft unglaublich humane Anhänger des abstrakten Glaubens an die „Möglichkeit einer besseren Welt", sondern eben die krudesten Karikatur-Stalinisten. Zumindest haben sie einen klaren Plan für die Zukunft, sie wissen, was sie wollen und schämen sich nicht für ihre Ansichten.

Selbst wenn wir die Gültigkeit der Kritik der Linken an der bestehenden sozioökonomischen Ordnung und der Unvollkommenheit bestimmter demokratischer Regime akzeptieren, können wir die repräsentative Demokratie dennoch als ein normatives Ideal interpretieren, das nicht abgelehnt, sondern an dem im Gegenteil es sich auszurichten gilt. Keine der bestehenden Demokratien ist ihre perfekte Manifestation – aber die Ausrichtung auf das normative Ideal eröffnet einen weiten Raum für die weitere Förderung der Menschenrechte, für die Ausweitung gerade ihrer Liste nicht nur um formale, sondern auch um substantielle sozioökonomische Rechte (die ebenfalls aus dem Kantischen Imperativ oder anderen Postulaten der Aufklärung abgeleitet werden können). Kurzum, die bereits bestehende repräsentative Demokratie bietet einen wirklich weiten Raum für Fortschritt, und ihre Mankos sollten dazu ermutigen, sie nicht abzuschaffen, sondern zu verbessern. Schließlich gibt es keinen Grund, a priori die Alternativlosigkeit der repräsentativen Demokratie zu behaupten. Aber um die Qualitäten der Alternative zu beurteilen, bedarf es einer klaren und verständlichen Beschreibung des vorgeschlagenen Modells – abstrakte Metaphern und eschatologisches Pathos sind hier wenig weiterführend. Unabhängig vom Grad der Konkretisierung kann das vorgeschlagene Alternativmodell getrost verworfen werden, wenn zumindest deutlich wird, dass es sich um eine erhebliche Einschränkung der vom „bürgerlichen System" garantierten politischen und bürgerlichen Grundfreiheiten handelt (selbst mit der Zusicherung, dass es sich dabei angeblich um eine kurzfristige Maßnahme „der Diktatur des Proletariats" handele). Die repräsentative Demokratie indes, selbst wenn sie bereits als normatives Ideal als unvollkommen gelten soll, behindert nicht nur nicht die Suche nach einer Alternative, sondern schafft im Gegenteil alle notwendigen

Voraussetzungen dafür, wie Freiheit der Meinungsäußerung, politische Vereinigungsfreiheit und so weiter.

Über die Notwendigkeit der Entzauberung

Abschließend lohnt es sich, auf eine der deprimierendsten Schlussfolgerungen zurückzukommen, die sich aus dem hier Gesagten ergeben. Auf die wirklich attraktiven progressiven humanistischen Grundlagen des linksradikalen Weltbildes, die jedoch unter anderem ihre abscheulichsten Schöpfungen motivieren. Auf die emotionale Stärke und Überzeugungskraft der radikalen Linke, die sie anscheinend nicht so sehr trotz als vielmehr wegen ihrer „ewigen Wiederkehr" in der Bahn der Regression behält.

Dabei ist zu bedenken, dass die Identifikation mit den Zielen der radikalen Linken unterschiedlich stark ausgeprägt sein kann und sich oftmals auf ein gewisses Maß an Sympathie beschränkt, das nicht unbedingt zu einem echten *Ouring* verpflichtet, sondern eher *Verzauberung* genannt werden kann. Man muss kein glühender Anhänger des untergegangenen Sowjetstaates, ehemaliger linker Terroristen oder heutiger nicaraguanischer Sandinisten sein, um von der linksradikalen Tradition verzaubert zu sein. Wie bereits im Vorwort angedeutet, gibt es keine klare Linie, die die radikale Linke im engeren Sinne von den „Linken" im weiteren Sinne trennt. Es gibt jedoch das Problem der Folgen der Identifizierung – das Problem der Implikation bestimmter Haltungen und bestimmter Verpflichtungen, die bereits durch die Akzeptanz einer Selbstbezeichnung auferlegt werden. Dies lässt sich am Beispiel des Terminus *Nationalismus* veranschaulichen. Sein neutraler analytischer Inhalt spiegelt zunächst eine der einflussreichsten Ideen der Moderne wider, wonach ethnische und politische Grenzen zusammenfallen sollten. In diesem Sinne ist die Akzeptanz der Idee eines unabhängigen ukrainischen Staates eine Manifestation des Nationalismus. Das Problem ist jedoch, dass neutrale wissenschaftliche Definitionen wenig Einfluss auf das breitere gesellschaftspolitische Denken haben. Und der entscheidende Punkt ist hier nicht eine irreparable Unvollkommenheit „unwissenschaftlicher" Argumente, sondern die Stärke historisch bedingter semantischer Aufladungen, welche die Begriffe erwerben. Unter solchen Umständen kann die Positionierung und Akzeptanz eines Terminus einfach nicht neutral sein. Die jeweilige historische Belastung wird unabhängig von den Absichten der Nutzer eines Terminus auferlegt. Man kann, ohne sich selbst als Nationalisten zu bezeichnen, ein Befürworter der Unabhängigkeit der Ukraine sein, und man kann auch, ohne sich als Linke zu bezeichnen, den Schutz und die Ausweitung konkreter sozioökonomischer Rechte verteidigen. Wenn wir für die Notwendigkeit argumentieren, die linke Tradition zu *entzaubern*, müssen wir das vielleicht unbequemste Feld für den Nachweis einer solchen Position betreten, uns also dem intellektuellen Erbe des linken Denkens zuwenden.

Die Verzauberung durch das linke Weltbild ist ein normaler, teilweise sogar neutraler und unmarkierter Zustand eines ziemlich gewichtigen Teils des universalen geistigen Erbes unserer Epoche. Man mag die gerade erwähnten linken Denker Slavoj Žižek, Alain Badiou oder Jacques Rancière mögen oder nicht, diese Autoren in die Liste der wichtigsten aufnehmen oder nicht, aber keine subjektive Hierarchie, wenn sie von einer an Geisteswissenschaften interessierten Person aufgebaut wird, wird auf diese oder jene Autoren mit Sympathie für das linksradikale Projekt verzichten. Natürlich wird dies auch für diejenigen gelten, die diese Untersuchung lesen – zumindest ist es schwer vorstellbar, dass sie von einer Person fast bis zum Ende gelesen wird, die nicht mindestens einem Vertreter der linken intellektuellen Tradition gegenüber positiv eingestellt ist. Auch wenn es kein wirkliches *Ouring* ist, ist die wahrscheinlich nicht immer kritisch reflektierte Aneignung der linken Tradition etwas uns allen Gemeinsames, Autoren und Lesern, kritischen Köpfen und politischen Aktivisten, also allen progressiv orientierten Menschen, die für die Menschen mehr Möglichkeiten wollen bei der Verwirklichung ihrer Freiheit. Aber wir müssen über die Notwendigkeit sprechen, diesen Teil unseres universellen Erbes zu problematisieren – die Notwendigkeit der *Ent-Zauberung*.

Angesichts des Einflusses linker Tradition auf unsere Geisteskultur in den letzten 150 Jahren müssen wir den Grad ihrer unkritischen Rezeption als ein Problem anerkennen, das radikales Umdenken erfordert. Wir leben zum Beispiel in einer Zeit, in der ein ganzes Segment der Soziologie eine „Renaissance" von Karl Polanyi erlebt. In seinen Überlegungen zu den faschistischen Bewegungen der 1930er Jahre erwähnt Polanyi auch „ukrainische antisowjetische Saboteure".[269] Und zwar nicht irgendwo in seiner privaten Korrespondenz oder seinem Tagebuch, sondern auf den Seiten seines berühmtesten Werkes. Natürlich können wir „die Nase rümpfen" und feststellen, dass jeder Mensch ein Produkt seiner Zeit und seines Umfelds ist, und wenn wir die Arbeit unserer Vorgänger beurteilen, sollten wir uns nicht auf das Partikuläre konzentrieren, sondern versuchen, das Allgemeine zu verstehen. Tatsache ist jedoch, dass eine solche Beschreibung, obgleich sie von einer wohl tapferen kommunistischen Zeitung stammt, die von dem Wunsch inspiriert war, jedwede Informationen über den Holodomor oder die stalinistische Repression als antikommunistische Verleumdung zu zurückweisen, keineswegs „partikulär" ist. Polanyi zufolge ist die Kollektivierung eine völlig angemessene Antwort auf die negativen Auswirkungen des Kapitalismus, im Grunde eine der Maßnahmen, um die dem Kapitalismus innewohnende Tendenz zu überwinden, sowohl die menschliche Rasse als auch die Erde selbst zu zerstören.[270]

Manichäische und eschatologische Motive, ein hohes Maß an Verzauberung und damit einhergehende Rechtfertigung von Dingen, die letztendlich von keinem humanistischen Standpunkt aus zu rechtfertigen sind, finden sich auch bei vielen anderen prominenten und wirklich bedeutenden linken Intellektuellen, Denkern, die, so scheint es, nicht im Verdacht stehen, mit dem Stalinismus oder anderen hässlichen Spielarten kommunistischer Regime zu sympathisieren. Sogar bei Walter Benjamin finden sich

---

[269] KARL POLANYI, *The Great Transformation: The Political and Economic Origins of Our Time* (Boston: Beacon Press, 2001), 247, dt.: *The Great Transformation. Politische und ökonomische Ursprünge von Gesellschaften und Wirtschaftssystemen* (Frankfurt am Main: Suhrkamp, 1973), 316.

[270] KARL POLANYI, *The Great Transformation: The Political and Economic Origins of Our Time* (Boston: Beacon Press, 2001), 255–256, dt.: *The Great Transformation. Politische und ökonomische Ursprünge von Gesellschaften und Wirtschaftssystemen* (Frankfurt am Main: Suhrkamp, 1973), 327–328.

relativierende Passagen über die stalinistische Kollektivierung.²⁷¹ Auch hierin könnte man erneut einen „Zufall" sehen, wenn nicht die Vorstellung, dass die Revolution eine Periode unbegrenzter „göttlicher Gewalt" mit sich bringen würde, zu einer der zentralen Thesen von Benjamins Geschichtsphilosophie gehörte.²⁷² Schließlich ist es kein Zufall, dass Benjamin für das Umfeld der RAF die angesehenste Figur der vorangegangenen Generation deutscher Intellektueller war.²⁷³ Die Liste solcher Beispiele ließe sich durch die Erwähnung weiterer Autoren erweitern, deren intellektuelle Verdienste ihnen zu Recht einen Platz im Kanon der zeitgenössischen Geisteswissenschaften eingebracht haben.

Es geht auch um ihren aktuellen Stand, um die Normalität linksradikaler Positionen in den Geisteswissenschaften. Noch heute kann man scherzen, dass „ich meine Gegner in den Gulag schicken werde"²⁷⁴ und einen sehr wichtigen Platz in der westlichen akademischen Welt einnehmen. Es geht jedoch nicht nur um Witze. Selbst ein so angesehener linker Intellektueller wie Noam Chomsky, der einst die Verbrechen der kambodschanischen Roten Khmer unter der Führung von Pol Pot²⁷⁵ und der serbischen Nationalisten unter der Führung von Slobodan Milošević²⁷⁶ leugnete, zeigt immer eine obsessive Besorgtheit bezüglich Israel und zeigt immer noch eine starke Neigung zu Verschwörungstheorien (z. B. wenn er sagt, im Westen ginge es um eine umfangreiche

---

271 WALTER BENJAMIN, *Der Autor als Produzent*, Gesammelte Schriften, B. II, 2 (Frankfurt am Main: Suhrkamp, 1991), 686–687.
272 WALTER BENJAMIN, *Zur Kritik der Gewalt*, Gesammelte Schriften, B. II, 1 (Frankfurt am Main: Suhrkamp, 1999), 179–204.
273 IRVING WOHLFARTH, *Entsetzen: Walter Benjamin und die RAF*, Die RAF und der linke Terrorismus, Bd. 1, 280–314.
274 PHILIPP OEHMKE, *Welcome to the Slavoj Zizek Show*, Spiegel Online, 08.06.2010, http://www.spiegel.de/international/zeitgeist/the-most-dangerous-philosopher-in-the-west-welcome-to-the-slavoj-zizek-show-a-705164-2.html.
275 NOAM CHOMSKY, EDWARD S. HERMAN, *Distortions at Fourth Hand*, The Nation, 06.06.1977, https://chomsky.info/19770625/; NATE THAYER, *Khmer Rouge Apologist Noam Chomsky: Unrepentant*, Nate Thayer's Personal Blog, 30.11.2015, https://natethayer.typepad.com/blog/2011/11/khmer-rouge-apologist-noam-chomsky-unrepentant-.html.
276 JAMES BLOODWORTH, *It's Time the Left Apologized for ist Denial of the Srebrenica Massacre*, The Huffingtonpost, 18.05.2012, https://www.huffingtonpost.co.uk/james-blood-worth/sections-of-the-left-shou_b_1520929.html.

Manipulation der Gesellschaft durch die Massenmedien, die die Wahrheit vor den Menschen verbergen).[277] So gibt es, wenn man sich die Geschichte der Positionierung von Intellektuellen wie Chomsky ansieht, keinen Grund, überrascht zu sein, dass sie etwas finden, um die Aktionen der derzeitigen Vertreter der Russischen Föderation zu rechtfertigen und die Verbrechen des Assad-Regimes in Syrien zu leugnen.[278] Dies ist keine schreckliche Ausnahme, keine irrationale Verirrung oder so etwas, sondern eine vollkommen gesetzmäßige Position unter den gegenwärtigen Umständen – eine Fortsetzung derselben hochmütigen und hypermoralischen Heuchelei, die westlichen linken Intellektuellen seit über hundert Jahren eigen ist.

Alain Badiou, einer der berühmtesten zeitgenössischen Philosophen, ist Verfasser der vielleicht beschämendsten Kommentare linker Intellektueller über die Ukraine.[279] Er behauptet, dass „die Ukraine Teil dessen ist, was seit Jahrhunderten Russland genannt wird", und dass sie ihre Unabhängigkeit erst durch die „dépeçage" (die Zerstückelung) der Sowjetunion erlangt habe. Gleichzeitig habe die Ukraine schon immer eine Tendenz zu reaktionärem Separatismus gezeigt. Zu den größten Offenbarungen des prominenten Philosophen gehört natürlich die Aussage, dass die ukrainisch-orthodoxe Kirche, die angeblich eine Schlüsselrolle in diesen separatistisch-reaktionären Prozessen gespielt habe, „die reaktionärste der Welt" und ein „größenwahnsinniges Zentrum von imperialer Orthodoxie" sei. Schließlich erklärt Badiou die Reaktion Russlands auf den Maidan aus der Tatsache, dass das russische Volk die Erinnerung an das Ausmaß der Kollaboration der Ukraine mit den Nazis bewahrt habe. Ukrainische Kollaborateure hätten angeblich

---

277 NOAM CHOMSKY, *10 Strategies of Manipulation by the Media*, Noam Chomsky Quotes, 07.12.2011, http://noam-chomsky.tumblr.com/post/13867896307/no am-chomsky-10-strategies-of-manipulation-by.

278 MUHAMMAD IDREES AHMAD, *Chomsky and the Syria revisionists: Regime whitewashing*, The New Arab, 05.05.2017, https://www.alaraby.co.uk/english/comment/2017/5/5/chomsky-and-the-syria-revisionists-regime-whitewashing.

279 Der Verfasser geht für sein ukrainisches Publikum auch deshalb intensiver auf Badiou ein, weil eine Reihe seiner Werke in den letzten Jahren – zumeist von dem bereits erwähnten Andrij Repa – ins Ukrainische übersetzt wurden. Anm. d. Übers.

französische Dörfer in Brand gesteckt, und überhaupt sei die Wlassow-Armee laut Badiou eine „ukrainische Armee".[280] Auch hier handelt es sich nicht um irgendwelche „Nebenschauplätze"- und Zufalls-Eskapaden, die nichts mit den grundlegenden Gedanken des weltberühmten Philosophen zu tun haben. Das Herzstück dessen, was Badiou und seine Anhänger aus unerklärlichen Gründen „Ontologie" nennen, ist die Kategorie des „Ereignisses". Innerhalb der Lehre Badious hat das „Ereignis" den höchsten ethischen Stellenwert. Es hat keinen Sinn, sich mit den spitzfindigen pseudophilosophischen Spekulationen des herausragenden Denkers aufzuhalten, die zudem noch absolut arrogant formuliert sind. Nur Leser, die nicht mit seriöser philosophischer Literatur vertraut sind, können einen guten Eindruck von Badious Werk haben. Es mag hier genügen zu erwähnen, dass Badiou die „Kulturrevolution" in China als konkretes historisches Beispiel für das „Ereignis" nennt – eine Welle des Terrors, vielleicht die schlimmste der vom kommunistischen Regime begangenen (in Bezug auf die Zahl der Opfer übertraf sie den Holodomor um einiges). Badiou blieb im Grunde genommen ein reueloser Maoist. Einer der Hauptgrundsätze seiner „Ethik" ist die Pflicht, dem „Ereignisses" treu zu bleiben und um jeden Preis daran festzuhalten. Zum Beispiel also die „Kulturrevolution" zu einem der bedeutendsten Ereignisse der Menschheitsgeschichte zu erklären, und dies trotz aller Details, die die Menschheit längst kennt, zu behaupten.

Genau genommen ist Badious „Ethik" eine völlig konsequente Relativierung der abscheulichsten Seiten der Geschichte der linksradikalen Bewegung – eine Art purer „Anti-Antikommunismus", ohne die geringste Beimischung kritischer Reflexion.

Bezeichnenderweise ist der Fall von Badiou, einem der populärsten französischen Autoren der Gegenwart, keine Ausnahme. Vielmehr spiegelt er die tiefe Problematik des „Normal"-Zustands wider, in dem sich die modernen Geisteswissenschaften befinden, das Fehlen kritischer (Selbst-)Reflexion und der dringenden, äußerst akuten Notwendigkeit eines grundlegenden Überdenkens

---

280 ALAIN BADIOU, Séminaire, 12 Mars 2014, http://www.entretemps.asso.fr/Badiou/13-14.htm.

der linken intellektuellen Tradition. Bei dieser Gelegenheit ist es angebracht, über das Phänomen der linken Intellektuellen im Allgemeinen nachzudenken. [281] Es hinderte Badiou wirklich nichts daran, sich direkt an der „Kulturrevolution" zu beteiligen, aber er hatte es nicht eilig, ins maoistische China zu gehen. Das darf man ihm freilich nicht vorwerfen: Der junge exzentrische Franzose wäre entweder selbst Opfer der „Kulturrevolutionäre" geworden, oder – im besten Fall – einfach nicht in der Lage gewesen, Werke zu schreiben und zu veröffentlichen, die er problemlos unter Bedingungen druckte, die ihm der „verrottete Kapitalismus" gewährte. Die eigentlichen Ereignisse in Badious Leben waren wohl ein Vertrag zur Veröffentlichung eines Buches in einem renommierten Verlag, Honorare, Umzug in ein besseres Arrondissement, eine Professur, volle Zuhörer-Hörsäle bei seinen Vorlesungen und so weiter. Auch dies ist kein Ausnahmefall, sondern eine allgemeine *scheinheilige Tendenz* – einer der charakteristischsten Züge des westlichen linken Intellektuellen. Die vom „bürgerlichen System" garantierte Freiheit der Meinungsäußerung, die Autonomie der Universität, das Recht auf unabhängige Forschung gehören zu den Grundvoraussetzungen für die Existenz des linken Intellektuellen. Dies hindert ihn jedoch nicht daran, die stalinistische UdSSR, das maoistische China und Kambodscha zu lieben oder sich mit den derzeitigen Regimen von Putin, Assad und Maduro, den nicaraguanischen Sandinisten, der Hamas oder den „Volksrepubliken" in der Ostukraine zu solidarisieren (selbstverständlich in völlig sicherem Abstand zu den „Ereignissen"). Die Heuchelei des linken Intellektuellen besteht gerade darin, dass er nur in einer repräsentativen Demokratie existieren kann und nicht im Kommunismus, dessen Beginn er angeblich so eifrig kommen wünscht. Wenn man bedenkt, dass es sich um eine Person handelt, die im Allgemeinen intelligent ist und die selbst in praktischen Dingen gar nicht ungeschickt ist, können wir ziemlich sicher sein, dass ein linker Intellektueller, wenn er uns versichert, wie sehr er im Kommunismus leben möchte, lügt.

---

281 Die Skizzierung der kritischen Bedeutung des Begriffs „linker Intellektueller" verdanken wir in erster Linie der Publizistik von Oleksandr Volodarsky.

Tatsächlich lässt sich am Beispiel der Figur des westlichen linken Intellektuellen noch einmal die These von der Neigung der radikalen Linken zu Regressionen veranschaulichen. Den linken Intellektuellen des Zeitalters von Lenin und Luxemburg kann man vieles vorwerfen, aber keine Heuchelei. Sie glaubten, was sie sagten, und ihre Worte unterschieden sich nicht von ihrem Handeln. Sie sahen den bevorstehenden Untergang des Kapitalismus und die Unausweichlichkeit einer Weltrevolution und verhielten sich entsprechend: Sie dachten nicht einmal an Universitätskarrieren, sondern schlossen sich revolutionären Organisationen an, führten sie oft an und machten Revolutionen (oder zumindest erfolglose Versuche). Ganz gleich, was uns der heutige Linksintellektuelle versichert, sein Verhalten zeigt bereits, dass der Erhalt eines Forschungsstipendiums, die Veröffentlichung eines Artikels in einer renommierten wissenschaftlichen Zeitschrift und eine Universitätsstelle für ihn tatsächlich weitaus wichtigere Ereignisse sind als der Sieg des Kommunismus. Tatsächlich besteht der wichtigste Unterschied zwischen ihm und der Generation von Lenin und Luxemburg darin, dass er schon lange nicht mehr an eine Weltrevolution glaubt. Anders gesagt, die Haltung des linken Intellektuellen ist eine der typischsten Manifestationen von Scheinheiligtum in der heutigen, scheinbar schon lange „entzauberten" Welt. Wenn das Verhalten eines Menschen, der wirklich unter der Macht der Ideologie steht, mit den Worten *„er versteht es nicht, aber handelt so, als ob er alles perfekt wüsste"* beschrieben werden kann, dann lautet die Formel zur Beschreibung des linken Intellektuellen *„er versteht alles perfekt und handelt gerade deshalb gegen seine eigenen Worte"*.

Natürlich ist es unmöglich, den linken Intellektuellen vollständig auf die Figur eines Scheinheiligen zu reduzieren. Dies ist jedoch ein äußerst wichtiger Aspekt, der bedacht werden muss. Und das eigentliche Hindernis für die soziologische Analyse des linken Intellektuellen und ganz allgemein des blinden Flecks, der die Problematisierung des „normalen" Platzes der linksradikalen Tradition innerhalb des universellen intellektuellen Erbes verhindert, ist offensichtlich die Stellung des Feldes der Geisteswissenschaften im Raum weiterer Hierarchien, in Beziehungen zwischen verschiedenen Machtbereichen. Vielleicht sollte die entsprechende

Analyse sich in erster Linie darauf stützen, dass es sich, um die umfassende Formel von Pierre Bourdieu zu verwenden, um den „dominierte Fraktion der herrschenden Klasse" handelt. Die zu prüfende Hypothese wird sein, dass jede Art von „Solidarität" mit dem, womit sich der linke Intellektuelle grundsätzlich nicht solidarisieren kann, nur ein Teil seiner umfassenderen Strategie ist, den „dominierenden Teil der Herrschenden" zu bekämpfen. Kurz gesagt, es handelt sich hier um eine weit verbreitete, und aus soziologischer Sicht völlig gesetzmäßige Selbstverblendung. Ihre gesellschaftlichen Voraussetzungen zu ergründen, ist eine Aufgabe, deren Komplexität und Umfang weit über diese Analyse hinausgehen.

Abschließend möchte ich, nicht zuletzt, um Missverständnisse und Fehlinterpretationen zu vermeiden, meinen eigenen Standpunkt klarstellen. Keinesfalls möchte ich vermitteln, dass die linke Tradition vollständig entsorgt werden soll. Sie ist wirklich ein wichtiger Teil unseres universalen intellektuellen Erbes, das bewahrt, studiert und verstanden werden muss. Der Punkt ist, dass dieser besondere Teil ein radikales kritisches Überdenken und eine Distanzierung von den am stärksten antidemokratischen und menschenrechts- und freiheitsfeindlichen Elementen erfordert. Autoren wie Marx, Benjamin oder Rancière sind es wirklich wert, an Universitäten studiert zu werden. Aber wir müssen in der linken Tradition wissenschaftliche (diagnostische) Elemente unterscheiden und sie von den religiösen (utopischen) Elementen trennen. Mehr noch, bestimmte Elemente von universaler Bedeutung können auf der Grundlage eines kritischen Nachdenkens über die utopisch-religiösen Aspekte linken Denkens herausgeschält werden. Die *erschreckende Entdeckung*, die am Ende dieser Analyse vorgeschlagen wird, besteht nur darin, die prosaische und sogar tautologische Tatsache zu akzeptieren: *alle Menschen sind Menschen*. In der Erkenntnis, dass auch herausragende und wirklich verdiente Autoritäten irren können, und sogar katastrophal. *Könnten sich ganze Generationen von Schöpfern einer der interessantesten Strömungen unserer intellektuellen Kultur geirrt haben?* Sicherlich. Auf jeden Fall ist die Position, eine solche Annahme als etwas *a priori* Unmögliches abzulehnen nicht wissenschaftlich, sondern religiös.

Die hier angestellten Überlegungen sollen anhand folgender Analogie formuliert werden. Bereits die Bekanntschaft mit den Werken der frühesten christlichen Denker lässt die Angst nachvollziehen, die die gegenüber anderen Religionen im Allgemeinen toleranten Römer vor der Ausbreitung des Christentums erfasste. Dem Autor des Briefes an Diognet zufolge sind die Götter, zu denen die Heiden beten, „ähnlich dem Stein, der getreten wird".[282] Der Autor des Barnabas-Briefes erklärt, dass das „Herz voller Heidentum" zur „Heimat der Dämonen" wird.[283] Der Hl. Justin der Philosoph stimmt ihm zu, er ist davon überzeugt, dass die Götter der Heiden überhaupt keine Götter sind, sondern nur „böse, abscheuliche Dämonen".[284] Der Hl. Tertullian argumentierte, dass es ein schlimmeres Verbrechen als Götzendienst einfach nicht gebe.[285] Natürlich machten sich nicht alle frühen christlichen Autoren so sehr Gedanken über Dämonen wie Justin; nicht alle waren so „leidenschaftliche Männer", wie Tertullian vom Autor seiner Biografie, dem Hl. Hieronymus charakterisiert wurde. Die Tendenz war jedoch recht klar, und das Ausmaß der Intoleranz gegenüber „Ungläubigen" ist durchaus vergleichbar mit den ähnlichen Gefühlen moderner islamischer Fundamentalisten. Als die Christen im Römischen Reich an die Macht kamen und sodann das Problem des „Götzendienstes" lösten, waren die Opfer des Fanatismus die Christen selbst – diejenigen von ihnen, die sich aufgrund innerkirchlicher Kämpfe in der Rolle der „Häretiker" wiederfanden. Religiöse Streitigkeiten endeten oft in Massakern, besonders im Osten des Reiches, aber auch im Westen bestanden Autoritäten wie der Hl. Augustinus auf der Todesstrafe für „Häretiker."[286] Das heißt, die problematischen Aspekte der Geschichte des Christentums tauchten nicht erst in einer unbestimmten Zeit des „dunklen Mittelalters" auf, sie sind bereits ein spezifisches Charakteristikum der frühesten christlichen Denker – jener meist gut ausgebildeten,

---

282 *Ad Diognetum* 2, 2.
283 *Epistula Barnabae* 16, 7.
284 JUSTINUS MARTYR, *Apologia* I 5, 2; 9, 1; 10, 6; 12, 5; 14, 1; 21.
285 TERTULLIANUS, *De idolatria* 1.
286 PETER R. L. BROWN, *St. Augustine's Attitude to Religious Coercion*, Journal of Roman Studies 54, no. 1–2 (November 1964): 107–116.

versierten Rhetoriker, die ganze Gesänge der Ilias auswendig kannten und in der Philosophie von Platon und Aristoteles gut bewandert waren.

Dies bedeutet jedoch nicht, dass Augustinus aus dem philosophischen Kanon entfernt, die universale Dimension des christlichen Denkens geleugnet oder sein Platz in unserem geistigen Erbe in Frage gestellt werden sollte. Im Übrigen begann der Prozess, es kritisch zu überdenken, bereits vor mehreren Jahrhunderten und führte zu Ergebnissen. *De facto* besteht der Unterschied zwischen der Rezeption des christlichen Erbes und der in der vorliegenden Analyse problematisierten Durchsetzung der „Normalität" des Zustands der Geisteswissenschaften darin, dass uns beim Lesen von Augustinus nicht in den Sinn kommt: vielleicht hatte der herausragende Denker ja Recht und die Verbrennung der Häretiker ist gar keine so unsinnige Idee. Stattdessen nehmen wir die Predigten heutiger linksradikaler Autoren zugunsten ihrer „Kreuzzüge" immer noch als etwas Normales wahr. Es scheint, dass linke Intellektuelle von der kritischen Rezeption ihrer eigenen Tradition Lichtjahre entfernt sind, ganz zu schweigen von der Verurteilung ihrer dunkelsten Seiten.

Die Frage ist, ob überhaupt die linke Tradition gerettet werden soll. Oder ob es produktiver wäre, sie kritisch zu überdenken, wenn man „draußen vor" bleibt und nicht die Akzeptanz einer linken Identität miteinschließt. Tatsächlich kann die Frage der „Rettung" ganz den linken Intellektuellen überlassen werden. Eines der zentralen Argumente von John-Paul Himka gegen die Notwendigkeit, zumindest ein Teil des Vermächtnisses der ukrainischen integralen Nationalisten zu „retten", lautet, dass es dort *insgesamt nichts zu retten* gibt. Eine unabhängige demokratische Ukraine ist durchaus möglich ohne den Kult historisch problematischer Helden. Wenn die Straßen ukrainischer Städte nicht mehr zu Ehren Banderas umbenannt werden und Schulbücher Kapitel über die Kollaboration (einiger) Ukrainer während des Holocaust enthalten, wird der Himmel nicht einstürzen. Vielmehr wird dies dem Aufbau einer freien, offenen Gesellschaft zugutekommen. Die linken Intellektuellen mögen mir den Vergleich nachsehen, aber es ist zu betonen, dass dies eben auch für die linksradikale Tradition gilt. Ein kompletter Bruch mit ihr wird nicht den Himmel auf Erden bringen, sondern im Gegenteil nur die Sache der gesellschaftskritischen Analyse und des Kampfes für konkrete, insbesondere auch sozioökonomische, Menschenrechte fördern.

Ist der vorgeschlagene Ansatz ausschließlich negativ? Natürlich ist er enttäuschend, er ist nicht sehr bequem und vielleicht sogar einfach zu prosaisch. Ihm fehlt einfach die emotionale Kraft, die der utopischen linken Tradition innewohnt. Man kann jedoch sicher sein, dass es besser ist, als Ergebnis rationalen Denkens enttäuscht zu werden, als Selbstverblendung zu kultivieren. Wenn die in dieser Analyse aufgezeigten Tendenzen nicht wirklich zufälliger Natur sind, dann ist es notwendig, elementare intellektuelle Ehrlichkeit zu wagen und einige solide Schlussfolgerungen zu ziehen. Um mit Fortschritt und Emanzipation voranzukommen, müssen wir erkennen, dass die Aufklärung kein „vergangenes Zeitalter" ist, sondern ein langer und komplexer Prozess, der ein kritisches und manchmal wirklich schmerzhaftes Überdenken der wertvollsten Elemente unserer Weltsicht erfordert. In diesem Sinne hat die vorgeschlagene Entzauberung eine ganz bestimmte positive Bedeutung. Wie wir aus der Tradition der Aufklärung wissen, ist es zur Überwindung gewisser Illusionen manchmal besser, einige lästige Dilemmata als grundsätzlich unlösbar (als *Antinomien*) anzuerkennen. Eine solche Anerkennung behindert nicht nur nicht den Emanzipationsprozess unseres Geistes und unserer Gesellschaft, sondern hält im Gegenteil den Raum für Fortschritt offen, auch wenn die Befürworter einer positiven Lösung von Antinomien uns immer wieder vom Gegenteil zu überzeugen versuchen werden.

* * *

Die Debatte darüber, wie die Demokratie in ihrem derzeitigen Zustand verbessert werden kann, ist dringend notwendig. Auch für den Verfasser dieser Analyse bleibt die Frage, wie rechts die radikale Linke ist und ob die linke Tradition wirklich universelle Elemente enthält, die „gerettet" werden sollten. Darüber kann man lange streiten und sogar zu unterschiedlichen, aber produktiven Schlussfolgerungen gelangen. Viel dringender ist jedoch die Frage, unter welchen Umständen dies geschehen wird. Es ist wichtig anzuerkennen, dass die Zukunft nicht nur in Richtung Fortschritt und Emanzipation „offen" ist. Stand heute können wir uns einiger elementarer Umstände sicher sein. In einer Zeit des Triumphs des schadenfrohen antiliberalen Ressentiments müssen wir erkennen, dass es sich um eine Reihe wichtiger Dinge handelt, die wir wirklich für lange Zeit verlieren können. Dinge, die nicht für immer und ewig als gegeben garantiert sind. Dinge, die hier und jetzt verteidigt werden müssen, egal wie stark unsere Faszination für das eine oder andere utopische Zukunftsbild ist.

Index

„Aufstehen" 31
„InterUnit" 36
Abelshauser, Werner 120
Abizadeh, Arash 85
Adenauer, Konrad 110
Adereth, Maxwell 106
AfD 26, 43, 44, 47, 53, 147, 148
Ahmad, Muhammad Idrees 168
al-Assad, Baschar 26, 27, 28, 42, 51, 52, 96, 153, 168, 170
Albartus, Gerd 143
Albert, Gleb 106
Alexander, Jeffrey C. 83
Aly, Götz 120, 138, 139
Anarchismus 158
Anders, Władysław 81
Anderson, Benedict 91
Andreasch, Robert 77
ANEL 50
Antiamerikanismus 14, 31, 42, 133, 134, 137
Anti-Antikommunismus 169
Antideutsche 144, 155
Antifaschismus 38
Antikapitalismus 31, 114, 137, 161
Antisemitismus 15, 30, 31, 42, 43, 45, 52, 114, 127, 128, 132, 134, 137, 140, 144, 145, 151, 154, 155
Antistalinismus 107
Antizionismus 14, 15, 31, 128, 132, 134, 139, 144, 151, 152

Applebaum, Anne 104, 125
Aristoteles 174
Augustinus 173, 174
Azov-Bataillon (Бригада 38
Baberowski, Jörg 61
Badiou, Alain 152, 159, 165, 168, 169, 170
Bahamas 133
BAK Shalom 31
Banda Bassotti 24
Bandera, Stepan 174
Bartalmai, Mark 49
Bartsch, Dietmar 19, 22, 59, 60
Bayerischer Rundfunk 66
Bayerlein, Bernhard B. 106
BDS (Boycott, Divestment, and Sanctions) 152
Belorusets, Yevgenia 16
Benjamin, Walter 166, 167, 172
Bereschna, Olena 32
Berkhoff, Karel C. 75
Bidder, Benjamin 69
Bild 35
Bloodworth, James 167
Bolschewiki 95, 96, 97, 98, 101, 102, 116, 123
Bondarenko, Olena 32
Borotba (Kampf) 25
Bota, Alice 23
Bourdieu, Pierre 172
Briggs, Assa 120
Britt, Laurence 112

Broder, Henryk 131
Brown, Peter R. L. 173
Brubaker, Rogers 100
Bryukhovetska, Olga 16
Bundestag 19, 22, 23, 25, 26, 27, 28, 29, 30, 32, 35, 43, 53, 59, 60, 81, 146, 147, 148, 149, 150
Burkhardt, Nina 76
Butler, Judith 152
Carlos 36
Carynnyk, Marco 79, 89
Chávez, Hugo 54
Che Guevara 34
Chertok, Paula 50
Chomsky, Noam 167, 168
Chruschtschow, Nikita 118, 119
CIA 51
Compact 49
Corbyn, Jeremy 51, 53, 151
correctiv 148
Correctiv 148
Cortés, Hernán 64
Coynash, Halya 48
Cuba Sí 55
Dağdelen, Sevim 28
Dalos, György 16
DAME.VON.WELT 148, 149
Danckwardt, Alexej 35
Daphi, Priska 49
Das Erste 78
Deak, Istvan 114
Dehm, Diether 146, 150
Demjanjuk, Iwan 71, 73, 74, 75, 76, 77, 78
Der Freitag 19, 23, 60
Der Tagesspiegel 28, 146

Deutschlandfunk 28, 70
Die Grünen 32
Die kaiserliche Legion 36
DIE LINKE 19, 20, 21, 22, 23, 24, 25, 26, 27, 28, 29, 30, 31, 32, 33, 35, 47, 49, 52, 53, 54, 59, 144, 146, 147, 148, 149, 150, 151
Die Tageszeitung 33, 67, 134, 147
Die Waräger 36
Die Welt 26, 30, 64, 66
DIE ZEIT 23, 43, 53, 61, 62, 66, 68, 73, 77, 78, 150
Diete, Peter 35
Dimitroff, Georgi 105, 113
DNR – ДНР – Volksrepublik Donezk 48
Drittes Reich 65, 76, 81, 85, 87, 105, 110, 114, 118, 120, 121, 133, 136, 137, 151
Dugin, Alexander 37, 61
Duranty, Walter 103
Durkheim, Emile 92
Dyvnych, Vadym 16
Eberlein, Hermann-Peter 20
Eco, Umberto 112
Einsatzgruppen 77, 78, 88
Engels, Friedrich 94
Euromaidan 14, 19, 20, 22, 23, 34, 48, 72, 73, 78, 81, 87, 110, 111, 112, 168
Euromaidan Press 50
Europaparlament 26, 47
Fatah 129, 135
Feldhaus, Oliver 16
Fikentscher, Anneliese 110
Fischer, Michael 137
Forrest, Adam 151

Förster, Andreas 135
Forum Demokratischer Sozialismus 31
France Soir 52
Frankfurter Allgemeine 25, 60, 61, 145
Free Inquiry Magazine 112
Frenzel, Karl 75
Freud, Sigmund 84
Friedensdemo-Watch 148
Fünf-Sterne-Bewegung 50
Ganser, Daniele 63
Gathmann, Moritz 69
Gehrcke, Wolfgang 21, 149
Gellermann, Ulrich 110
Gentile, Emilio 117
Gerber, Jan-Georg 128, 133
Gespenst 34, 35, 36, 37, 38, 39, 48
Gloger, Katja 66
Goebbels, Joseph 19, 22, 59
Golan, Menachem 131
Gosdek, Kurt 78
Gross, Jan 137
Große Terror 104, 122
Gruppe m.e.l.a.n.g.e. 139
Guevara, Che 145
Gysi, Gregor 27
Hagen, Kevin 28
Hamas 53, 143, 147, 151, 152, 170
Handelsblatt 66
Hänsel, Heike 27, 30, 33, 151
Harrison, Mark 121
Hayden, Ulrich 49
Heiden, Ulrich 23, 34
Hepp, Odfried 134

Herasym, Halyna 16
Herman, Edward S. 167
Hermann, Joachim 76
Herszkowicz, Albert 152
Hertel, Paula 83
Heydrich, Reinhard 77
Hieronymus 173
Himka, John-Paul 17, 79, 88, 89, 174
Hisbollah 53, 152
Hitler, Adolf 33, 78, 104, 106, 113, 120, 137
Hoare, Marco Attila 56
Hobsbawm, Eric 105
Hofbauer, Hannes 110
Holm, Kerstin 61
Holocaust 33, 72, 74, 80, 82, 117, 128, 137, 148, 152, 174
Holodomor 24, 86, 102, 103, 122, 166, 169
Hruschewskyj, Mychajlo 72
Hrynewytsch, Vladyslav 81
Huffingtonpost 20, 167
Human Rights in Ukraine 48
Human Rights Watch 111
Hunko, Andrej 25, 29, 71, 149, 150
Hussein, Saddam 64
Iljin, Iwan 40
Illarionov, Andrej 108
Independent 151
Indymedia 29, 36, 39, 50
Istoryčna Pravda (Історична правда) 80
Ivashchenko, Ivan 16
Jacobin 124, 125
Jacobsen, Lenz 150

James, Harold 121
Jander, Martin 136
Janisch, Wolfgang 146
Jasch, Vit 19
Jascheva, Aliona 106
Jazenjuk, Arsenij 69
Jebsen, Ken 148, 149, 150
Jeckeln, Friedrich 77
Jelzin, Boris 44
Journal of Cold War Studies 89
Journal of Genocide Research 56
Jugendwiderstand 29
Junge Welt 19, 24, 34, 49, 51, 109, 110
Jungle World 20, 128, 142
Juschtschenko, Viktor 99
Justin 173
Kallabis, Heinz 109
Kappeler, Andreas 70
Kasjanov, Georgij 87
Kexel, Walter 134
Kinski, Klaus 131
Kirichuk, Sergei 25
Kirn, Thomas 145
Kiyak, Mely 43
Klar, Christian 142, 146
Klehr, Friedrich 16
Klein, Hans-Joachim 131
Klitschko, Vitali 110
Klußmann, Uwe 62
Koenen, Gerd 137
Kohl, Helmut 11
Kohlenberg, Kerstin 23
KOHRS, CAMILLA 148
Komintern 105, 106
Kotsaba, Ruslan 33, 145
Kotvetu, Gustav 50

Kraushaar, Wolfgang 128, 129, 136, 145
Krawchenko, Bohdan 96, 98, 119
Kreml 39, 63, 87, 89, 90, 149
Krone-Schmalz, Gabriele 63, 71
Krytyka (Критика) 79
Kuhlmann, Brigitte 142
Kulturrevolution 169
Kunzelmann, Dieter 132, 145
Kuromiya, Hiroaki 16
Kurz, Thilo 75
Labour Party 51, 52, 151
Lachmann, Erich 74
Lafontaine, Oskar 26, 30, 150
Laki 37
Landes, Leonhard 20
Lazare, Daniel 125
Le Monde Diplomatique 125
Le Pen, Marine 50, 152
Lederer, Klaus 149
Leff, Carol S. 108
Lega Nord 50
Leksikov, Roman 16
Lenin, Vladimir 97, 98, 102, 116, 117, 122, 123, 132, 171
Lenta, Victor-Alfonso 37
Levada-Centr (Левада-Центр) 41
Lewin, Shlomo 135
Liebich, Stefan 30, 32, 33
Liebman, Marcel 124
linke Intellektuelle 16, 162, 166, 168, 170, 171, 172, 174
linke intellektuelle Tradition 91, 165, 170
Linkezeitung 20
Linksfront 52, 151

INDEX 181

Linksnet 20
Linksunten 29, 36, 39
LNR – ЛНР – Volksrepublik Lugansk 48
Luxemburg, Rosa 35, 95, 117, 149, 150, 171
MacShane, Denis 151
Maduro, Nicolás 42, 54, 55, 160, 170
Mahler, Horst 137
Manichäismus 162, 166
Mao Tsetung 155
Maoismus 155, 157, 169
    Jugendwiderstand 29
Markov, Alexej 35, 36
Martin, Christian 16
Martin, Terry 98, 100, 104, 113
Marx, Karl 93, 132, 172
Marx, Sybille 70
Marxismus 40, 93, 122
Marxistisch-Leninistische Partei Deutschlands (MLPD) 29
Mason, Timothy W. 120
McCarthyismus 150
McNally, Richard J. 83
Mediapart 152
Meinhof, Ulrike 137
Mélenchon, Jean-Luc 50, 52, 151
Menselevskyj, Stanislav 101
Merkel, Angela 11, 43, 53, 66
Merkel, Reinhard 60
Merkur 68
Meyer, Michael 64
Miliband, Ralph 124
Milošević, Slobodan 167
Milošević, Sobodan 56, 109, 156
Miltschakow, Alexej 36

Mittelweg 36 117
Mokrousov, Andrii 16
Molotow-Ribbentrop-Pakt 66, 106
Monti, Germano 52
Morning Star 51
Moses, Ponnammal 16
Moskovskij komsomelec (Московский комсомолец) 35
Moskovskij komsomolec (Московский комсомолец) 37
Mowat, C. L. 120
Mozgovoy, Alexej 34, 35, 37, 38, 90, 145
Mratschnik, Dmitrij 48
Mudschaheddin 143
Nachdenkseiten 23
Napoleon 93
Nash, Robert A. 83
Nationaldemokratische Partei Deutschlands (NPD) 47
Nationales Oleksandr-Dovženko-Zentrum (Національний центр Олександра Довженка) 101
NATO 19, 25, 26, 32, 34, 42, 43, 56, 109, 110, 111
Nemo 36
Neu, Alexander 27
Neue Rheinische Zeitung 110
Neumann, Andreas 110
Neumann, Franz 121
New York Times 103
Niewendick, Martin 26, 30
Nihilist (Нігіліст) 48, 50
Noam Chomsky Quotes 168
Nord Stream 2 67

Novoe vremja (Новое время) 36
Novyj mir (Новый мир) 119
Nowak, Peter 19
NSDAP 118, 120, 121
Ochrana 41
Oehmke, Philipp 167
Okrest, Dmitrij 36
OPEC 145
Orbán, Viktor 48
Ordensgemeinschaft der Ritterkreuzträger 77
Ost, James 83
Österreich-Ungarn 94, 108
Osteuropa 62
Ostsee-Zeitung 70
OUN-B 87
OUN-UPA 87, 89
Outlon, Jacinta M. 83
Palästinensische Befreiungsorganisation 135
PEGIDA 148
Petzina, Dietmar 121
Phönix 36
Pichl, Anja 16
Pirker, Werner 110
Platon 174
Plotnyzkij, Igor 48
Poeschke, Frieda 135
Pohl, Dieter 78, 89
Pol Pot 155, 167
Polanyi, Karl 166
PolitNavigator 37
Polityčna Krytyka (Політична Критика) 86
Pollack, Martin 86
Popov, Valerij 119
Poroschenko, Petro 112

Portnov, Andrii 16, 62, 63, 73
Probst, Robert 76
Protasov, Lev 116
Putin, Vladimir 9, 27, 28, 40, 53, 66, 170
  Putin-Regime 41
  Putin-Russland 108
Qantara 52
RAF 129, 132, 133, 134, 135, 136, 137, 141, 142, 146, 153, 167
Rancière, Jacques 159, 165, 172
Rasch, Otto 77
Reeh, Martin 33, 147
Reft&Light 17, 40, 50
Reisberg, Daniel 83
Repa, Andrij 106, 168
Revolution von 1917 93, 95, 96, 97, 117, 160
Revolutionäre Internationalistische Organisation (RIO) 29
Revolutionäre Zellen 129, 130, 131, 132, 133, 134, 143, 153
Reymann, Christiane 149
Reznikova, Olga 16
Riegel, Tobias 23
Römisches Reich 173
Rosdolsky, Roman 94
Rote Armee 75, 80, 81, 82, 86, 95, 96, 123
Rote Hilfe 24, 38, 144, 145
Rote Hilfe (Zeitung) 145
Rote Khmer 96, 142, 167
RT Deutsch 25, 26, 27, 28, 49
Rückerl, Adalbert 75
Rusitsch 36
Russia Today 25, 27, 90

Russisches Reich 93, 97, 99, 101, 102, 118
russisch-ukrainischer Krieg 14, 33, 34, 72
Ryabchuk, Mykola 16
Sachartschenko, Alexander 48
Salzen, Claudia von 28
Samjatina, Tamara 110
Sandinisten 164, 170
Schmidt, Helmut 61
Schnirelman, Viktor 112
Scholz, Olaf 11
Schröder, Gerhard 66
Schröder, Gerhard 11
Schumskyj, Oleksandr 113
Schwartz, Gregory 17
Séminaire 169
Shakespeare, William 141
Shandra, Alya 17
Shekhovtsov, Anton 17, 37, 47, 49
Shirokikh, Karina 17
Skelton-Robinson, Thomas 129, 145
Skepsis (Скепсис) 112
Skripal, Sergej 28, 29
Skrypnyk, Mykola 97
Smelser, Ronald 77
Snyder, Timothy 79, 88, 89, 125
Solchanyk, Roman 97, 99
Solon, Olivia 27
Sommer, Theo 67
Sonnabend, Lisa 76
Soros, George 51
Spanidis, Thanasis 24
Spencer, Malcolm L. G. 106

Spiegel 28, 62, 69, 109, 131, 135, 142, 146, 147, 167
Sputnik 25
Stalin, Josef 15, 33, 40, 87, 98, 99, 104, 105, 113, 118, 123, 124
Stalinismus 107, 113, 123, 124, 127, 143, 150, 166
   Großer Terror 86, 98, 102, 105, 107, 117, 118, 166
   stalinistische Deportationen 62
   stalinistische Kollektivierung 167
Steis, Martina 17
Strelkov, Igor 35, 37
Struve, Kai 89
Stürmer, Michael 66
Süddeutsche Zeitung 62, 76, 142
Syriza 50
Takarangi, Melanie K. T. 83
Teckenberg, Wolfgang 120
Telepolis 27, 34
Terror 15, 30, 80, 123, 127, 128, 129, 130, 131, 132, 133, 134, 135, 136, 138, 139, 143, 145, 148, 150, 151, 153, 156, 169
Tertullian 173
Thayer, Nate 167
The Guardian 27, 51
The Independent 151
The New Arab 168
Thomson, James 16
Tkachenko, Kyrylo 39, 40, 50, 86, 101, 119
Tkatchenko, Kyrylo 36
Tomlein, Oliver 142
Tooze, Adam J. 121
Trampert, Rainer 20
Trotzki, Leo 107, 123
Trump, Donald 27, 66

UdSSR 15, 65, 87, 96, 99, 100, 101, 102, 103, 104, 105, 119, 120, 124, 132, 143, 155, 170
Umland, Andreas 16, 60
Unité Continentale 37
Vásquez-Pacheco, Katia 16
Volk, Rainer 76
Volksfront zur Befreiung Palästinas 130
Volodarsky, Oleksandr 16, 170
Voltaire 149
Vote Watch Europe 47
Voycechovskiy, Vlad 38
Wade, Rex A. 116
Wagenknecht, Sahra 8, 9, 21, 23, 25, 26, 30, 31, 32, 35, 43, 51, 52, 150
Wagner, Jürgen 110
Wahler, Herbert 78
Walter, Karl 68
Watson 27, 54
Wearing, David 51
Wefing, Heinrich 73

Wehrsportgruppe Hoffmann 135
Weihmann, Tobias 16
Weißhelme 26, 27, 30, 33
Wienand, Lars 54
Wiesenthal, Simon 131
Wilson, Andrew 41
Winkler, Willi 142
Wischnewski, Hans-Jürgen 132
Wittgenstein, Ludwig 115
Wohlfarth, Irving 167
Zajaczkowski, Johann 16
Zaslavsky, Victor 99, 100, 119
Zatonskyj, Wolodymyr 96
Zeugen Jehovas 160
Zhurzhenko, Tatiana 16
Zietz, Richard 60
Zima, Amelie 125
Žižek, Slavoj 159, 165, 167
Zweiter Weltkrieg 34, 48, 72, 73, 77, 81, 82, 86, 91, 96, 101, 109, 111, 118, 127
Zynman, Josif 74

Zusammenfassung

Dieses Buch befasst sich mit der Reaktion auf die sogenannte „Ukraine-Krise" innerhalb der deutschen radikalen Linken.

Nach Ansicht des Autors wurde diese Reaktion zu einem der wichtigsten Faktoren, die zur Bildung der neuen rot-braunen Koalition beitrugen. Das Buch zeigt, in welchem Ausmaß die deutsche Linke die russische Großnarrativ über den Maidan, die Annexion der Krym und den anschließenden Krieg im Donbas akzeptiert hat. Diese Akzeptanz gehört zu dem allgemeinen Trend, der die westliche radikale Linke beherrscht, bekannt als „geopolitische Wende", eine Tendenz, die sich darin manifestiert, für jedes Regime Partei zu ergreifen, das behauptet, „antiwestlich" zu sein, und die von antiliberalen Ressentiments genährt wird. Im Kontext der politischen Veränderungen nach 2014 hat diese Tendenz zu einem erheblichen Maß an Überschneidungen bei den Positionen sowohl der radikalen Linken als auch der extremen Rechten geführt, was die bereits bestehende inhaltliche Übereinstimmung übersteigt, um ein gewisses Maß an koordiniertem Handeln zu erreichen. Auf Seiten der radikalen Linken erklärt der Autor diese Verschiebung mit dem Ressentiment, das aus dem historischen Trauma des Zusammenbruchs des osteuropäischen Kommunismus herrührt.

Neben einer akribischen Beschreibung des aktuellen Zustands der deutschen Linken versammelt das Buch eine Reihe von kulturhistorischen und soziologischen Erklärungen, die für das Verständnis des Phänomens rot-brauner Koalitionen sowie für den allgemeinen Kontext der Debatten um die „Ukraine-Krise" in Deutschland relevant sind.

Der Autor skizziert das traditionelle Bild der Ukraine in der deutschen Kultur und weist auf die problematischen Aspekte sowohl der deutschen als auch der ukrainischen Erinnerungspolitik hin, die das gegenseitige Verständnis zwischen der deutschen und der ukrainischen Gesellschaft erschweren.

Einer der wichtigsten Beiträge des Buches besteht in der Beschreibung der „doppelten strukturellen Abhängigkeit" der radikalen Linken. Einerseits ist die radikale Linke durch ihre

Abhängigkeit von der eigenen Tradition gebunden – die in den 1920er und 1930er Jahren gebildeten kognitiven Kategorien und Argumentationsstrategien sind immer noch untrennbar mit der linken Identität verbunden. Andererseits ist die radikale Linke nicht in der Lage, sich von der Last negativer Erfahrungen in ihrer eigenen Tradition zu befreien, weil sie immer noch von einem unveränderten Zukunftsbild ausgeht – einer Vision, die die Ersetzung der repräsentativen Demokratie durch eine schlecht definierte, aber sehr angestrebte politische Ordnung impliziert. Die revolutionäre Idee enthält also eine „Leerstelle", was es nicht nur unmöglich macht, die Abhängigkeit von der Tradition zu überwinden, sondern auch die regressiven Tendenzen der radikalen Linken strukturiert.

Diese Neigung zu regressiven Tendenzen erklärt auch den linken Antisemitismus der radikalen Linken im Nachkriegsdeutschland. Am Ende des Buches plädiert der Autor für eine kritische Neubewertung des linken intellektuellen Erbes sowie der Figur des linken Intellektuellen.

Kyrylo Tkachenko

Historiker, Philosoph, Soziologe. Er studierte Philosophie in Kyjiw (Nationale Taras-Schewtschenko-Universität Kyjiw) und München (Ludwig-Maximilians-Universität) und promoviert derzeit an der Viadrina-Universität (Frankfurt/Oder) über die Bergarbeiterbewegung im Donbas in den Jahren 1989–1993.

Neben zahlreichen wissenschaftlichen Aufsätzen zu philosophischen, historischen und soziologischen Themen hat er eine Monografie über das amerikanische Strafvollzugssystem *Der Fall Mumia Abu Jamal: Rassismus, strafender Staat und die US-Gefängnisindustrie* (Münster: Unrast Verlag, 2012) vorgelegt und ist Verfasser einer Aufsatzsammlung zur Transformation der ukrainischen Gesellschaft nach dem Zusammenbruch der Sowjetunion *Zwanzig Jahre Kapitalismus in der Ukraine: The Story of an Illusion* (Kyjiw: ArtKnyha, 2015).

Seit 2014 beobachtet er kritisch die Reaktion der deutschen Linken auf die Ereignisse in der Ukraine im Zusammenhang mit dem Euromaidan und dem russisch-ukrainischen Krieg. Seine Analyse *Rechte Tür links* fasst die zahlreichen in deutscher und englischer Sprache erschienenen Beiträge des Autors zu diesem Thema zusammen.

Zur Kriegssituation seit 2022 hat er sich unter anderem in einem Beitrag des Spiegels vom 25. Juli 22 und in einem SWR-II-Beitrag vom 19. Februar 23 geäußert.[287]

---

[287] Wieso glaubt ihr Deutschen, dass wir Ukrainer den Krieg nicht gewinnen können? Spiegel Online 25.7.22 https://www.spiegel.de/ausland/ukraine-warum-glaubt-ihr-deutschen-dass-wir-ukrainer-den-krieg-nicht-gewinnen-koennen und Ob man in den Krieg ziehen soll. Überlegungen eines Feiglings. https://www.swr.de/swr2/doku-und-feature/ob-man-in-den-krieg-ziehen-soll-ueberlegungen-eines-feiglings-swr2-essay-2023-02-19-100.html. Ukrainische Beiträge finden sich unter https://krytyka.com/ua/authors/kirilo-tkachenko.

UKRAINIAN VOICES

Collected by Andreas Umland

1   *Mychailo Wynnyckyj*
    Ukraine's Maidan, Russia's War
    A Chronicle and Analysis of the Revolution of Dignity
    With a foreword by Serhii Plokhy
    ISBN 978-3-8382-1327-9

2   *Olexander Hryb*
    Understanding Contemporary Ukrainian and Russian Nationalism
    The Post-Soviet Cossack Revival and Ukraine's National Security
    With a foreword by Vitali Vitaliev
    ISBN 978-3-8382-1377-4

3   *Marko Bojcun*
    Towards a Political Economy of Ukraine
    Selected Essays 1990–2015
    With a foreword by John-Paul Himka
    ISBN 978-3-8382-1368-2

4   *Volodymyr Yermolenko (ed.)*
    Ukraine in Histories and Stories
    Essays by Ukrainian Intellectuals
    With a preface by Peter Pomerantsev
    ISBN 978-3-8382-1456-6

5   *Mykola Riabchuk*
    At the Fence of Metternich's Garden
    Essays on Europe, Ukraine, and Europeanization
    ISBN 978-3-8382-1484-9

6   *Marta Dyczok*
    Ukraine Calling
    A Kaleidoscope from Hromadske Radio 2016–2019
    With a foreword by Andriy Kulykov
    ISBN 978-3-8382-1472-6

7   *Olexander Scherba*
    Ukraine vs. Darkness
    Undiplomatic Thoughts
    With a foreword by Adrian Karatnycky
    ISBN 978-3-8382-1501-3

8   *Olesya Yaremchuk*
    Our Others
    Stories of Ukrainian Diversity
    With a foreword by Ostap Slyvynsky
    Translated from the Ukrainian by Zenia Tompkins and Hanna Leliv
    ISBN 978-3-8382-1475-7

9   *Nataliya Gumenyuk*
    Die verlorene Insel
    Geschichten von der besetzten Krim
    Mit einem Vorwort von Alice Bota
    Aus dem Ukrainischen übersetzt von Johann Zajaczkowski
    ISBN 978-3-8382-1499-3

10 *Olena Stiazhkina*
    Zero Point Ukraine
    Four Essays on World War II
    Translated from the Ukrainian by Svitlana Kulinska
    ISBN 978-3-8382-1550-1

11 *Oleksii Sinchenko, Dmytro Stus, Leonid Finberg (compilers)*
    Ukrainian Dissidents
    An Anthology of Texts
    ISBN 978-3-8382-1551-8

12 *John-Paul Himka*
    Ukrainian Nationalists and the Holocaust
    OUN and UPA's Participation in the Destruction of Ukrainian Jewry, 1941–1944
    ISBN 978-3-8382-1548-8

13 *Andrey Demartino*
    False Mirrors
    The Weaponization of Social Media in Russia's Operation to Annex Crimea
    With a foreword by Oleksiy Danilov
    ISBN 978-3-8382-1533-4

14 *Svitlana Biedarieva (ed.)*
Contemporary Ukrainian and Baltic Art
Political and Social Perspectives, 1991–2021
ISBN 978-3-8382-1526-6

15 *Olesya Khromeychuk*
A Loss
The Story of a Dead Soldier Told by His Sister
With a foreword by Andrey Kurkov
ISBN 978-3-8382-1570-9

16 *Marieluise Beck (Hg.)*
Ukraine verstehen
Auf den Spuren von Terror und Gewalt
Mit einem Vorwort von Dmytro Kuleba
ISBN 978-3-8382-1653-9

17 *Stanislav Aseyev*
Heller Weg
Geschichte eines Konzentrationslagers im Donbass 2017–2019
Aus dem Russischen übersetzt von
Martina Steis und Charis Haska
ISBN 978-3-8382-1620-1

18 *Mykola Davydiuk*
Wie funktioniert Putins Propaganda?
Anmerkungen zum Informationskrieg des Kremls
Aus dem Ukrainischen übersetzt von Christian Weise
ISBN 978-3-8382-1628-7

19 *Olesya Yaremchuk*
Unsere Anderen
Geschichten ukrainischer Vielfalt
Aus dem Ukrainischen übersetzt von Christian Weise
ISBN 978-3-8382-1635-5

20 *Oleksandr Mykhed*
„Dein Blut wird die Kohle tränken"
Über die Ostukraine
Aus dem Ukrainischen übersetzt von Simon Muschick
und Dario Planert
ISBN 978-3-8382-1648-5

21 *Vakhtang Kipiani (Hg.)*
    Der Zweite Weltkrieg in der Ukraine
    Geschichte und Lebensgeschichten
    Aus dem Ukrainischen übersetzt von Margarita Grinko
    ISBN 978-3-8382-1622-5

22 *Vakhtang Kipiani (ed.)*
    World War II, Uncontrived and Unredacted
    Testimonies from Ukraine
    Translated from the Ukrainian by Zenia Tompkins and Daisy Gibbons
    ISBN 978-3-8382-1621-8

23 *Dmytro Stus*
    Vasyl Stus
    Life in Creativity
    Translated from the Ukrainian by Ludmila Bachurina
    ISBN 978-3-8382-1631-7

24 *Vitalii Ogiienko (ed.)*
    The Holodomor and the Origins of the Soviet Man
    Reading the Testimony of Anastasia Lysyvets
    With forewords by Natalka Bilotserkivets and Serhy Yekelchyk
    Translated from the Ukrainian by Alla Parkhomenko and
    Alexander J. Motyl
    ISBN 978-3-8382-1616-4

25 *Vladislav Davidzon*
    Jewish-Ukrainian Relations and the Birth of a Political Nation
    Selected Writings 2013-2021
    With a foreword by Bernard-Henri Lévy
    ISBN 978-3-8382-1509-9

26 *Serhy Yekelchyk*
    Writing the Nation
    The Ukrainian Historical Profession in Independent Ukraine and the Diaspora
    ISBN 978-3-8382-1695-9

27 *Ildi Eperjesi, Oleksandr Kachura*
    Shreds of War
    Fates from the Donbas Frontline 2014-2019
    With a foreword by Olexiy Haran
    ISBN 978-3-8382-1680-5

28　*Oleksandr Melnyk*
　　World War II as an Identity Project
　　Historicism, Legitimacy Contests, and the (Re-)Construction of
　　Political Communities in Ukraine, 1939–1946
　　With a foreword by David R. Marples
　　ISBN 978-3-8382-1704-8

29　*Olesya Khromeychuk*
　　Ein Verlust
　　Die Geschichte eines gefallenen ukrainischen Soldaten,
　　erzählt von seiner Schwester
　　Mit einem Vorwort von Andrej Kurkow
　　Aus dem Englischen übersetzt von Lily Sophie
　　ISBN 978-3-8382-1770-3

30　*Tamara Martsenyuk, Tetiana Kostiuchenko (eds.)*
　　Russia's War in Ukraine 2022
　　Personal Experiences of Ukrainian Scholars
　　ISBN 978-3-8382-1757-4

31　*Ildikó Eperjesi, Oleksandr Kachura*
　　Shreds of War. Vol. 2
　　Fates from Crimea 2015–2022
　　With a foreword by Anton Shekhovtsov and an interview of
　　Oleh Sentsov
　　ISBN 978-3-8382-1780-2

32　*Yuriy Lukanov, Tetiana Pechonchik (eds.)*
　　The Press: How Russia destroyed Media Freedom in
　　Crimea
　　With a foreword by Taras Kuzio
　　ISBN 978-3-8382-1784-0

33　*Megan Buskey*
　　Ukraine Is Not Dead Yet
　　A Family Story of Exile and Return
　　ISBN 978-3-8382-1691-1

34　*Vira Ageyeva*
　　Behind the Scenes of the Empire
　　Essays on Cultural Relationships between Ukraine and Russia
　　With a foreword by Oksana Zabuzhko
　　ISBN 978-3-8382-1748-2

35 *Marieluise Beck (ed.)*
    Understanding Ukraine
    Tracing the Roots of Terror and Violence
    With a foreword by Dmytro Kuleba
    ISBN 978-3-8382-1773-4

36 *Olesya Khromeychuk*
    A Loss
    The Story of a Dead Soldier Told by His Sister, 2nd edn.
    With a foreword by Philippe Sands
    With a preface by Andrii Kurkov
    ISBN 978-3-8382-1870-0

37 *Taras Kuzio, Stefan Jajecznyk-Kelman*
    Fascism and Genocide
    Russia's War Against Ukrainians
    ISBN 978-3-8382-1791-8

38 *Alina Nychyk*
    Ukraine Vis-à-Vis Russia and the EU
    Misperceptions of Foreign Challenges in Times of War, 2014–2015
    With a foreword by Paul D'Anieri
    ISBN 978-3-8382-1767-3

39 *Sasha Dovzhyk (ed.)*
    Ukraine Lab
    Global Security, Environment, Disinformation Through the Prism of Ukraine
    With a foreword by Rory Finnin
    ISBN 978-3-8382-1805-2

40 *Serhiy Kvit*
    Media, History, and Education
    Three Ways to Ukrainian Independence
    With a preface by Diane Francis
    ISBN 978-3-8382-1807-6

41 *Anna Romandash*
    Women of Ukraine
    Reportages from the War and Beyond
    ISBN 978-3-8382-1819-9

42 *Dominika Rank*
    Matzewe in meinem Garten
    Abenteuer eines jüdischen Heritage-Touristen in der Ukraine
    ISBN 978-3-8382-1810-6

43   *Myroslaw Marynowytsch*
　　　　　Das Universum hinter dem Stacheldraht
　　　　　Memoiren eines sowjet-ukrainischen Dissidenten
　　　　　Mit einem Vorwort von Timothy Snyder und einem Nachwort
　　　　　von Max Hartmann
　　　　　ISBN 978-3-8382-1806-9

44   *Konstantin Sigow*
　　　　　Für Deine und meine Freiheit
　　　　　Europäische Revolutions- und Kriegserfahrungen im heutigen
　　　　　Kyjiw
　　　　　Mit einem Vorwort von Karl Schlögel
　　　　　Herausgegeben von Regula M. Zwahlen
　　　　　ISBN 978-3-8382-1755-0

45   *Kateryna Pylypchuk*
　　　　　The War that Changed Us
　　　　　Ukrainian Novellas, Poems, and Essays from 2022
　　　　　With a foreword by Victor Yushchenko
　　　　　ISBN 978-3-8382-1859-5

46   *Kyrylo Tkachenko*
　　　　　Rechte Tür Links
　　　　　Radikale Linke in Deutschland, die Revolution und der Krieg in
　　　　　der Ukraine, 2013-2018
　　　　　ISBN 978-3-8382-1711-6

Book series "Ukrainian Voices"

Collector
Andreas Umland, National University of Kyiv-Mohyla Academy

Editorial Board
Lesia Bidochko, National University of Kyiv-Mohyla Academy
Svitlana Biedarieva, George Washington University, DC, USA
Ivan Gomza, Kyiv School of Economics, Ukraine
Natalie Jaresko, Aspen Institute, Kyiv/Washington
Olena Lennon, University of New Haven, West Haven, USA
Kateryna Yushchenko, First Lady of Ukraine 2005-2010, Kyiv
Oleksandr Zabirko, University of Regensburg, Germany

Advisory Board
Iuliia Bentia, National Academy of Arts of Ukraine, Kyiv
Natalya Belitser, Pylyp Orlyk Institute for Democracy, Kyiv
Oleksandra Bienert, Humboldt University of Berlin, Germany
Sergiy Bilenky, Canadian Institute of Ukrainian Studies, Toronto
Tymofii Brik, Kyiv School of Economics, Ukraine
Olga Brusylovska, Mechnikov National University, Odesa
Mariana Budjeryn, Harvard University, Cambridge, USA
Volodymyr Bugrov, Shevchenko National University, Kyiv
Olga Burlyuk, University of Amsterdam, The Netherlands
Yevhen Bystrytsky, NAS Institute of Philosophy, Kyiv
Andrii Danylenko, Pace University, New York, USA
Vladislav Davidzon, Atlantic Council, Washington/Paris
Mykola Davydiuk, Think Tank "Polityka," Kyiv
Andrii Demartino, National Security and Defense Council, Kyiv
Vadym Denisenko, Ukrainian Institute for the Future, Kyiv
Oleksandr Donii, Center for Political Values Studies, Kyiv
Volodymyr Dubovyk, Mechnikov National University, Odesa
Volodymyr Dubrovskiy, CASE Ukraine, Kyiv
Diana Dutsyk, National University of Kyiv-Mohyla Academy
Marta Dyczok, Western University, Ontario, Canada
Yevhen Fedchenko, National University of Kyiv-Mohyla Academy
Sofiya Filonenko, State Pedagogical University of Berdyansk
Oleksandr Fisun, Karazin National University, Kharkiv
Oksana Forostyna, Webjournal "Ukraina Moderna," Kyiv
Roman Goncharenko, Broadcaster "Deutsche Welle," Bonn
George Grabowicz, Harvard University, Cambridge, USA
Gelinada Grinchenko, Karazin National University, Kharkiv
Kateryna Härtel, Federal Union of European Nationalities, Brussels
Nataliia Hendel, University of Geneva, Switzerland
Anton Herashchenko, Kyiv School of Public Administration
John-Paul Himka, University of Alberta, Edmonton
Ola Hnatiuk, National University of Kyiv-Mohyla Academy
Oleksandr Holubov, Broadcaster "Deutsche Welle," Bonn
Yaroslav Hrytsak, Ukrainian Catholic University, Lviv
Oleksandra Humenna, National University of Kyiv-Mohyla Academy
Tamara Hundorova, NAS Institute of Literature, Kyiv
Oksana Huss, University of Bologna, Italy
Oleksandra Iwaniuk, University of Warsaw, Poland
Mykola Kapitonenko, Shevchenko National University, Kyiv
Georgiy Kasianov, Marie Curie-Skłodowska University, Lublin
Vakhtang Kebuladze, Shevchenko National University, Kyiv
Natalia Khanenko-Friesen, University of Alberta, Edmonton
Victoria Khiterer, Millersville University of Pennsylvania, USA
Oksana Kis, NAS Institute of Ethnology, Lviv
Pavlo Klimkin, Center for National Resilience and Development, Kyiv
Oleksandra Kolomiiets, Center for Economic Strategy, Kyiv

Sergiy Korsunsky, Kobe Gakuin University, Japan
Nadiia Koval, Kyiv School of Economics, Ukraine
Volodymyr Kravchenko, University of Alberta, Edmonton
Oleksiy Kresin, NAS Koretskiy Institute of State and Law, Kyiv
Anatoliy Kruglashov, Fedkovych National University, Chernivtsi
Andrey Kurkov, PEN Ukraine, Kyiv
Ostap Kushnir, Lazarski University, Warsaw
Taras Kuzio, National University of Kyiv-Mohyla Academy
Serhii Kvit, National University of Kyiv-Mohyla Academy
Yuliya Ladygina, The Pennsylvania State University, USA
Yevhen Mahda, Institute of World Policy, Kyiv
Victoria Malko, California State University, Fresno, USA
Yulia Marushevska, Security and Defense Center (SAND), Kyiv
Myroslav Marynovych, Ukrainian Catholic University, Lviv
Oleksandra Matviichuk, Center for Civil Liberties, Kyiv
Mykhailo Minakov, Kennan Institute, Washington, USA
Anton Moiseienko, The Australian National University, Canberra
Alexander Motyl, Rutgers University-Newark, USA
Vlad Mykhnenko, University of Oxford, United Kingdom
Vitalii Ogiienko, Ukrainian Institute of National Remembrance, Kyiv
Olga Onuch, University of Manchester, United Kingdom
Olesya Ostrovska, Museum "Mystetskyi Arsenal," Kyiv
Anna Osypchuk, National University of Kyiv-Mohyla Academy
Oleksandr Pankieiev, University of Alberta, Edmonton
Oleksiy Panych, Publishing House "Dukh i Litera," Kyiv
Valerii Pekar, Kyiv-Mohyla Business School, Ukraine
Yohanan Petrovsky-Shtern, Northwestern University, Chicago
Serhii Plokhy, Harvard University, Cambridge, USA
Andrii Portnov, Viadrina University, Frankfurt-Oder, Germany
Maryna Rabinovych, Kyiv School of Economics, Ukraine
Valentyna Romanova, Institute of Developing Economies, Tokyo
Natalya Ryabinska, Collegium Civitas, Warsaw, Poland
Darya Tsymbalyk, University of Oxford, United Kingdom
Vsevolod Samokhvalov, University of Liege, Belgium
Orest Semotiuk, Franko National University, Lviv
Viktoriya Sereda, NAS Institute of Ethnology, Lviv
Anton Shekhovtsov, University of Vienna, Austria
Andriy Shevchenko, Media Center Ukraine, Kyiv
Oxana Shevel, Tufts University, Medford, USA
Pavlo Shopin, National Pedagogical Dragomanov University, Kyiv
Karina Shyrokykh, Stockholm University, Sweden
Nadja Simon, freelance interpreter, Cologne, Germany
Olena Snigova, NAS Institute for Economics and Forecasting, Kyiv
Ilona Solohub, Analytical Platform "VoxUkraine," Kyiv
Iryna Solonenko, LibMod - Center for Liberal Modernity, Berlin
Galyna Solovei, National University of Kyiv-Mohyla Academy
Sergiy Stelmakh, NAS Institute of World History, Kyiv
Olena Stiazhkina, NAS Institute of the History of Ukraine, Kyiv
Dmitri Stratievski, Osteuropa Zentrum (OEZB), Berlin
Dmytro Stus, National Taras Shevchenko Museum, Kyiv
Frank Sysyn, University of Toronto, Canada
Olha Tokariuk, Center for European Policy Analysis, Washington
Olena Tregub, Independent Anti-Corruption Commission, Kyiv
Hlib Vyshlinsky, Centre for Economic Strategy, Kyiv
Mychailo Wynnyckyj, National University of Kyiv-Mohyla Academy
Yelyzaveta Yasko, NGO "Yellow Blue Strategy," Kyiv
Serhy Yekelchyk, University of Victoria, Canada
Victor Yushchenko, President of Ukraine 2005-2010, Kyiv
Oleksandr Zaitsev, Ukrainian Catholic University, Lviv
Kateryna Zarembo, National University of Kyiv-Mohyla Academy
Yaroslav Zhalilo, National Institute for Strategic Studies, Kyiv
Sergei Zhuk, Ball State University at Muncie, USA
Alina Zubkovych, Nordic Ukraine Forum, Stockholm
Liudmyla Zubrytska, National University of Kyiv-Mohyla Academy

Friends of the Series

Ana Maria Abulescu, University of Bucharest, Romania
Łukasz Adamski, Centrum Mieroszewskiego, Warsaw
Marieluise Beck, LibMod—Center for Liberal Modernity, Berlin
Marc Berensen, King's College London, United Kingdom
Johannes Bohnen, BOHNEN Public Affairs, Berlin
Karsten Brüggemann, University of Tallinn, Estonia
Ulf Brunnbauer, Leibniz Institute (IOS), Regensburg
Martin Dietze, German-Ukrainian Culture Society, Hamburg
Gergana Dimova, Florida State University, Tallahassee/London
Caroline von Gall, Goethe University, Frankfurt-Main
Zaur Gasimov, Rhenish Friedrich Wilhelm University, Bonn
Armand Gosu, University of Bucharest, Romania
Thomas Grant, University of Cambridge, United Kingdom
Gustav Gressel, European Council on Foreign Relations, Berlin
Rebecca Harms, European Centre for Press & Media Freedom, Leipzig
André Härtel, Stiftung Wissenschaft und Politik, Berlin/Brussels
Marcel Van Herpen, The Cicero Foundation, Maastricht
Richard Herzinger, freelance analyst, Berlin
Mieste Hotopp-Riecke, ICATAT, Magdeburg
Nico Lange, Munich Security Conference, Berlin
Martin Malek, freelance analyst, Vienna
Ingo Mannteufel, Broadcaster "Deutsche Welle," Bonn
Carlo Masala, Bundeswehr University, Munich
Wolfgang Mueller, University of Vienna, Austria
Dietmar Neutatz, Albert Ludwigs University, Freiburg
Torsten Oppelland, Friedrich Schiller University, Jena
Niccolò Pianciola, University of Padua, Italy
Gerald Praschl, German-Ukrainian Forum (DUF), Berlin
Felix Riefer, Think Tank Ideenagentur-Ost, Düsseldorf
Stefan Rohdewald, University of Leipzig, Germany
Sebastian Schäffer, Institute for the Danube Region (IDM), Vienna
Felix Schimansky-Geier, Friedrich Schiller University, Jena
Ulrich Schneckener, University of Osnabrück, Germany
Winfried Schneider-Deters, freelance analyst, Heidelberg/Kyiv
Gerhard Simon, University of Cologne, Germany
Kai Struve, Martin Luther University, Halle/Wittenberg
David Stulik, European Values Center for Security Policy, Prague
Andrzej Szeptycki, University of Warsaw, Poland
Philipp Ther, University of Vienna, Austria
Stefan Troebst, University of Leipzig, Germany

[Please send address requests for changes, corrections, and additions to this list to andreas.umland@stanforalumni.org.]

ibidem.eu